新时代沂蒙红色文化传承与弘扬研究

徐东升　李　婧　薛舒文　著

九州出版社
JIUZHOUPRESS

图书在版编目（C I P）数据

新时代沂蒙红色文化传承与弘扬研究/徐东升，李婧，薛舒文著. -- 北京:九州出版社，2023.1
ISBN 978-7-5225-1578-6

Ⅰ.①新… Ⅱ.①徐… ②李… ③薛… Ⅲ.①革命传统教育-研究-沂蒙 Ⅳ.①D642

中国版本图书馆CIP数据核字(2022)第231139号

新时代沂蒙红色文化传承与弘扬研究

作　　者	徐东升　李　婧　薛舒文　著
责任编辑	姬登杰
出版发行	九州出版社
地　　址	北京市西城区阜外大街甲35号(100037)
发行电话	(010)68992190/3/5/6
网　　址	www.jiuzhoupress.com
印　　刷	三河市明华印务有限公司
开　　本	710毫米×1000毫米　　16开
印　　张	15.25
字　　数	216千字
版　　次	2023年1月第1版
印　　次	2023年1月第1次印刷
书　　号	ISBN 978-7-5225-1578-6
定　　价	76.00元

目　录

第一章　沂蒙地区古代文化起源及文明析义

由于考古发现的数量有限而且没有文字记载，对大多数人而言，远古社会各阶段人类生存的状况是十分模糊的。社会历史学家和考古学家在研究人类文化进程和梳理、分析某个重要节点、转折点时，通常要结合人类学、历史学、考古学、文字学以及各个国家和地区不同地域特色的民俗学等各方面的最新资料，来对远古时期人类政治生态、经济社会结构和生存、生活方式，尤其是无文字记载的史前时代的文化形态进行综合性的分析、研究、探讨和评价，得出新的具有重要学术意义的结论。关于沂蒙地区史前社会形态和历史文化的研究亦遵循这种方法。

社会历史学家和考古学家将人类史前文化的发展序列大体界定为山林文化、山麓文化、河谷文化三大重要时期。“山林文化”时期通常是指旧石器时代，在这个时期，人类经历了二三百万年的繁衍和进化，是相当长的一个历史时期。当时人类以集群的方式且无正规组织形式地散居在广袤的原始森林，使用木棒或石头等未经加工的工具猎取食物，过着非常原始的群居渔猎生活。“山麓文化”时期通常是指中石器时代，是旧石器时代到新石器时代的过渡期。人类以群居的方式进行聚散地改变，即从原始森林深处慢慢转移到有水和土地的森林边，这也被社会学家称为渔猎经济向农业生产经济的过渡时期。“河谷文化”时期通常被称为新石器时期。这一时期的人类集群已经进化到较为高级阶段，人类纷纷从各自的发祥地沿河流的走向而迁移，寻找便于耕种和养殖的平原地区，逐步发展原始的种植业和畜牧业，进入主动从事农业生产并自行创造自身生活资料的新时期，人类逐渐从原始生活慢慢进入文明社会。因此，研究沂蒙地区的文化发展要以考古发现为基础，梳理出这一地区人类文明进程的历史脉络，寻根溯源，以文化发展的地域性特点，研究文化对沂蒙地区人民精神品质产生的重要影响。

第一节　从史前文化源头到东夷文明，尽现中华大地物殷俗阜

人类进入河谷文化时期，中华民族的祖先依托大江大河冲积形成的平原地形、平潭土层、深厚土壤和利于灌溉的充足水源发展农业和养殖业。这一时期因地理、气候环境不同出现不同的生产、生活方式，创造出了黄河流域、珠江流域、长江流域、辽河流域文化区。位居黄河下游隶属于黄河流域的文化区——沂蒙史前文化的早期发展也体现了独特的文化特性。值得庆幸的是，沂蒙地区史前文化不像世界上有些国家或地区的文化那样存在根本性缺失，它在人类进入文明时代后非常繁荣甚至为世界文明的发展作出了十分重要又令人瞩目的贡献，但是先前一直也找不到最初形成文化样态的源头。沂蒙地区文化能够成为中华大地、黄河下游唯一有文化源头的区域性文化，其不可替代的实证就在于发现了旧石器时代的猿人化石“沂源猿人”。1981 年 9 月的这项考古发现，是中国继北京猿人、云南元谋人等四处猿人发现之后填补中国猿人地理分布空白的又一重大发现，为研究沂蒙地区气候样态、地理面貌和史前文化提供了真实有力的物证。“沂源猿人”的生息与进化开创了齐鲁大地的文明先河。

一、考古发现“沂源猿人”，确定沂蒙地区文化研究源头

沂蒙地区史前文化来自远古社会祖先的劳动与创造。沂源猿人头盖骨化石的发现给出了有力佐证。这一发现，证明沂蒙文化创造起源于旧石器时代。社会历史学家提出这个命题，并不仅仅依赖“沂源猿人”这个孤证，还依赖沂蒙地区先后发现的一大批旧石器时代的文化遗址。

表 1–1　“沂源猿人”考古项目发掘及进展

时间、地点、参与单位	发现文物	命名与年代确定	媒体报道	辅证文物	最新进展（新法确定年代）
时间 1981年9月 **地点** 土门镇九会村东北1000米处骑子鞍山 **考古队构成** 北京大学考古系教授吕遵谔与山东大学、山东博物馆、沂源县文物管理所等专家和工作人员组成发掘队伍，进行深入的专业性发掘。	**考古队相继获得的文物** 猿人头骨1块；眉骨2块；牙齿7颗；肱骨、股骨、肋骨各1段；伴生动物骨骼化石10余种。	**命名** 这些猿人化石经过中国科学院古人类研究所及北京大学等有关教授、专家鉴定，确认属于远古旧石器时代的猿人遗骸，经国家文物单位命名为“沂源猿人”。	**消息发布** 山东沂蒙地区沂源县发现猿人化石的消息在社会上引起很大的反响和主流媒体关注。 1982年5月6日，新华社以《山东沂源县发现猿人化石》为题刊发每日电讯。随后《人民日报》《解放军报》《光明日报》等多家新闻媒体分别转发了这条令人振奋的考古新发现。	**辅证（一）南洼洞文物** 1983年，在沂水县城西北的范家汪村南洼洞中，发现了具有鲜明远古文化特征的石片、骨器刮削器等器物，被鉴定为旧石器时代早期直立人所使用的器具。 **辅证（二）秦官庄遗址文物** 这一时期的器物在日照秦官庄遗址等地也有较大量的出土，包括经过打磨及二次加工的刮削器、砍砸器等近400件。	**铝铍埋藏测年法新结论** 随着考古学中“新测年法”的出现，“沂源猿人”所处年代被重新确定为“64±8万年”，这标志沂源猿人与北京猿人所处年代比较接近。“沂源猿人”生活年代提前20万年，这个消息来自“新测年法重新定位沂源猿人”项目。这个项目负责人是汕头大学赖忠平教授和涂华博士，他们的研究成果以《铝铍埋藏测年法测定的中国山东省沂源古人类遗址的年代》为

续 表

时间、地点、参与单位	发现文物	命名与年代确定	媒体报道	辅证文物	最新进展（新法确定年代）
—	—	**确定年代** 专家根据出土的伴生动物化石组合及遗址堆积物特征，推断沂源猿人距今四五十万年。	—	**辅证（三）鲁山南坡文物** 在距“沂源猿人”遗址不远的鲁山南坡发现的石核、石片等经过打制的石器等器具表明了旧石器时期的文化创造主体，即猿人在沂蒙地区的生产、生活的遗迹。 **辅证（四）《礼记·礼运》的记载** “昔者先王，未有宫室，冬则居营窟，夏则居橧巢。未有火化，食草木之实、鸟兽之肉，饮其血，茹其毛。未有麻丝，衣其羽皮。”那时的猿人虽然没有房屋可住，食物的食用也是茹毛饮血，但是，能够制造简单的工具并将其运用到捕食行为中，就是已经是在创造文化，也可以说开启了人类文明的序章。	题，发表在国际著名学术期刊 *Scientific Reports*。消息被媒体报出后，汕头大学涂华博士接受记者采访时介绍说，这项研究由汕头大学联合中国地质大学（武汉）、美国普渡大学、美国夏威夷大学以及山东博物馆的科研人员共同完成。研究团队2015年8月和2018年11月两次到沂源采样，研究过程所运用的“铝铍埋藏测年法”，是近些年来在古人类遗址研究中所应用的比较先进的测年法。这项研究成果在发表前，经过国际有关专家层层审核、把关，具有权威性。

2006年5月，作为旧石器时代遗址，沂源猿人遗址被国务院批准列入第六批全国重点文物保护单位名单。

社会历史学家和考古学家综合各遗址出土的肿骨鹿、野猪、野驴、梅花鹿、犀牛等哺乳动物化石，认为沂蒙地区最早的文化创造活动开展得如火如荼。尤其是打制石器的使用，昭示着原始人大规模的工具制作达到了可观的程度。尽管使用工具上只是简单地打、砸、磕、砍、刮、锥，但就是这些单纯的行为，昭示着人类的新纪元已经开始。人类的文化特征、人类区别于兽类的智慧，便在生产、生活的行为中得以完成。

作为过渡期的中石器（细石器）文化遗址，到20世纪后期在沂蒙地区就发现近百处，《山东沂水县晚期旧石器、细石器调查》(1986年《考古》第11期第961—965页）一文对这方面的研究进行了介绍。发掘出的中石器时代器物造型精巧、表面细润，这些器物在黄河下游当时还属首次发现，这突出反映了沂蒙史前文化所具有的典型特征，为探讨、厘清我国从旧石器时代向新石器时代的过渡期间的文化脉络提供了珍贵的参考资料。从考古发现的成果中不难得出结论，沂蒙地区中石器文化遗存主要分布在沂河、沭河中游的丘陵地带和平原地区，反映出原始人类从山林文化逐步向河谷文化过渡的历史发展轨迹。

二、发掘早于甲骨文的文字及相关器具，表明沂蒙文化历史悠久

进入新石器时代，沂蒙史前文化的突出成就，表现在沂蒙先民步入河谷文化时期的文化创造——磨制石器与生产陶器，标志着沂蒙地区的生产文化、经济文化步入新阶段。

（一）陶器上的文字类符号说明文明起源有了端点

陶器的发明与人类掌握用火的能力直接相关，将黏土变成陶器是火与土、水进行皂化、共生的结晶。沂蒙人用火能力的增强，是新石器时代这一地区祖先支配自然能力的主要标志。沂蒙人将火应用到得心应手时，为用黏土烧制更坚实耐用的陶器提供了主客观上的必要条件。沂蒙先民对改善生活抱有

强烈的愿望，特别是在生产实践中发现黏土掺入一定比例的水，用火烧结后可以成为盛放东西的器物，又为陶器上刻上各种文字类符号奠定了基础。

（二）陵阳河遗址被确定为大型原始文化遗存

早在20世纪中期就发现了属于新石器时代文化遗存的典型代表、大型原始文化遗址——陵阳河遗址。其位于沂蒙地区莒县城东南的陵阳河南岸，因其中的文物证明了文字符号的使用年限，可以进一步得出结论，即对古文明的形成产生重大影响的新石器时期是人类从野蛮走向文明的标志性时期。

表1–2　莒县陵阳河遗址发掘与人类文明

项目进程	文物价值	文字与文明	陶器与文明	墓葬与文明
进程一 1957年由于莒县暴发洪水，陵阳乡干部在工作中采集到一些石器、陶器，这引起了当地文物工作者的重视。 **进程二** 1962年夏天，山东省博物馆和莒县文化馆组织专业人员共同进行实地考察，确认陵阳河遗址为大汶口文化中晚期遗存，距今5000年左右。1963年秋，山东省博物馆会同莒县文化馆尝试发掘，经过不断推进，清理出墓葬10座，出土文物150余件。 **进程三** 20世纪70年代，由山东省博物馆主导进行了大规模的发掘，共发掘墓葬69座，出土文物2000余件。这些新石器时代文物所具有的文化研究价值非常之高，并因此得到我国考古界的高度重视。	**早于甲骨文的文物价值** 陵阳河遗址出土文物最重要的发现是一些陶器上刻有图像文字。这些文字造型工整、线条严谨；有的字形如旭日在山峦之巅升起，给人以无比清新、简洁、生动的审美感受。这种原始陶文图形的价值就在于比商代的甲骨文早1000多年，为研究我国文字的起源和发展提供了重要资料。	**智慧沂蒙祖先的发明** 沂蒙先民在生产、生活实践中逐渐发明的各类符号，尤其是那些可以辨门类、区属性的文字符号很快就发展成一种交往和沟通信息的重要工具。可以说，新石器时代的文字是人类文明发展的产物，因此被社会历史学家认为是古文明产生的主要标志之一。陵阳河遗址出土的陶器上刻有图像文字，标志着由“沂蒙猿人”从野蛮走向文明，具有鲜明的中华文明特征。	**精美陶器是文明符号** 在这批文物中有一件“红陶夹砂牛角号”，号长32厘米，形状似黄牛角，能发出雄浑的音色。“红陶夹砂牛角号”是我国原始社会遗址发掘中迄今为止发现的唯一一个号角文物。它的出土不仅反映了沂蒙地区远古先民高超的制陶技术，也标志着文字符号产生的同时出现了具有文明色彩的音乐活动。在陵阳河遗址还出土了大量的陶瓮、滤酒漏缸和高柄杯、盉等形状的酒壶和成套的酒器，这表明沂蒙祖先在5000年前就已经掌握了酿酒技术，形成酒文化雏形。	**墓葬阶级化代表人类进入奴隶社会** 陵阳河遗址中的墓葬大小、形状不一，有的墓葬中随葬品多达206件；有的墓葬却仅能容身，随葬品也只有少数的几件。这说明当时氏族成员中已经出现了贫富分化，私有制社会已经产生。

陶质号角

陶质号角，是新石器时代大汶口文化遗存。1979年陵阳河遗址十九号墓出土。该墓主人是氏族首领。其头部置石钺，权力的象征，手握指挥标志骨柄，腰挎陶号。号呈牛角形，吹之声音洪亮。它是用于狩猎、生产劳动或战争时召集族人统一行动、发号施令的器具。陶号的出土，是中国考古史上的首次发现，弥足珍贵。以此可证：莒陵阳人，早在五千年前，就已由野蛮蒙昧、一盘散沙的时代，开始向有组织有纪律的社会迈进，率先吹响了中华文明的号角。

陵阳河遗址文物研究的地位：2021年10月，陵阳河遗址入选“山东百年百项重要考古发现”。

（三）里宏遗址发掘确定为新石器时期的北辛文化遗存

当人类走出类人猿时期后，生产和生活变得越来越复杂，人与人之间的交际以及部落之间的沟通协调单靠发音器官和动作手势表达已经不能完成了，就产生了起媒介作用的符号、图形和图像（为象形文字的前身）。随着山东境内的考古工作进展，沂蒙地区的远古文化脉络被梳理得更加清晰。

2020年8月10日，中国新闻网以《2019年山东临沂地区发现北辛文化环壕聚落》为题，对山东省文物考古研究院的发掘成果进行了深度报道。山东省文物考古研究院组织各类专家、学者和当地群众自2019年11月底至2020年8月初，对沂蒙地区沂南县里宏遗址进行了全面考古发掘，取得宝贵成果。参与此次发掘的考古专家认为，里宏遗址系新石器时期的北辛文化遗存，在发掘的过程中清理出一段具有代表性的小型环壕，展示了北辛文化早期沂蒙地区祖先的聚落面貌、文化特征以及所在区域的类型特点。

表 1–3　沂南县北辛文化里宏遗址发掘对文化研究的重要意义

地址、发掘时间及规模	里宏遗址文物特点	里宏遗址发掘的考古作用分析
一、里宏遗址位置 临沂市沂南县沂河与汶河交汇处的砖埠镇里宏村。 **二、发掘时间** 山东省文物考古研究院组织专家学者和当地文物部门从 2019 年 11 月开始对山东沂南县里宏遗址进行考古发掘，连续进行到第二年 8 月，历时 9 个月，发掘总面积近 1000 平方米。 **三、遗址发掘规模** 现存的遗址平面为南北向的长条形，南北长约 200 米、东西残宽约 40 米，残余面积 7000 余平方米。发掘清理各时期灰坑 98 个、沟状遗迹 14 条、墓葬 2 座、房址 7 座、长条形坑 20 个、灶 2 个、水井 1 口以及柱洞若干。	**特点一：北辛文化遗存** 出土了较多泥质及夹砂陶片，多数为红褐陶，少量是灰陶，可辨器型以三足釜、三足钵、红顶钵等为主。此次考古发掘的是沂南县境内乃至整个山东省沂蒙地区最早的新石器时代遗存之一。 **特点二：建立完善的文化谱系** 环壕聚落的发掘为建立和完善沂蒙地区的文化谱系，揭开沂沭河流域早期聚落生存面貌、文化特征及区域类型特点提供了重要的考古遗迹参考。  环壕近景	**新旧石器的转折点**  陶釜 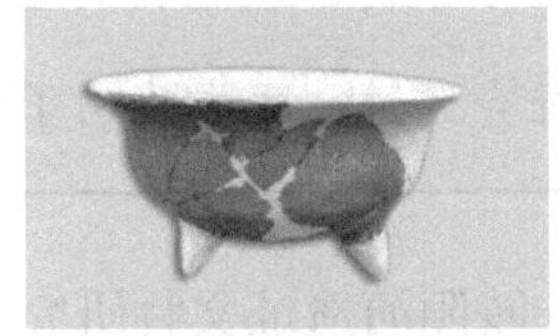 陶鼎 里宏遗址作为北辛文化的重要文物，发掘后得出结论："沂蒙猿人"经过从几十万年前开始人类进化的漫长岁月，在沂蒙地区的生产、生活和交流中，从粗笨的木棒、简单的石器发展到制作细石器，再发展到能够制作、加工精细陶制工具的新石器时代，在生产劳动的实践中变得越来越聪明，在不断改变自然界多种面貌的同时逐步迈向了文明发展时代。

图片来源：山东省文物考古研究院

沂蒙地区祖先作为中华民族最古老的祖先分支，因这一地区有着非常适宜的气候样态和地理面貌，沿着人类进化的轨迹走过了漫长的进化时期，即从最初的靠狩猎生存的山林文化时期进入以种植、养殖为主的河谷文化时期，从原始的类似于普通动物的游群生存逐步发展到高级动物所具有的氏族部落的生存方式。沂蒙地区祖先的活动范围也随着自身生存能力的发展和文明程度的不断提高而逐步扩大了区域。进入新石器时代以后，沂蒙地区祖先的活动生产、生活范围已不仅仅局限于沂蒙山区及沂河、沭河地区，氏族部落及部落联盟扩展到整个山东大地以及相邻的东南沿海一带。当中华大地的人类生活进入古代社会以后，沂蒙地区祖先的生活足迹以及先进文化的传播已经远达亚洲各地及更远的国家和地区。

沂蒙地区考古发掘出土的远古、上古时期的石器、陶器及金属工具，被归类于北辛文化、大汶口文化和龙山文化遗存。但是，从陶器的造型、纹饰、文字符号中所透出的信息代表性，在许多方面还处于研究之中。当时光来到六七千年前，沂蒙地区祖先文化便发展到了东夷文化阶段。

三、东夷文化使沂蒙地区从蛮荒步入文明社会

上古时期的中华文化，除华夏文化，还有南蛮、东夷、西戎、北狄四种文化。考古发现实证，深度揭示了沂蒙地区文化本源：东夷文化始于上古时期，消融于春秋战国时期，文化发源地在沂蒙地区，并产生了重大影响。

表 1-4 东夷文化发展历程简述

“夷”字的表意	古文献解义	东夷的消亡
一、甲骨文“夷”字义 “夷”字，最早出现在甲骨文中常见的“王正征人方”中的“人”字，经过考古学家和文字学家的研究，公认为是古代“夷”字，“人方”即“夷方”。	**古文献一** 《说文解字》所言：“夷，东方之人也，从大、从弓。”段注：“南方蛮闽从虫，北方狄从犭，西方羌从羊，西南僰人、焦侥从人，盖在坤地颇有顺理之性。维东夷从大，大，人也。夷俗仁，仁者寿，有君子不死之国。按：天大，地大，人亦大。大像人形，而夷篆从大，则与夏人不殊。”由此可见，“夷”最早表现山东人体格高大、健壮，这一点也已被考古发掘所证实。“夷人不殊”指的是东夷地区经济文化发达。	**一、严文明教授解析** 北京大学严文明教授认为，从中华考古学的角度探讨东夷文化有一个非常特殊的理由，那就是在战国后的文化发展进程中，南蛮、西戎、北狄都进行了漫长的分化与融合的过程，有的逐渐被华夏汉族所融合和同化，有的则演变为后来乃至现代的少数民族的本民族文化。只有东夷文化早在战国末年就以极快的速度完成了被华夏文化的融合或同化，此后即很少使用“东夷”这个名称，更无所谓东夷族或东夷文化自身的特点了。

续 表

“夷”字的表意	古文献解义	东夷的消亡
二、“夷”字另解 古代“夷”字除了“大”的含义外，有研究人员认为，它喻示着“弓”“箭”，为东夷人的发明创造；也有人认为是指东夷人经常使用的大型弓箭。	**古文献二** 《说文通训定》中有言：“夷，东方之人也。东方夷好战、好猎，故字从大，持弓，会意，大人也。”描述的是东夷人高大强悍，经常使用弓箭狩猎。“东夷之人好蹲踞，所以有似中蹲踞之形‘夷’字。东夷之人善农事，所以有造作从大之‘夷’字者。东夷之人善制戈矛弓矢，所以有造作从戈从之‘夷’字者。”不管古“夷”字之体状若何，我们似乎都可以从中略到古代东夷人的某些文化特色。后来，“夷”字之前加一个方位词“东”，称“东夷”。“这是站在中原人的立场看夷人居住在太阳升起的东方，所以有此称谓。”①	**二、古文献载言** 司马迁在编撰其历史巨著《史记》时已因没有记载的资料参考，无法对东夷的历史进行专门而系统的阐述，直到南朝宋时范晔编《后汉书》时才单立了一个《东夷传》。这个“传”在追溯东夷文化的历史脉络时主要根据现已消亡的古本《竹书纪年》，保存了不少重要史料。当时东夷的后商早已与华夏等族融为统一的汉人或华人，人们不能仍称其为东夷，遂错把东北地区、朝鲜和日本的古代民族称为“东夷”②。
备　注	东夷文化最早与华夏文化融合，使中华文化具有多元化和丰富性特点。	

人类历史学研究认为，东夷文化对中原文化发展产生了积极而又深远的影响，尤其在商朝后，中原文化吸收东夷文化之后，先进元素不断发展；西周时期，灿烂的东夷文化逐渐被融入齐鲁文化和其他文化，使中华民族的古代文化异彩纷呈。

① 刘英华，赵丹峰，于联凯，郑钦禹．沂蒙文化发展研究 [M]．济南：山东人民出版社，1994：22．

② 严文明．东夷文化的探索 [J]．文物，1989(9)：1–2．

第二节 东夷文化的发展轨迹论析

当人类社会进入上古时期，东夷文化以沂蒙地区为中心在山东及周边地区发展起来，并产生重要影响。有确切文字记载的历史始自周朝初期时的齐、鲁之国。沿着考古学家所发现的历史足迹，可以理清东夷文化起源、发展的脉络。

一、沂蒙遗址群发掘见证东夷文化的繁盛

考古发现解锁沂蒙地区古老而悠久的文化密码，尽显这一地区历史文明的浩然气派。在中国考古 100 年的节点，文化灿烂的光芒更加耀眼。

（一）山东龙山文化遗址——铜石并用时代的遗迹

1928 年，在章丘市历城县龙山镇武原河东岸发现的城子崖龙山文化遗址，1961 年被国务院公布为全国重点文物保护单位。城子崖遗址发掘出包括龙山文化、岳石文化等遗存及部分商代遗物。龙山文化的陶器多素面、磨光黑灰陶，器表以弦纹、压划纹作为修饰，一度被称为黑陶文化遗址。之后，这种类型的文化遗存在山东、河南、陕西等地都有发现，遂把山东的龙山文化称为“典型龙山文化”，以此区别于河南龙山、陕西龙山文化。后来，考古界认定“典型龙山文化”属于人类铜石并用时代的文化，距今约 4350~3950 年的历史，是东夷文化发展具有重要标志性意义的考古发现。

（二）大汶口文化遗址名列“百年百大考古发现”

因为战乱而停滞的考古事业在新中国成立后，因党和国家领导人对中华文化发展历史研究工作的高度重视而取得了从未有过的具有突破性的进展。从 1959 年春天开始，山东文物部门和国家考古研究专家在泰安市岱岳

区大汶口镇和宁阳县磁窑镇发掘了大汶口遗址，经过论证得出结论，其属于6100~4600年前的新石器时代晚期父系氏族遗址，包含有北辛文化、大汶口文化、龙山文化三个阶段的文化遗存，尤以大汶口文化遗存最具代表性。所发掘墓葬和陶窑等遗迹共有百余处，并出土陶片和大量生产生活用具，表明当时沂蒙地区社会已经出现了非常鲜明的贫富分化现象，这是由于沂蒙祖先在长期的生产生活中因私有制出现而产生了阶层或阶级的分化现象。正是由于这一阶段的考古发现具有非常重要的文化确认价值，在1982年，大汶口遗址被国务院公布为全国重点文物保护单位。2021年，迎来了中国现代考古学100年，10月18日，中国考古学会、中国社会科学院考古研究所举办“第三届中国考古学大会”，公布了“百年百大考古发现”，大汶口遗址名列其中。

（三）大汶口文化遗址文物证明私有制社会的产生

考古发现的具有代表性的大汶口文化早期器物包括釜形鼎、陶钵、釜鼎、觚形杯等。与较早期的土色陶器不同的特点是，这些陶器多以鲜艳红色和红褐色为主，这标志着东夷人制陶技术和审美水平都已经达到较高层次。

大汶口文化中期的考古发现，以沂蒙山区西麓的大汶口遗址为代表。发掘的器物有大镂孔座的壶、实足鬶等，灰陶和黑陶的数量有所增加。从发掘的墓葬中可以看出有明显的贫富差别，出现了男女合葬的大型墓地，玉器、象牙、玉雕等贵重工艺品被用于墓葬，可见家畜随葬现象。这些发现意味着私有制已经形成，东夷人已进入父系氏族社会。

大汶口文化晚期，考古发掘包括黑陶高柄杯、陶瓶、白陶袋足鬶、篮纹鼎等器物。从墓穴规模和随葬品可以看出，社会贫富差距加大，有的墓穴出现上百件的随葬品和成套的装饰品，而有的墓穴空无一物。说明这一时期的阶级对立已经非常鲜明，原始社会的氏族制度趋于瓦解，社会形态的外壳还在，但其内部构成已发生颠覆性变化。

（四）龙山文化代表文物“蛋壳黑陶”、铜器，证明生产力水平的提高

龙山文化最有代表性的特征是人类社会在总结生产、生活经验的过程中促使生产力水平大大提高，能够生产出质量不同于以往的磨光黑陶器。这表明制陶有了“轮制技术”以后，东夷人在质量升级方面体现了高超的智慧，能够生产出明如镜、薄如纸、硬如瓷的“蛋壳黑陶”。这些陶器在沂蒙山南麓的临沂市河东区相公镇大范庄遗址和潍坊姚官庄龙山文化遗址等地都有发现。三足盎、曲腹盆形鼎、蛋壳高柄杯、饰着鼻带盖垒等器物，标志着制陶已经展现出非常复杂的文化面貌。这一时期的文物中，伴随着大量精美的陶器出现了一些铜器。不久后，在发掘寿光边线王、邹平丁公、临淄田旺等设计周密的城墙遗址时，发现人类进入阶级社会后，必须用设防的城墙来保卫私有制，这便是国家雏形的出现。

二、遗址发掘见证东夷文化的递进关系链条

新中国成立后，临沂及相关地区的遗址发掘将大汶口文化、龙山文化的系统性研究推向新高度，也使沂蒙地区从远古、上古到古代的东夷文化发展链条更加明晰。

（一）探源距今8000多年的滕州市官桥镇北辛遗址

位于沂蒙山区西部的滕州市官桥镇北辛村遗址发现较早。早在1964年，山东省就十分重视考古发掘工作，组织专业技术人员进行文物普查，非常敬业的考古工作者发现了北辛遗址。但是，当时的人力物力有限，不能进行大规模发掘工作。中国社会科学院考古研究所从1978年冬到次年春季进行了发掘，清理了一批灰坑、窖穴、墓葬，发掘面积共计2583平方米。出土陶器、石器等文物共2000余件，有代表性的文物包括黄褐色砂质陶的澡腹鼎、釜、陶3座，还有泥质红陶的圆底钵、双耳罐等。经过考古学家利用现代技术测定，这些文物的年代距今8400~7300年。北辛遗址的发掘被史学界认定为大

汶口文化渊源的重要标志之一。

（二）探源距今4000多年的平度市大泽山镇东岳石村遗址

位于沂蒙山区东北部的平度市大泽山镇东岳石村遗址，距今4000~3000年，被史学界认为是脱胎于龙山文化的“岳石文化”。2006年，东岳石村遗址被国务院公布为全国重点文物保护单位。

东岳石村遗址，在1959年当地政府组织修筑淄阳河水库时被发现。1960年4月，中国科学院考古研究所组织对这一遗址进行为期两个月的发掘。由于这一遗址所处年代具有代表性，1993年10月，中国社会科学院考古研究所联合青岛市文物事业管理局和平度市博物馆组织大量的人力、物力，对东岳石村遗址进行第二次发掘。出土文物数量非常多，造型具有一定工艺性的陶器、石器、骨器、蚌器等有400余件，其中，实用性强、艺术特色突出的铜器为用于狩猎的武器以及用于日常生产、生活的工具，主要成分为青铜。石器主要有半月形石刀、锋利度的石斧以及方孔石镢。陶器虽然以素面居多，但是在工艺上已经拥有磨光技术，最为特别的是陶器已经运用了彩绘工艺，色彩更加丰富、饱满。半月形双孔石刀和亚腰石斧，被史学界认为是岳石文化的代表性石器。东岳石村遗址发掘的粮食作物有黍、小麦、水稻和大豆，养殖的家畜有猪、狗、牛、羊等。

以东岳石村遗址为主要标志的“岳石文化”的发现，填补了龙山文化和夏商文化之间的历史空白，为研究东夷文化和夏商文化之间相互渗透和融合关系提供了重要实证和新的立足点。

（三）百年考古的成就：东夷文化从旧石器到新石器一脉相承

从“沂源猿人”发端的旧石器、中石器、新石器时期文化直到古代文化，东夷文化不仅有一脉相承、自成体系的特点，而且考古发现的文物递进关系，证明东夷文化具有十分清楚的链条，没有断层、缺环现象。

当华夏民族开启私有制、进入阶级社会后，发源于沂蒙地区的东夷部落与夏、周王朝在生存能力的争夺中互相抗衡、对立了相当长的时间，直到春秋战国时期鲁国和齐国建立，周公东征的过程中讨伐淮夷、践奄，沂蒙地区的东夷族因战败置于周王朝的控制之下。此时，东夷部落还没有完全丧失实力。齐、鲁两国对东夷部落文化进行同化、融合的方式不同，却产生了相同的结果。齐国采取了“因其俗，简其礼”相对宽容的方式，而鲁国采取了“变其俗，革其礼”的狭隘方式，两者只是方式方法的不同，实质上是削弱了东夷文化的独立性。经过长时期的历史变迁，直到秦朝统一天下，随着各区域文化被华夏集团同化，东夷文化也顺理成章地融入中华民族的统一文化。看似东夷文化消亡了，没有了独立性，但是它丰富了中华文化自身的文化品质，使其更加优化，这也是沂蒙地区文化具有很强的凝聚力和向心力，进入古代社会得以快速发展的重要原因。

三、从图腾崇拜看东夷文化的精神元素

央视《中国考古大会》是亿万观众都喜爱的一档节目，主持人曾说出这样一个比喻：如果把地球的年龄比作 1 天，人类所占的时间只有 1 分 17 秒。这个比喻给人带来的心理感觉是历史并不遥远，上古时期的文明也似乎是触手可及。对于研究历史文化而言，这个比喻确实构筑起一种非常美好的想象空间。事实上，当代人触摸考古发现的文物，就是在感知古代文明的温度。

（一）远古东夷族精神图腾的缘起

上古时期，原始人认为每个氏族部落与某种自然界有生命的事物存在直接的亲缘关系，将其看成是本氏族部落的祖先或保护神，对这类有生命的物象的崇拜被社会历史学家称为图腾崇拜。在早期人类的社会结构中，人们把自然崇拜、图腾崇拜杂糅在自身的生产、生活中，认定某种自然力以及自然现象都同人一样拥有灵魂，即为游离于自然空间的“精灵”。主观认为这些精灵能够亲近自己、护佑族人，便创造出形象的附托体，形成有精神寄托的图

腾崇拜。

（二）东夷人因依靠山林生存，产生“山”图腾崇拜

东夷人最早的图腾崇拜来自对生活环境的珍视，这与“沂源猿人”生活在大山环境的历史密不可分。进入上古时期后，沂蒙地区的东夷人虽然转移到有水的河岸上生活，仍然离不开山林资源的给养。对“山”的崇拜早于对“鸟”的图腾崇拜。在大汶口遗址墓葬的发掘中，发现死者头部一律朝向东北方向的泰沂山区，这为“山”图腾崇拜提供了佐证。“五岳独尊”的东岳泰山并不是东部地区的最高山，却成为中华民族历史上重要的精神符号，具有无比崇高而神秘的地位，许多帝王登极都要封禅于泰山。人们在生产、生活的重要节点要拜“山神”，正是与东夷文化对“山”图腾的崇拜有关。

（三）彩陶中的“鸟”代表东夷人的图腾崇拜

通过梳理考古学发掘的各类文物资料不难发现，上古、古代的中华民族各地区在相当长的时期盛行鸟图腾崇拜。属于仰韶文化的庙底沟类型陶器中，已经出现了精神崇拜的雏形。比如，造型美观的鸟形陶三足尊、鸟形彩陶片等。最有代表性是《鹳鱼斧图》彩陶器，上面绘有色彩鲜明的鹳鸟衔鱼图案，在旁边还竖立一柄有象征意义的石斧。在典型龙山文化的遗存中，常见鸟喙形口的三足陶器，考古学家认为这是宗教活动用器。《左传·昭公十七年》言：“我高祖少昊挚之立也，凤鸟适至，故纪于鸟，为鸟师而鸟名。”从这段文字中可以看出，“鸟”是东夷人早期所崇拜的文化图腾的重要图标，在带有鲜明东夷文化特征的陶器、石器、玉器、金属器具中，对这种图腾崇拜有着典型的反映。东夷人崇信“鸟”能够给部落带来福祉，能够在与自然或其他部落的对抗中实现更大存在价值。

（四）从图腾文饰的发现寻到东夷文化的传播迹象

大汶口文化、龙山文化时期，东夷人崇拜凤鸟，便将陶器烧制成凤鸟形状或凤鸟身体某一部位的形状。青州博物馆第一展厅的展柜内展出着鸟形器陶鼎，圆唇侈口，口沿下有三个堆塑条属鸟冠形状，腹下部有一条凸棱纹饰

呈鸟喙的形状。到了商代，东夷部落文化逐步融入商文化，但凤鸟崇拜在东夷人的心目中根深蒂固。

1956年，潍坊东夏镇苏埠屯村东发现一座古代墓葬，考古专家在发掘过程中发现是两座商代晚期大、中型墓葬，还有车马坑一个。1986年3月，山东省考古研究所又对这两处墓葬的周边进行钻探发掘，这次竟然发现中、小型墓葬150余座，经过对出土文物的检测得出结论，此处为商代诸侯王的墓地。出土了一批玉器、青铜器和陶器等文物，其中一个青铜觯上刻有精美的凤鸟纹，腹部和器盖上的主题纹饰也是鸟形，凤鸟目圆突出。考古专家认为这是东夷人凤鸟崇拜的标志性文物。

东夷人在陶器上烧制出鸟形饰纹，造型选择鸟的形体制作陶器，被越来越多的物证所证明。在大汶口遗址和王因遗址两处墓葬的发掘中，考古专家发现东夷人死后口含的鸟卵状的石球、陶球，寄托了死后仍要实现鸟图腾所承担的使命。

通过华夏图腾崇拜的考古发现与研究，不难发现，东夷文化以沂蒙地区为中心向周边传播，经过北上南下、东进西去，遍布山东半岛与辽东半岛，甚至影响至东南沿海和较远的豫陕地区，最远达到大西北、大西南以及云贵高原，对中华民族文化意识形态的形成产生了重要而深远的影响。

第三节 从考古发现分析东夷文化特色

中国现代考古100年取得的实证，让整个民族更加清晰地认识到“我们是谁”，“我们从哪里来”，华夏大地怎样在社会形态的变革中给我们打上了文化与文明的印记。考古100年，对沂蒙及周边地区的远古、中古文化也厘清了历史脉络。社会学家和考古学家经过数十年的考古发现和研究得出结论：距今五六千年前的红山文化是黄帝族文化，同时代的仰韶文化是炎帝族文化。黄帝与炎帝在原始部落中各自形成的文化一起构成史前中原文化；而距今五六千年的大汶口文化与距今 4000 多年的龙山文化构成了东夷文化。数十年的考古发掘，印证大汶口文化的墓葬在河南的洛阳和驻马店等地被发现。仅在河南周口及附近地区，到 21 世纪初已在考古发掘中发现 39 处大汶口文化遗址，可见大汶口文化的影响范围之大。至于龙山文化的影响范围比之大汶口文化就更大了。考古发现的物证已经充分证明古老的东夷文化对中原文化以及整个中华文化不仅有积极主动的影响，而且直接参与了中原及整个中华文化的缔造。考古实物已经证明，东夷人在生产工具制造、陶器制作、农业生产、纺织和酿酒，以及文化文明的高级形式——图像文字与节气的发明方面都与中原文化比肩同行。

一、东夷人制造先进工具，文明历史出现拐点

人类在工具制造方面的跨越式发展，就在于智能发达到制造铜器工具。可以说，铜器的制造和使用成为跨越性标志。

（一）领先世界的铜器，证明东夷人站在远古文明之巅

大汶口文化、龙山文化时期生产工具的制造得到很大的发展，继打磨石镰、石刀、石斧后，东夷人能够制造铜质工具。考古学家在泰安大汶口文化晚期遗址发掘成年男女合葬墓时，发现了非常重要的文物——带有铜质污染的骨凿，经现代技术鉴定，得出含铜 0.099 的结论，距今已经有 6000 多年的历史①。在胶县三里河龙山文化遗址中发掘过程中，出土了两件金属器具——黄铜锥形器，经过文物专家进行年代考证后得出了一个令人震惊的结论：早在欧洲人发明黄铜的 3000 年前，我国沂蒙地区的东夷人已经发明并使用铜制器具。

① 逄振镐．略论东夷文化的基本特点 [J]．管子学刊，1996(3)：32．

（二）"蛋壳陶"展现东夷人陶艺技术堪比现代

考古发掘的大汶口文物表明，沂蒙地区的东夷人在这个文明发展具有跨越性的重要时期，已经用自己的智慧全面掌握了陶土的选择、处理、成型、装窑、烧制等一系列复杂的陶器烧制工艺过程。特别是令全球考古界无法解释的薄如纸、明如镜、黑如漆的"蛋壳陶"的出土，证明中国古代制陶技术无可争议地雄居世界之巅。当历史的脚步走过数千年的岁月，已经掌握许多先进技术的现代人进行了各方面的研究，还有人做过模拟试验，但至今未能真正解开"蛋壳陶"的技术奥秘，可见东夷人制陶技术之高超，在史前文化发展的进程中处于遥遥领先且无人可比的重要地位。

（三）纺织业形成规模，东夷人的生活色彩斑斓

东夷文化呈现绚丽多姿的样貌，不仅陶器、骨器制作技术处于领先地位并成为文明符号，在其他许多方面也体现了技术与人文的密切关系。比如，直径只有一毫米的骨针上凿出能穿上细线的针孔，说明东夷人服装的制作也达到了相当的水平，不仅制作工具的能力让很多现代人为之惊叹，还可以从中窥见文明的诸多蛛丝马迹。

东夷人的纺织业发端于上古北辛文化时期。到了大汶口文化时期，东夷人已经学会纺线、织布，做服装，摆脱穿着兽皮的历史。泰安大汶口、曲阜南兴埠、莒县陵阳河等遗址中出土的石纺轮和骨针给出了物证。"曲阜西夏侯遗址"出土的布纹踪迹最有代表性。据发表在《考古学报》1964 年第 2 期上的发掘报告介绍，有布纺痕迹的陶器多达 20 余件。随着所发掘文物布纹密度逐渐变小，可见证文化模块的推进印迹。大汶口时期的文物发掘时考证的布纹密度为 7~8 根 / 平方厘米；到了龙山文化时期，纺织技术更加先进，考古专家在发掘潍坊鲁家口、姚官庄和胶县三里河遗址时出土文物时，发现布纹密度达到 9~11 根 / 平方厘米。这样的布纹密度说明布艺加工已经到了相当高的水平，因为已经与现代农家妇女腰机织的粗布密度基本相同，可见沂蒙地区东夷人的纺织业在远古时期就已经相当发达。

二、酿酒业兴起，东夷人盛行文化娱乐之风

在远古时代，酒文化是中华文化的核心要素，“对酒当歌”说明饮酒与人类早期的娱乐和后来诗词、小说及政治生态都有密切的关系。东夷文化的重要特征在《后汉书·东夷传》中就将酒文化和娱乐文化并同进行了介绍：“东夷人率皆土著，憙饮酒歌舞，或冠弁衣锦，器用俎豆。”这段话翻译成白话文的意思是，东夷人以族群的方式喝酒、唱歌和跳舞，也就是一边饮酒一边进行娱乐，而且很有仪式感地头戴冠弁、身穿丝帛衣服，使用的器物也是非常讲究的俎、豆。可见当时酒、歌、舞已经成为三者一体的文化娱乐活动。

（一）从精制酒具窥见东夷人酒、歌、舞三位一体的文化特征

1959 年发现的泰安大汶口文化遗址，被考古学家定义为集北辛文化、大汶口文化、龙山文化三个阶段文化特征的远古遗存。墓葬中出土的陶制高柄杯 93 件，占出土杯类文物的 55%，占全部出土陶器的 9%。这些酒类文物占比之高，表明当时酿酒业已经步入十分兴盛的阶段。

能充分体现东夷人酒文化特征的另一处考古发现是，1963 年在对 1957 年经洪水冲刷的莒县陵阳河遗址进行的尝试性发掘，以及在 20 世纪 70 年代进行的大规模发掘中，出土了一套非常考究的酿酒器，与其他考古活动所发现的酒器的不同之处在于，它由滤酒漏缸、瓮、尊和盆组成，很显然是一套“组合件”。与它同时出土的还有大量高柄杯、觯形壶等种类不同的酒具。专家在对发掘的文物进行清点统计时发现，大墓中酒具占所有随葬品总数的 30% 以上。这些酒具文物的出土进一步证实东夷人用谷物酿酒技术已经达到了很高水平。

（二）针对酒文化起源的研究有助于解读中华文化的典型特征

考古学家李仰松在研究我国酿酒起源时，曾针对新石器时代陶缸上的图像作了这样的介绍：“以此类图像的寓意考察，它当是一种酿酒的用具。从已知酒器的具体排列、类推和演变可判定，我国夏、商时代酿酒的起源，可向

前延伸至中国新石器时代的龙山文化和大汶口文化。”[①] 李仰松在《我国谷物酿酒起源新论》这篇文章所讲明的新石器时代陶缸图像的代表性价值，为沂蒙地区东夷人最早掌握了酿酒技术提供了又一证据，对研究中华文化的特殊性具有非常重要的意义。现在的沂蒙人比之江南各地的人们更喜爱酿酒、饮酒，可以视作古代基因传承至今的一种表象特征。

（三）东夷人“酒”“乐”共生是文明发展的结果

在远古时期，饮酒对于战胜自然、获得生活的满足具有更为重要的意义，因此饮酒变成普遍性行为时，饮酒作乐行为推动了音乐文化的发展。在陵阳河遗址中出土的笛柄杯被史学界认为是沂蒙地区东夷人发明的一种原始乐器。音乐史学家的研究成果表明，这种看似非常古老的笛柄杯，却能够吹奏出四种调性不同的清脆乐音，音色十分悦耳动听，与现代竹笛不贴膜时所发出的声音非常相似。这只笛柄杯最为特殊的一点是，迄今为止它是所发现的中华民族最早的陶制横吹管乐器。《尚书·益稷》载：“箫韶九成，凤凰来仪。”韶，即是《韶乐》，是舜帝所作的乐章。由于舜是东夷人，《韶乐》中当然融进了当时夷人中流行的音乐形式，所以“乐”成之后引发东夷人将凤凰作为图腾崇拜。到了春秋时期，舜帝所作《韶乐》仅在东夷人祖居的齐国得以保存，史学家认为这并非没有依据的偶然现象。

正是酿酒技术的成熟和乐器的发明，使东夷人在生活中盛行酒、歌、舞三者合一的文化娱乐活动，这表明当时沂蒙文明进入一个新时期。

三、“图像文字”出土，考古发现文明时代符号

人类文明起步于铜器制造、文字使用及城市的出现，这已经是世界各国社会学家的共识，因此，探寻文字的起源可以知道中华文明究竟开始在什么时期。越来越多的考古发现将中华文明的起源提前到6000年以前，而非人们

① 李仰松．我国谷物酿酒起源新论 [J]．考古，1993(6)：536．

常说的5000年文明历史。

（一）骨卜、龟卜刻有文字使东夷文明发展轨迹更为清晰

由文物中的骨卜、龟卜等文物的作用轨迹，可寻到文字对文明的形成所提供的指向性关系。在大汶口文化时期的殉葬品龟甲上面，虽然有了人工钻孔，但其作用还比较难以确定。到了龙山文化时期，出土的龟甲、牛、鹿肩胛骨等文物已被考古学家确定为做占卜活动时所用器具。这种器物的功用出现突变的情况是在殷代，骨卜、龟卜等文物上刻有文字记录，这使东夷人的文明历史进程有了可辨识的连续性。

莒县陵阳河遗址发掘的文物为确认中华文字起源提供了确凿的实证。而发挥这一实证作用的就是刻在“大口尊”上的图像文字，共8种类型13个单字①。这些图像文字的问世，为研究汉字形成前的雏形提供了重要参考资料，也为汉字并非始于甲骨文提供了一种依据。

（二）刻有彩陶文的出土文物揭开汉字起源的面纱

越来越多的研究表明，汉字源于彩陶上的图像文字。《中国汉字文化大观》一文这样论述：“现在能够提出的根据，最远的只有公元前4000年左右属于仰韶文化的彩陶文以及时间与此相近的属于大汶口文化的陶器刻符。可以暂时把这一时期作为汉字起源的上限。”② 东夷人刻画在陶器上的图像文字，始于比甲骨文早2000多年的大汶口文化时期。虽然学术界对这些陶文还持有不同见解，但是史学界、考古界经常有关于彩陶文是甲骨文、金文、小篆、汉隶直至现代汉字的来源的研究结果见诸报刊和书籍，最后结论形成也指日可待。

（三）专家肯定陵阳河、邹平丁公两处遗址出土陶刻文字价值

沂蒙地区刻有文字的陶器文物的历史价值越来越多地得到历史学家的关注。山东社会科学院研究员逄振镐曾在论文中写道：“莒县陵阳河遗址发现陶尊刻文，总计13个体。龙山文化时期，也发现了陶文。90年代初，在邹平丁

---

① 莒县陵阳河遗址[EB/OL]．莒县故事网，2015-09-19．

② 何九盈，胡双宝，张猛．中国汉字文化大观[M]．北京：北京大学出版社，1995：8．

公遗址发现刻字陶片，上刻陶文 5 行（竖行）11 个字，对这些陶器上的文字，虽至今各家还有不同的解释，但多数学者认为是文字。应该承认，上述文字是后来我国甲骨文和汉文字的来源之一。”① 从另一个侧面证明，上古时期的东夷人具有很强的探索意识，立足于从实践中增长对客观事物的认知，为我国的文字起源作出了很大的贡献。

四、掌握气候变化规律和航海技术，东夷文明扬帆远航

由于大汶口文化时期沂蒙地区的气候相比北辛文化时期变得更加暖和，适宜东夷人耕种农作物和生息，整个族群在原始农业的基础上使得生产能力有了进一步的发展。在长岛北庄大汶口文化遗址发掘中发现了有许多黍子的皮壳，在胶州三里河大汶口文化遗址发掘中还发现了贮藏粮食的库房②。这些发现说明这一时期的农业生产要求东夷人要掌握气候变化规律。

《尚书·尧典》及《史记·五帝本纪》载，尧帝命羲仲居住在东夷名叫旸谷的这个文化活动相对集中的地方，这为研究气象环境提供了良好条件，可因祭祀活动的开展对太阳运行规律进行细心观察，以详细记录所总结出来的气候变化规律确定一年的节气，用以指导人们从事农业种植和畜牧业的生产。传说，少昊时代设“九扈为九农正”，主要职责是根据春、夏、秋、冬节气的变化指导人们都够更高效地从事农业种植和畜牧业的生产。这些关于节气、历法方面规律的总结都说明沂蒙地区东夷人是我国历法的最早发明者之一③。东夷人掌握了气候变化规律，又因所处的地理位置是沿海地区，所以促进了航海业的发展。为了向蕴藏丰富而广阔的海洋索取生活物资，东夷人必须探索造船技术，努力掌握与海洋做斗争的客观条件。

1982 年，考古人员在威海市泊于镇松郭家村西南毛子沟发掘出一条独木

① 逄振镐．略论东夷文化的基本特点 [J]．管子学刊，1996(3)：35．

② 逄振镐．东夷史前原始农业的发展 [J]．中国农史，1991(4)：3-4．

③ 刘英华，赵丹峰，于联凯，郑钦禹．沂蒙文化发展研究 [M]．济南：山东人民出版社，1994：22．

舟，专家根据技术鉴定结果，确认其距今有5000年，其制作工艺还采用了水密隔舱技术，这是上古时期最先进的造船技术。在长岛县不仅发现龙山文化时间的船尾，还在海底发现了原始石锚。这些都证明了智慧的东夷人在生产生活中不断探索造船、航海技术，通过总结经验、不断创新，使之得到快速发展。

五、从巫医到医祖，东夷人为中华医学树起根脉

因族群或部落发展的需要，医学被远古时代的人们加以重视，毕竟人多势壮在食物和地域占有方面更有优势。当远古时代人们需在对与医学相关的知识和技术进行探索时，有创新精神的东夷人在这方面独有建树。

（一）“棱柱形的尖头器”和“针砭器”出土，证明医学起源

陵阳河遗址中曾出土的文物中就有医学方面的器物，特征非常明确的是10枚棱柱形的尖头器，制作已经不单是缺少技术含量的石质器物，其中5枚是用品质精良的玉石制成。无独有偶，在日照两城镇遗址中出土了两枚圆柱形“针砭器”；相比陵阳河遗址中的“棱柱形的尖头器”，这种“针砭器”磨制得更加精细，适用性也更强。

能够在医学上发挥重要作的“针砭器”并非日照遗址中的独物，在其他大汶口文化、龙山文化遗址中都有发现，不仅有石质、玉质的，还有各种动物骨头磨制的。有大量“针砭器”出土，充分证明大汶口文化时期的东夷人已经发明了针灸疗法。“大汶口文化考古发现龟甲卜骨与针锥同葬，说明了巫医最早行施的医术与针刺有关；‘扁鹊言医，为方者宗’，以扁鹊为代表的东夷巫医文化，孕育了医学最早的针刺技术，促进了医学早期理论——脉学理论的形成发展，使针刺脉学成为医学发源时期的重要内容。”①

① 杨金萍，卢星．东夷巫医文化对针砭术的发源及早期医学的影响 [Z]// 中华医学会医史学分会第十四届一次学术年会论文集．太原：2014：325．

（二）从“巫医”到“医祖”，东夷人为医学发展作出巨大贡献

中国医学起源可以从文字发展方面觅见端倪。“酉”字在古代文字中与“酒”字通假；“殳”表示手持鸟羽的象形。三个字组合在一起就有了最早的“醫”“毉”两个字，具体含义是：手持短羽用砭针和酒给人治病的人。前文已经讲过，远古、中古时期的东夷人把鸟当作精神上的图腾崇拜，氏族首领、巫师等重要人物，都需要用鸟羽作为身份地位的装饰，因此，在科学技术很有限的远古、中古时期所谓的医者就是“巫医”，他们在出行或从医时都要手持鸟羽。当历史来到春秋时期时，在日照出现了一个名叫“扁鹊”（另称齐桓公）的人，蓬鹊山是其学医、采药的地方，因在针刺和脉学理论方面的贡献被尊为“方技”，即医学宗祖。所著《扁鹊内经》虽失传，但是曾在民间产生重要影响。这也从侧面证实了东夷人对祖国医学发展所作出的巨大贡献。

（三）“百年考古”解除了对东夷文化的长期误解

在近代、现代考古开启之前，中国人受传统“万世一系皆源于黄帝”思想观念的影响，认为在远古、中古时期只有中原的“华夏族”创造的文化才是古老文明和中华源远流长的传统文化的摇篮，这种情况的出现是由于人类进入文明时代后，在历史文化研究及考古方面有很大的局限性。东夷文化又最早实现了与华夏文化的融合，所有中华后裔习惯自称为“炎黄子孙”，这就是一种严重的误解式的称谓。以沂蒙地区为中心的东夷文化不是“中华文化的外部之邦”，而是远古、上古时期的中华民族先进文化的一个分支。错误认知导致在春秋战国以来文献资料记载上，对东夷文化的丰富性、多元化以及影响力的记载都非常少，并夹杂着许多贬抑观点的记述，让东夷文化“落后论”以约定俗成方式延续了几千年，这是由于考古技术的局限所产生的不公平、不客观历史观所形成的误解。

随着中华“百年考古”在文物发掘和研究方面不断取得重大进展，诸多考古发现和多角度社会历史研究表明：从“沂源猿人”进化而来的沂蒙地区东夷

人在史前文化的各方面，并不比后来处于主流地位的中原文化落后，而且在陶器和金属器具制造、酿酒技术等方面还处于领先地位。在进入古代史时期后，东夷文化迅速而全面地与中原文化以及其他带有地区性特征的文化共同融合，形成了内容丰富又多姿多彩的中华优秀传统文化。

第四节　东夷文化的传播及影响力研究

据东汉历史巨著《后汉书·东夷列传》载："夷有九种，曰犬夷、于夷、方夷、黄夷、白夷、赤夷、玄夷、风夷、阳夷。"从东夷部落到东夷族团是一个庞大的族系，文化传播的基本面不仅很大，速度也非常之快，在环太平洋沿岸的许多地方都产生了重要影响。

东夷文化与辽东半岛、东北地区在文化渗透的过程中产生影响，这一点从东北地区的考古发现得到了进一步的印证。比如，相继在辽东半岛的旅顺郭家村、于家村、老铁山文化遗址以及大连市长海县广鹿乡的小珠山遗址所发掘出土的诸多文物，经过考古专家的分析论证得出结论，这些文物深受大汶口龙山文化的影响。1978 年，小珠山文化遗址发掘后，辽宁省文物部门发表的《长海县广鹿岛大长山岛贝丘遗址》一文中写道："小珠山中层文化类型的遗址中，发现有大汶口文化早期的某些器形，如三足觚形器、圆锥足的盆形鼎、实足鬶、盉、红陶弦纹盂等。小珠山上层文化类型的遗址中，发现有蛋壳黑陶、扁凿足鼎、环足器、镂孔豆、弦纹黑陶以及四平山、郭家村和老铁山积石墓中出土的袋足鬶、带把三足杯等山东龙山文化的某些器物。这说明旅大地区的原始文化受到山东大汶口文化和龙山文化的一定影响。"① "在时间

① 辽宁省博物馆，旅顺博物馆，长海县文化馆．长海县广鹿岛大长山岛贝丘遗址 [J]．考古学报，1981(1)．

上，辽东的各段新石器文化均稍晚于与之对应的胶东各段文化，这已说明了其间有一个传播过程。”[①] 这些考古发现的文物特征都充分证明东夷文化对周边地区所产生的影响非常之大。

一、从陶鬶、蛋壳彩陶看东夷文化向中原地区传播

东夷文化对我国东南、西南等更远地区的影响，可以从近百年来各地区的考古发现上寻到最为明确的踪迹。考古学家和历史学家已经从发掘的文物中得到充分的证据证明，主要活动在沂蒙地区的东夷人为大汶口文化主要创造者，在大汶口文化向东南、西南等方向传播后，可以说江汉平原的文化形态直接受到东夷文化的影响。例如，湖北省京山市屈家岭文化遗址出土的陶鬶、蛋壳彩陶等文物属于受龙山文化的影响典型器物。由此可见，东夷文化对河南、苏北、安徽到湖南、湖北、江西、广东、广西以及东南沿海等地区的史前文化都直接或间接发生过影响，只是影响的程度和方面有所不同而已。如发源于山东的陶器器型类别于东南、西南及沿海地区也都曾出现过。尤其是能够充分体现南方良渚文化的黑陶明显带有山东大汶口文化晚期黑陶技术元素。从东南沿海各地到台湾古文化居民中出现的拔牙习俗，也受到东夷人最早出现的拔牙习俗影响。从各地越来越多远古、上古时期遗址发掘中可以看出，发源于沂蒙地区的东夷文化即大汶口—龙山文化对我国南部地区和东南沿海直至台湾一带经济文化都产生了重要的影响[②]。

二、从白令海峡今昔分析东夷文化向亚洲国家传播

考古学家裴文中先生认为：“华北与日本旧石器时代文化的相似性不是偶

① 佟伟华．胶东半岛与辽东半岛原始文化的交流 [M]// 苏秉琦．考古学文化论集．北京：文物出版社，1989(1)：93-94．

② 逄振镐．略论东夷文化的基本特点 [J]．管子学刊，1996(3)：35．

然的、个别的现象。从旧石器时代文化的发展顺序上、在石器的类型和加工技术上，都可以找到许多证据。说明中、日之间的旧石器时代文化，有很多共同性和一致性。”[①] 日本考古发现的许多远古时期的文物与东夷文物有相似之处。戴国华先生则通过对冰期气候、海底陆生脊椎动物化石与海底地貌、海底沉积物的柱状样分析，以及中日现生种及化石种动植物的密切关系的分析，认为那时的日本列岛与亚洲大陆隔开的诸海线都不存在，白令海峡是一片草木繁茂、动物成群的陆地。白令陆桥联结了日本列岛与亚洲大陆，为东夷文化的传播和中日文化的交流提供了地理环境上的可能性[②]。有的学者认为，正是由于远古、上古时期中朝、中日在地理位置上更为接近，东夷文化的对境外传播才更加便利。

有古地理学家的研究结果表明，距今一万年左右的时间，因地壳变迁，形成山东半岛同辽东、朝鲜半岛及日本列岛之间广阔的海域。简言之，很有可能在一万年或更早时间以前这些海域还是一片陆地，即山东半岛与朝鲜、韩国、日本完全连在一起。山东半岛与相邻地区必然存在文化交流及互相影响。尤其是新石器时期以后，文化交流因交通环境改变会更加容易。例如，日本的磨光黑陶、水稻、人工拔齿习俗等都受到东夷文化的影响。

三、由龟类甲壳动物和图腾标识分析东夷文化向美洲传播

考古学家和地方文物部门集中力量发掘大汶口遗址，在清理百余座墓葬时发现了一种标志性的文物——地平龟的龟甲。考古学家叶祥奎对其给出了重要评价：“山东地平龟类甲壳的发现，打破了过去一直认为该属动物的地理分布只限于美洲的旧观念，给在亚洲地区今后发现地平龟类动物首次提供了确凿的可能性……当时北美与亚洲大陆之间白令海峡的连接，使得陆地生活

① 裴文中．从古文化和古生物上看中日古交通 [J]．科学通报，1978(12)：707．

② 刘英华，赵丹峰，于联凯，郑钦禹．沂蒙文化发展研究 [M]．济南：山东人民出版社，1994(11)：30．

的该类动物能有机会通过陆桥而进入亚洲。”①

世界上无论哪个国家的文化都与地理环境对生存、生活的影响密切相关，比如，海洋国家的文化与陆地国家的文化有着很大的差异。如果从现代地理学研究所展现的地球地貌而言，生活在遥远美洲的动物“地平龟”想穿越白令海峡到达我国的泰沂地区，它们无论怎样日夜兼程也是不能到达的，除非借助人类的智慧。但是，在远古时期，白令海峡并非如现在这样隔着无边无际的茫茫大海，即美洲还没有漂离得离亚洲如此之远。以泰沂地区为大本营的东夷人可到达美洲大陆将自身的先进文化传播过去，比如，东夷人所信奉的图腾徽识就曾传播到美洲大陆并被那里的人们接受和使用，由此与当地的土著文化交互杂糅而成为印第安部族的奥尔梅克、查文、印加等多个部族的土著图腾崇拜主体；还有一点就是大多数美洲印第安人有喝茶的习惯并以鹰、鹭等东夷人首创的图腾标识作为本部族的精神崇拜，物象造型与我国大汶口文化和夏商之前的近古时期的凤鸟如出一辙。由于百年来中国的考古取得巨大进展，越来越多上古时期的发现表明，以鸟为图腾崇拜徽识的东夷文化在传播的过程中以跨越时代间隔和地域差别表现出纵横交错的轨迹，展现出深远、广阔又持久的影响力。

第五节 近古时代华夏文化与东夷文明的融合与发展

一、华夏三大部落集团的活动轨迹与文化融合

当中华民族进入上古时期，在黄河流域形成了三大部落集团，即中原地带的炎帝集团、西北地区的黄帝集团和东部沂蒙地区的东夷集团。这三大部

① 叶祥奎．中国首次发现的地平龟甲壳 [J]．古脊椎动物与古人类，1961(1)：61．

落集团在经济、文化上互相交流渗透、融合发展。

（一）炎帝集团的发展及与黄帝集团的关系

炎帝集团随着势力不断增强，一个分支越过河西走廊向西南发展，一个分支沿长江沿岸向东南发展；黄帝集团则由甘、陕、晋进入中原地区，经过一段时间的发展实力不断增强，由中原越过燕山继续向北方扩展；东夷集团的一个分支由沂蒙山区向西向南发展，另一个分支在沿海地区不断增强实力向更远的北方发展，最远到达太平洋沿岸。西汉史学家司马迁所撰《史记·五帝本纪》载："炎帝欲侵陵诸侯，诸侯咸归轩辕。轩辕乃修德振兵，治五气，艺五种，抚万民，度四方，教熊、罴、貔、貅、貙、虎，以与炎帝战于阪泉之野，三战，然后得其志。"战事由炎帝发起，历经三年时间，以炎帝被擒后称臣结束。黄帝由此确立了领导地位，被称为中华民族的共祖。自夏王朝开始，历代帝王因循尊奉黄帝为祖先，观念形态上的黄帝和炎帝逐渐走向渗透与融合，以至于到了一定时期不分彼此，合二为一，称为"炎黄"。时至现代，中华儿女都以"炎黄子孙"自称，可见中原文化影响无比深远。

（二）东夷集团与炎黄集团因战争结束形成文化渗透

大约在4600年前，黄帝、炎帝两大集团联合起来与蚩尤集团发生历史上著名的"涿鹿之战"。战后，蚩尤率领的东方集团势力因受到黄帝的抵抗转而向南方发展。而以黄帝为最大首领的中原地区炎、黄集团势力开始向东、向南发展，直到泰沂山区的西南地带，这样的交汇发展，使中原文化与东夷文化得到了进一步的融合。

当占居中原地区黄河南岸的炎帝族发展到东夷集团的大本营曲阜，黄帝打败蚩尤之后乘胜南下也来到这里，使中原文化和东夷文化相互渗透、互相弥补，并因此不分伯仲，对这一地区的政治、经济、文化的发展产生重大影响。在大汶口文化晚期就显露出密切的融合关系，经过"涿鹿之战"后融合度得到强化，强化了中华民族文化的生命力和同化力。

（三）东夷和炎黄两大集团的图腾崇拜体现了文化融合

东夷集团和中原炎黄集团在文化上的相互融合，可从两大集团文化的图腾崇拜上显出基本特征。东夷、炎黄集团的图腾崇拜共有两个种类：第一类被考古界称为“翔天型”，包括鸷、鹳以及具有升腾特征的太阳、金星等，富有鲜明的沂蒙地区山林文化特征。第二类被考古学界称为“游走型”，为炎黄集团为主要图腾崇拜对象，包括水族中的蛙、鱼、鲤、蛇、鳄以及虎、豹、鹿、犬、豕、马等兽类，具有山中原河谷文化的鲜明特征。这些不同地域、不同风格的图腾崇拜在两大集团文化融合后，就不再具有鲜明的彼与此的痕迹，当然，这经过了比较长时间的互相影响。华夏民族在氏族社会早期，有“神不歆非类，民不祀非族”，图腾崇拜是本族的标识，不同族群的图腾有着十分严格的区分。在社会不断向前发展、文明不断取得进步的历史进程中，在战争、迁徙、婚嫁、商贸交流中，不同族群或部落不同地域的氏族图腾崇拜也必然形成互相渗透、互相影响的样貌，以至于一种图腾崇拜中掺杂了其他族群或部落的文化成分。

东夷集团图腾崇拜的“鸟”，演化为后世的“凤”。“凤”并非一种实际存在的鸟，而是以“鸷”为主干融合了其他鸟类图腾的形象，取其最美、最令人向往的特性综合而成的图腾崇拜对象。中原炎黄集团崇拜的“蛇”“鳄”等作为图腾崇拜的主干，融入虎、豹、鹿、犬、豕、马等动物特性，最后演变成集美感和强悍特性为一体的“龙”的形象。

东夷集团与炎黄集团部落图腾融合的过程中，图腾崇拜演变分为三种情况：(1) 以取得宗主地位氏族的图腾为主，附以其他部落图腾崇拜的主要特征。(2) 以各部族图腾的主要特征重新组合，创造出大家所公认的全新图腾崇拜形象。(3) 处于宗主地位氏族，要求被统辖的氏族或部落将原图腾崇拜进行改变，通过置入的方式变更为宗主地位氏族的图腾崇拜。经过这三种方式的重新组合，使“龙凤”成为具有共识意义的图腾崇拜形象，既满足审美上的独特创造，也成为旗、徽上的重要标识。中国社会形态发展到封建社会时，帝王的权力至高无上，作为图腾崇拜的“龙凤”不再是氏族集团的象征，“龙”演变为男性最高统治者象征，“凤”则脱离了历史所赋予的内涵，成为皇族女性的最佳代表。“龙凤”形象的使用规格和范围，体现鲜明的统治阶级意识，而民众意识被削弱了。

回看中华民族的发展历史，“龙凤”从古代民族图腾崇拜演变到现代的“龙凤呈祥”，即民族文化符号，展示出中华民族从古至今都拥有追求和谐发展的强烈意识。当人民成了国家的主人，“龙凤”在内涵上得以回归，成为中华民族的美好象征。

二、东夷文化繁盛期——太昊伏羲氏、少昊金天氏时代

考古学研究表明，大汶口文化中晚期的太昊伏羲氏、少昊金天氏时代是东夷文化发展的繁盛时期。

太昊伏羲氏、少昊金天氏作为以沂蒙地区为主要发源地的强大的东夷集团的两位首领，其活动轨迹通过势力扩张遍布山东、河南等地。“太昊”又称“太皞”，伏羲又作庖牺、宓羲等。史学界认为他是风姓始祖，有史书记载为证。《史记·补三皇本纪》载：“庖牺氏（伏羲），风姓也。代燧人氏继天而王，母曰华胥，履大人迹于雷泽，而生庖牺于成纪，蛇身人首，有圣德。”

太昊伏羲氏之后的东夷集团领袖是少昊金天氏。《帝王世纪》载：“少皞帝，名挚，字青阳，姬姓也。母曰女节，黄帝时有大星如虹，下流华渚。女节意感而生少昊，是为玄嚣，降居江水，邑于穷桑，以登帝位，都曲阜，在位百年而崩。”此段话的意思为少昊是黄帝之子，但是与这段记述有不同之处的是《古史考》的记载：“少昊以金德王，故号金天氏，或宗师太昊之道，故曰少昊。”并未说明少昊是黄帝之子，这个谜底的揭开还待史料发掘和文物考证能提供新证据，相信未来会大白于天下。

少昊金天氏率领东夷集团开拓了自渤海湾向北至东北平原和山地的大

片疆域，以及大小兴安岭和东部群岛的广阔地区。约公元前3790年，少昊金天氏政权末任帝清阳（匠敬）禅位给外甥颛聆，少昊金天氏政权宣告结束。

表 1–5　太昊、少昊族群活动轨迹及文化发展转折点

太昊、少昊族群活动轨迹考	少昊金天氏时代体制机制	以人殉葬墓穴证实少昊文化	少昊金天氏时代为文明转折点
史书载一：沂蒙地区为太昊族群中心 《左传·僖公二十一年》载："任、宿、须句、颛臾，风姓也，实司太皞与有济之祀。"言明太皞伏羲氏率部下由沂蒙地区转向西南后进入中原地区，在原来的活动地区留下了"任、宿、须句、颛臾"四个部落。《论语·季氏》载："夫颛臾，昔者先王以为东蒙主。"由原蒙主颛臾主持祭祀活动。为什么要在这里主持祭祀活动？最重要的原因在于蒙山是太昊伏羲氏族团肇始兴旺之地。颛臾在春秋时期为鲁国附庸，遗址位于临沂市平邑县东部。当古代史追溯到隋朝时期（约598年），沂蒙地区在颛臾故地所建之县被称为颛臾县，唐贞观初并入费县。1946年，此县则归为平邑县管辖。太昊伏羲集团的后裔，蒙、牟、包等部落生活在平邑县境。通过考古发现和历史学深入研究，已经证明沂	**一、史书记载** 《左传·昭公十七年》记述少昊氏"以鸟名官"（官名与相应鸟名相契合），曾有这样的表述："昔者黄帝氏以云纪，故为云师而云名。炎帝氏以火纪，故为火师而火名。共工氏以水纪，故为水师而水名。大皞氏以龙纪，故为龙师而龙名。我高祖少皞挚之立也，凤鸟适至。故纪于鸟，为鸟师而鸟名。"文中还讲述了"以鸟名官"体现层级管理的具体情况、族群的运营机制的整体情况。有"注家"为了便于研究人员的理解，对"五雉"进行了分类：（一）鶅雉氏，为木工正；（二）鷗雉氏，为陶工正；（三）翟雉氏，为金工正；（四）鵗雉氏，为皮工正；（五）翚雉氏，为染工正。五雉为五工正，表明所用利器、度量标准等使人们在交易中做到公平无偏。古代	**新沂花厅遗址发掘** 早在1952和1953已经进行了两次文物普查和发掘研究。在改革开放后，文物及考古工作随经济发展得到高度重视，又分别在1987年和1989年组织人力物力进行更加深入的第三次、第四次普查发掘。在北区发现了10座大汶口中期和晚期墓穴，发掘出与墓主随葬的具有大汶口文化和良渚文化特点的陶器和玉器，其中8座墓葬17人，这是中国目前考古发现中最早的以人殉葬的典型墓穴，考古专家证明此处当时生活的居民属于少昊部落。在五帝政权中，少昊部落一直处于核心地	**一、大汶口文化是少昊文化** 有关沂蒙地区东夷文化考古有了初步成果时，著名历史学家唐兰就发现了有关中华民族历史的重要突破，他认为大汶口文化的发现是我国考古学界在20世纪中叶最大的发现，并直接阐明"大汶口文化是少昊文化"。这一新发现，重写中华古代史最重要的一个环节，古代史不再限于夏后氏之世，而是再往上古回推二千多年，时间直到步入少昊、炎帝、黄帝时期。中国文明史通考证确认有6000千年以上。这种考古学和历史学上确认并产生共识，不仅是中国历史文化的命题，也是人类世界史上的一重要命题。唐兰在他撰写的有关历

续表

太昊、少昊族群活动轨迹考	少昊金天氏时代体制机制	以人殉葬墓穴证实少昊文化	少昊金天氏时代为文明转折点
蒙地区是太昊羲氏集团兴起并进行早期活动的中心地区。	“五工”分类，意在明确地标示社会分工为五种手工工艺或五种从事制造的手工业部门，这说明少沂蒙源人进化到昊金天氏时代手工业已经较为发达并分工明确。	位，除了具有较发达的农业种植技术，在制陶技术、观象制历方法、治水方略实施、桑蚕织丝工艺技术等许多方面为中国五帝文明作出了突出贡献②。	史学方面的文章中强调：“如果按照华夏民族的看法，大汶口文化是东夷文化，那么，中华民族文化的形成实际上是从东夷文化开始的。”③
史书载二：沂蒙地区为少昊族群发祥地 《左传•定公四年》载：“故周公相王室，以尹天下，于周为睦。分鲁公以大路，大旗，夏后氏之璜，封父之繁弱，殷民六族，条氏、徐氏、萧氏、索氏、长勺氏、尾勺氏。使帅其宗氏，辑其分族，将其类丑，以法则周公，用即命于周。是使之职事于鲁，以昭周公之明德。分之土田陪敦，祝、宗、卜、史，备物、典策，官司、彝器。因商奄之民，命以伯禽，而封于少昊之虚。”说明山东曲阜是少皞金天氏族群的祖居地。公元前2200年黄河河道从淮北地区北移华北平原后，鲁南大汶口文化区、江南良渚文化区居民汇集到淮北地区，结合成少昊、太昊部落联盟，沭阳县桑墟镇一带成为少皞族群的发祥地。	**二、少昊时期“以鸟名官”考证** 以通俗的方式解释东夷文化在少昊金天氏时代运用的管理体系，可以这样表述：五鸟管理历正，主要负责管理适应节气变化的生活；五鸠负责管理民事；五雉负责管理手工业事务；九扈则主管农业生产。“以鸟名官”是按氏族分配官职，这是由原始社会到阶级社会过渡阶段的特殊现象①。		**二、少昊时代是文明的转折点** 少昊金天氏时代的政治、经济、文化、技术所呈现的样态，已经成为中华民族从原始社会进入文明社会的转折点，也使中华民族的历史提前了一千多年，这方面的研究在中国现代考古100年的节点上，人们的认知提高后，必将受到更广泛的关注，得到更深入的研究。

① 王厚香，汲广运．沂蒙文化若干问题研究 [M]．济南：山东人民出版社，2016：3-6．

② 付希亮，姜若鸣，张祖安．论沭阳桑墟是少昊的诞生地及少昊氏在五帝文明缔造中的贡献 [J]．南京工程学院学报（社会科学版），2019(1)：1．

③ 唐兰．论大汶口文化中的陶温器——写在《从陶鬶谈起》一文后 [J]．故宫博物院院刊，1979(2)：46-47．

太昊部族主要分布于豫东、皖北和鲁西南地区，少昊部族主要分布于鲁中南地区，向北可延伸到鲁北中部一带。距今 5000 年前后，豫东、皖北和鲁西南地区是大汶口文化的分布区，其居民应为传说中的太昊部族。这一地区的大汶口文化和海岱地区东部的同时期文化之间具有较多的共性，进而可以推定其自东部的沂沭河流域迁徙而来。少昊部族所处的时代大体与大汶口文化中晚期相当，结合传说中少昊部族的地望，即主要分布于泰山南北两侧地区，可以认为这一地区的大汶口文化（至少是晚期）应是少昊部族所创造的文化①。

三、东夷集团步入文明社会的三大标志

针对人类文明社会以什么为主要标志这个问题，美国人类学家路易斯・亨利・摩尔根 (Lenis.Mogan) 在《古代社会》给出了"始于标音字母的发明和文字的使用"这个结论。恩格斯在对人类文明起源进行研究时得出了更为令人信服的结论并成为史学界的共识——"文明时代是学会对天然产物进一步加工的时期，是真正的工业和艺术产生的时期"。众多研究结果都表明人类能够制造生产工具和生活器具并能够使用文字交流和保存信息，就进入了文明时代。在沂蒙地区陵阳河遗址出土的陶缸上的"意符文字"最早展露出华夏文明的曙光。

尽管进入文明社会与制造工具、器具和语言文字的发明、使用密切相关，但是，这些表象背后所潜藏的决定性力量是社会组织形式的变革，即原始氏族制的解体和国家的产生。《尚书・虞夏书》记载了尧、舜、禹相继为帝的情况，表明国家取代了族群集团，真正开启了中华文明新纪元。

（一）城市出现和规模化发展成为沂蒙地区文明时代的标志

英国著名考古学家柴尔德认为，城市的出现在考古学上的标志性意

① 栾丰实．太昊和少昊传说的考古学研究 [J]．中国史研究，2000(2)：3．

义——国家与文明的同步诞生。在早于夏文明的龙山文化遗址中，沂蒙地区发现的城堡遗址有，20 世纪 30 年代发现，1989—1991 年发掘的章丘县龙山镇城子崖城址；1977 年发现，1984—1986 进行三次发掘的寿光边线王城址；1981 年发现，1985—1993 进行六次发掘，2014 年又进行第七次发掘的邹平丁公城址；1934 年发现，1978—2012 进行三次发掘的日照市岚山区高兴镇尧王城址；1965 年发现，1982—2002 进行三次发掘的淄博市临淄区田旺城址；20 世纪 60 年代发现，2001 年发掘的临沂市费县古城址，以及发掘较晚的兰陵县鄫国故城遗址。这些具有代表性且集中体现东夷文化的城址是我国最早的城市遗址，标志着沂蒙地区最早步入文明之城。

（二）邹平出土“丁公陶文”将中华文字史提前到公元前 2300 年

中华文字起源考古方面的重大成就，来自规模宏大、有重要文物发现的邹平丁公城遗址发掘。1992 年底发掘的“丁公陶文”震惊了考古界和史学界。这块距今 4300 年左右的刻字陶片，把中国文字的历史从原来的公元前 1400 年提至公元前 2300 年左右，也正是因为文字的使用提前了约 900 年之久，中华文明的起源也比原来所认知的更为久远。

“丁公陶文”是山东大学考古队和当地历史文化研究人员一起在邹平县丁公城遗址发掘中发现的。陶片上的文字整齐地刻在一件泥质磨光灰陶大平底盆底部残片的陶器内面，总共有 5 行 11 个字。1993 年《考古》杂志曾发表《专家笔谈丁公遗址出土陶文》，史学界、考古学界的 15 位专家发表了看法。

图 1–1　丁公陶文

专门从事新石器时代文化研究的著名专家、北京大学考古学教授严文明在“丁公陶文”出土后指出：“我认为这陶片上刻的是字而不是别的什么符号。其中有象形字，如第二行的两字象侧身跑的人形，第四行下一字为盘身翘首的蛇形……在龙山文化遗存中发现比较成熟的早期文字，实在是应该大书特书的一件事情，是山东大学考古专业献给学术界的一份厚礼！”严文明对中华文化起源的研究进行得非常深入，从他的这段话中可以发现“丁公陶文”的出现对文明起源研究的价值不可估量。

中国社会科学院考古研究所研究员陈公柔是在新中国成立之初就从事考古研究工作的专家，他的观点历来受到考古界和史学界的高度重视。针对“丁公陶文”，陈公柔曾作过这样的评价：“邹平所发现的刻于陶片（器底）上的符号（应该说是早期的汉字），其重要性不同于以往各地多次发现的。”陈公柔在对“丁公陶文”与其他地区所发现的古字进行对比分析后强调说：“邹平所出陶片，乃是龙山文化中期偏晚的遗存，其上的刻字，实际上是上承大汶口文化中所谓的‘日月山’陶文，而下接二里头、二里冈、藁城陶文的一系列属于殷商文字系统的一个重要环节。因此，是非常重要的。”①

针对“丁公陶文”属于何种文字，虽然说法不一，有人认为是文字在演化的过程中被淘汰的一种文字，有人为是当时普遍应用的“行草”，但是众论归一的是承认是比甲骨文还早的文字。仅凭这一点对研究文字和书法的起源和演变就具有非常重要的意义，对分析、研究、发现古代汉字的应用、发展、变革都具有开阔视野的作用。

（三）陶器、铜器制造证明“沂源猿人”率先步入华夏文明

当人类的某一族群扩大占领范围并进行更广泛的交流、贸易、娱乐、祭祀等活动时，就形成了众多人员聚集在一起生存的城市，而这样也标志着开启了某一地域的人类文明时代。中国考古学的奠基人、北京大学教授夏鼐先

① 王恩田，田昌五，刘敦愿，严文明，李学勤，张学海，张忠培，陈公柔，邵望平，郑笑梅，俞伟超，高明，栾丰实，黄景略，裘锡圭，蔡凤书．专家笔谈丁公遗址出土陶文 [J]．考古，1993(4)：344-357.

生认为，人类进入文明社会最基本的三要素是城市、文字和金属冶炼，而其中以文字最为重要。虽然学术界对此还存在不同看法，但多数学者认为，城市、文字、金属器和礼制性建筑上形成中国古代文明的重要因素，特别是城市是古代文明不可或缺的要素①。

沂蒙地区拥有比甲骨文早1000多年的文字，在陶器、铜器的制造方面发达起来，并产生了许多个城市，标志着沂蒙地区“沂源猿人”走过漫长的演化道路后，率先进入了华夏文明时代，从此中华古老文明在这一地区以独特性和先进性步入主流意识形态，成为浩瀚的中华文化的重要源泉之一。从夏商到春秋战国，呈现出色彩纷呈的文化样态。

第六节　沂蒙文化与中华文明的关系研究

如前所述，沂蒙文化的历史渊源可以上溯到远古时代，早期沂蒙文化以东夷文化为基础快速发展。中华民族进入文明时代以后，沂蒙文化也是随着全民族历史文化的发展而不断推陈出新。纵观中华民族历史进程走过的漫长的道路，从原始社会到分化为不同阶级的奴隶社会，再到封建社会和半殖民地、半封建社会，一直到中华人民共和国成立开辟了历史新纪元，整个民族文化发展跨入突飞猛进的全新时期。当我们面向未来的时候，站在回看历史的高度继承文化精髓、剔除文化糟粕，强化民族自信心、自强意识和使命担当，才能使我们的文化绽放出更加绚丽的光彩。

从史前的五帝时期到现代社会，中华民族文化经历了从无形到有形、从低级到高级，不断积累和创新、融合和丰富的发展变化。沂蒙文化也随同中华文化的形成和发展经历了这一历程。文化样态既包括前后接续、不断完善

① 徐龙国．中国古代城市与文明起源 [J]．管子学刊，2003(2)：83．

的继承性，也包括与其他兄弟民族文化交汇融合、相互影响的包容性，更表现为新旧交替变异、创新、发展多极性。其中，地域性思想意识的发展与文化形式的变革都更鲜明地表现出继承性和包容性特点。

在中华文明6000年的发展进程中，沂蒙文化曾几度展现自己的繁荣之态，从而对整个中华民族文明发展历程产生了重要影响。特别是在两汉时期，沂蒙名家对儒学、兵学的发展与弘扬，以及唐宋时期对书学、礼学、文学的贡献，都显示出沂蒙文化发展在历史上的重要地位。

一、春秋战国时期，沂蒙文化与齐鲁文化的交融

约公元前1042年，周公旦为巩固周朝的统治地位，发动征服东方各国的战争，东夷文化在频繁的战争及群体的交织中不断进行文化融合而逐渐失去独立地位，也因此被削弱了整体性作用。但是，沂蒙地区的东夷人信奉的精神图腾、祭祀和酒乐文化等已经深入生活的各个方面，因不可分割、无法去除而得以长期保留。沂蒙地区虽然在政治集团的割据中曾经归属齐、鲁、楚等国管辖，但是因地域面貌使然在区域内始终存在着莒、郯等东夷族部落形成的小国，这使东夷文化有了更加深入的根基。

（一）诸侯国的动荡变迁使沂蒙文化与齐鲁文化相融合

沂蒙地区在西周时期曾经属于齐国管辖，而齐国建国后对东夷文化采取宽容、吸纳的姿态，推行了“因其俗，简其礼”（《史记·齐太公世家》）的政策，这使东夷文化得以继续存在并因吸收齐文化得到一定的发展。到了春秋时期，沂蒙地区在几次战争后分属齐、鲁两国；到了战国时期原本是属鲁国的地区又一次并入齐国，一些小国也随之并入齐国。到战国晚期，楚国势力扩张到沂蒙地区。在过去因诸侯割据形成的郯、莒、费等小国，又都归入楚国。沂蒙地区这种归属国的不断变化，决定着这一地区的文化样态也不断变化。齐文化、鲁文化、楚文化兼收并蓄，使沂蒙文化内容更加丰富，

包容性也更强。

有史学家认为，齐文化是东夷文化与西周文化交汇、渗透、融合、同化的结果。后来“因其俗，简其礼”治理政策的实行，使齐文化中增加了更为丰富的内涵，为开拓、创新、奋发、进取的沂蒙精神的形成打下了基础。与之不同的是，鲁文化则较多地保留了西周文化中敦厚、重礼的特点，因为保守而缺乏开拓、创新的精神。

春秋战国时期，尤其到了战国后期，齐、鲁两大文化对沂蒙地区产生了重要影响。齐国思想家荀子，在兰陵从事学术交流活动并在此终老。因此，荀子“制天命而用之”的自然观、既重礼教又重法治的政治观以及富民重兵的思想在这里传播、扎根。

（二）诸多兵书的出土奠定了兵学文化发源地的地位

沂蒙地区在历史上出过几位大名鼎鼎的军事家，考古发掘成果证明了这里是中国兵学文化的发源地。从20世纪60年代到80年代做过多年发掘的临沂市银雀山汉墓群，出土了许多比较完整且能反映当时战略战术水平的兵书，以实物证明发源于沂蒙地区的兵学文化是东夷文化的重要组成部分。在漆木器、陶器、铜器等为数众多的文物中，最为珍贵的是竹简，不仅有《孙子兵法》《孙膑兵法》《六韬》《尉缭子》四大兵法著作，还有《墨子》《管子》《晏子春秋》等先秦古籍。春秋战国时期，沂蒙地区云集了著名军事家及求教的弟子，使得以著名军事家孙子、孙膑的兵法为代表的兵学文化影响了后世数个朝代。

（三）春秋时期东夷文化对齐文化产生了重要影响

齐文化原本是周文化与东夷文化互相融合的结晶。齐国建国立都的政治家、军事家姜子牙是东夷人，在治国的过程中继承和汲取东夷文化的优良传统。尤其是政务推行“因其俗，简其礼”的政策，不强行推行周礼，务实地创造了既让沂蒙地区乐于接受，又不悖周礼的新体制，因而富民兴邦。

春秋时期鲁文化的代表人物昭子曾向夷文化代表郯子“问官”，说明了两种文化互相融合的史实。《左传·昭公十七年》记载的少皞氏以鸟为官职命名的故事，说明东夷文化对齐鲁文化的影响非常深远。沂蒙文化发展到春秋战国时期因趋于成熟产生深远影响，既吸收了齐文化的开放、进取，又融合了鲁文化的敦厚礼教，并创生了兵家文化的果断雄武，在秦以前又借鉴了楚文化的豪放绚丽以及矢志不移励志元素，形成了重礼重义、奋力拼搏的文化品格。秦汉时期及后来沂蒙地区涌现的历史名人带有这种十分明显的性格特点。

二、秦汉时期沂蒙地区儒家文化形态

秦汉时期，随着国家结束诸侯割据的局面，中央集权制度形成，民族文化从蓬勃走向深渊。但是，随着秦朝的灭亡也走出了“焚书坑儒”浩劫形成的文化桎梏，又以超强生命力推动华夏大地的文明进程。沂蒙地区文化在规模化发展中展现出全新样貌，主要标志是涌现出一批影响全国思想界的儒学大师，使沂蒙地区文化发展进入高峰期，主要特点表现为儒家思想的广泛传播与沂蒙文化名家对儒学的弘扬。

（一）秦朝前期儒学传播及“焚书坑儒”的历史原因

战国后期，物产丰沛、文化根基深厚的齐鲁之地是全国重要的文化与学术中心。孔孟之徒、缙绅之士将学术思想播及周边及更远的地区，使儒学呈现主导中华文化的主流样貌。“齐稷下学宫之盛，邹鲁之士谈仁说义，靡然向风。”[①] 可见当时儒学研究及传播之盛景。虽然秦朝以法家思想作为形成治国基本纲领依据，但是在秦统一初期对齐、鲁文化采取融合的策略，这主要是出于秦作为列国之一时呈武强文弱样貌的考虑，需以儒学兴太平、平天下。因此，在秦始皇“焚书坑儒”之前，并非绝对排斥儒学，部分地区将儒家人物

① 李禹阶．秦始皇“焚书坑儒”新论——论秦王朝文化政策的矛盾冲突与演变 [J]．重庆师范大学学报（哲学社会科学版），2004(6)：24.

尊为博士，《史记·秦始皇本纪》载："与鲁诸儒生议，刻石颂秦德，议封禅望祭山川之事。"儒学仍在整个华夏大地得以广泛传播。

儒学以孔孟思想为主导，强调仁政、德治、重义，注重提倡民贵君轻，这些主张对刚刚经过战乱纷争、诸侯争霸的秦始皇而言，在实现中央集权和文化统一功用上"远水不解近渴"，必然受到冷落，又因为秦文化与沂蒙文化观念形成严重冲突，终于酿成"焚书坑儒"历史事件。公元前212年，焚毁书籍、坑杀"犯禁者四百六十余人"。西汉末孔安国《〈尚书〉序》载："及秦始皇灭先代典籍，焚书坑儒，天下学士逃难解散。"这一时期的沂蒙地区文化也因"焚书坑儒"受到严重的摧残。

秦朝的历史非常短暂，只存在于公元前221—前206年，如此快速灭亡，史学家基本上将其归因于秦王暴政，但是也有学者归因为道德因素、智能缺陷、摒弃传统、资源紧张。其中前三条都属于文化构成因素，一个政权不重视文化的继承和发展，能够做出"焚书坑儒"这种灭绝文化的行为，必然寸步难行。正所谓，历史呈螺旋状发展。秦朝末年天下大乱，刘邦和项羽趁势而起，经过著名的"楚汉之争"，刘邦于公元前202年在山东定陶称帝，定都长安，中国历史进入西汉时代，这时文化繁荣的景象又呈现出来。

（二）秦朝大将蒙恬在文化发展方面作出的贡献

秦朝大将蒙恬是临沂蒙阴县人，祖父蒙骜、父亲蒙武皆为秦将。蒙恬受家庭文化传承的影响，自幼胸怀大志，熟读兵书。公元前221年，他被封为将军，率领秦兵攻打齐国，因兵学研究精深、治军才能超群，为破齐立下赫赫战功，深得秦始皇宠信。秦统一六国后，蒙恬率领三十万大军北上，威震匈奴。收复河南后，又渡过黄河，占据阳山，被誉为"中华第一勇士"。蒙恬监修万里长城和九州直道，功绩被许多史学家赞誉。蒙恬还是毛笔的改良者，传说他制造了羊毫笔，在秦朝时有"笔祖"美誉。

（三）西汉"罢黜百家，独尊儒术"对沂蒙文化的影响

西汉政权萌芽于农民起义的动乱社会，政治、经济以及文化十分凋敝，

处于盲从时期的文化界曾经有人力推黄老学说，即黄帝之学和老子之学的混合体系，推行尚阳重刚、修行经世的思想一度成了热门风潮，这使得对道德建设和治理体制十分有益的儒学成为只在民间传播的非主流文化。公元前140—前135年，汉武帝立足于统一大业的需要接受董仲舒“罢黜百家，独尊儒术”的建议，使儒学从权力上层向下推行，最终取得了文化上的主导地位。

沂蒙地区因曾有孔子的嫡传弟子曾参、仲由等传播儒学，信奉儒家思想的学士非常之多。又因儒学大师荀子长期在沂蒙地区的兰陵任县令，弃官后留在此地授徒讲学和从事学术研究等活动，学研风气日盛，沂蒙地区很快迎来研究儒学及各家学说的热潮，在很长一段时期，儒学名家和英才辈出，对两汉时期的文化发展产生非常大的推动作用。

西汉时期，出生于沂蒙地区的儒家学者较著名者有五位，精通《诗经》的兰陵人王臧和缪生，因精研儒学而成为博士的褚大，以及非常著名的孟卿、孟喜父子。孟卿善治《礼》和《春秋》，孟喜曾师从儒学研究学者田何研究《周易》，后来形成独门的“孟氏易学”和“京氏易学”，成为西汉时期易学研究的两大体系。孟卿有位叫后苍的弟子，是郯城县人，受孟卿影响精通《诗》《书》《礼》《易》《春秋》，成为西汉著名的经学家，武帝将其立为博士。后苍培养的儒学著名学者有萧望之、匡衡、戴德、戴圣、庆普等人。后来萧望之、匡衡官至丞相。

除上述几位儒学名家外，西汉时期因精通“五经”而著名的儒生还有原籍青岛、后迁至临沂的王吉。当时《论语》这部书释教本很多，流传较广的有《鲁论》《齐论》《古论》三种版本，而关于《齐论》的讲解则以王吉和贡禹的研究最为有名。王吉还曾随西汉“韩诗学”创始人、韩婴弟子蔡谊研读《韩诗》，以传授《韩诗》著称。

（四）从西汉时期名臣王吉透视体制文化特征

琅琊王氏迁居临沂后，其家族著名学者王吉，因通晓“五经”官至刺史。

王吉之子王骏精研《鲁论》，历任谏大夫、幽州刺史、京兆尹等职。王吉之孙王崇受家学影响，熟读儒家经典，官至御史大夫，到王莽时期曾官至大司空。

王吉被推举为贤良之才，任汉武帝之孙昌邑王刘贺的中尉。刘贺爱好狩猎，经常驱驰于封地内不加节制，王吉直言上劝告刘贺，说这种半天狂奔二百里的狩猎行为，造成“百姓颇废耕桑”，希望昌邑王刘贺能有所节制，作出有建树的政绩。刘贺听了王吉的劝谏后，称赞他有忠心，特地派人奖牛肉五百斤，酒五石，脯五束。国中志士和百姓知道王吉正直敢言，都很敬重他。

西汉第八位皇帝汉昭帝刘弗陵因病驾崩时只有 21 岁，因其无子，刘贺被征召入朝并立为皇太子。即位十余日，大将军霍光已与张安世谋划废其帝位。即刘贺在位第 27 天，霍光与同党因刘贺荒淫无度被废为庶人，史学家将其称为“汉废帝”。当时朝廷里的多数大臣不曾举报、劝阻刘贺荒淫放荡的恶行，因此被专权者霍光下狱诛杀，但是王吉和郎中龚遂二人却能够幸免，只因为曾多次劝谏刘贺改邪归正而免于处死。到汉宣帝即位后，起用王吉任益州刺史，王吉因病而辞。后又被召为博士、谏大夫，任职期间、王吉曾上疏宣帝阐述当时朝廷“未有建万世之长策”，宣帝认为王吉所说不切实际，未采纳，王吉以有病辞官回故里。

王吉与凉州刺史、诸城人贡禹（贡公）是知心朋友，“王阳在位，贡公弹冠”，可见两人交情深厚到了互相提携的地步。因为他们的取舍、进退是相同的。王吉与贡禹政见相同，主张“选贤能、诛奸臣、罢倡乐、修节俭”。公元前 48 年，汉元帝即位后，派使臣召王吉和贡禹。王吉已经年老病危，未能应召。王吉死后，元帝悼念他，并派使者进行吊祭。王吉家族重视儒学传承教育，其子王骏任谏大夫、御史大夫等职；其孙子王崇历任刺史、都守、大司空等职。王骏、王崇，皆为官清廉、不蓄余财，辞官回家时财产不过一箱衣物，“布衣蔬食，天下服其廉”。

（五）著名学者讲授儒学经典，沂蒙地区学风日盛

汉朝时期，沂蒙地区从事儒学研究和传播的著名学者有兰陵王良、沂水

县伏湛和承宫等，他们不仅精研儒学，也向众多弟子教授儒学经典。因学风渐盛、弟子众多，儒学在沂蒙地区得到广泛的传播和弘扬，对巩固儒学在后来各个时期的统治地位发挥了巨大作用。

两汉时期政治生活中，家族世代专攻儒经并世代为官的局面在沂蒙地区成为社会形态的一种。兰陵人萧望之官至丞相，其子萧育、萧成、萧由都精通儒学，其中萧育曾经辅佐过汉元帝、汉成帝、汉哀帝三代君主，历任太子庶子、御史、长水校尉，泰山太守等职。兰陵县人匡衡官至丞相，其子匡成官至九卿，他的后代也多为博士。生于郯城县的薛宣以儒学研究起家，官至丞相，其弟薛修历任东海郡守、京兆尹、少府卿，其子薛惠任彭城（今徐州）令。

两汉时期这种世代攻读儒经并世代为官的家族之态，是魏晋时期形成“门阀政治”的基础，从文化研究的角度分析，这是沂蒙地区家族文化的典型代表。

（六）刘洪的《乾象历》推动了沂蒙地区科技文化发展

两汉时期，沂蒙地区儒学盛行之风带动了科学、教育的发展，在科学研究方面取得一项令人瞩目的成就。东汉末年，鲁王刘兴后裔、生于蒙阴县的刘洪成为著名的数学家、天文学家，史上有“算圣”之美誉。刘洪自幼聪明好学、精研天文、历法；在年轻时应太史令征召赴京城洛阳被授予郎中一职，后来迁常山任职。刘洪在汉灵帝年间，由太史蔡邕推荐，被调回京师，专门从事历法研究。刘洪是个德才兼备的官员，他为官数载，却保持清正廉洁，百姓和官吏都畏而敬之。

刘洪在公元 190 年发明“正负数珠算法”，被后世尊为“珠算之父”。刘洪著《乾象历》成书于献帝建安十一年 (206 年)，是我国历史上的第一部引进月球运动不均匀性理论所创作的对农业生产和经济发展有重要作用的历法书。他比较精确地测出了近点月日数长度及一个近点月内每天月亮实际所行的度数，即近点月长度为 27.55476 日，日月食回归年的长度为 365.2462 日，并首次给出白道和黄道约成古度 6°1' 的交角。刘洪所测得的近点月长度为

27.55476 日，与现在天文学所测数值 27.55455 日相差甚微[①]。刘洪在数学、天文学上的贡献，推动了沂蒙地区乃至全国科技、文化、教育的发展。

沂蒙地区教育所呈现的典型样貌是私学蓬勃发展，以教授儒学经典为主，除了私学教师口授，还选拔优秀弟子以传帮带的方式互学互促，这使沂蒙地区成为两汉良好学风的主要代表地区。

三、魏晋南北朝时期，沂蒙文化形态及传播

魏晋南北朝，又称三国两晋南北朝。纵观这一时期的历史进程不难发现，这是动荡和变革相交替、政权频繁更迭的时期。这一时期的中华文化发生了很大变化，在沂蒙地区主要表现为儒学地位衰落、魏晋风潮兴起，致使沂蒙地区的著名学者向南方迁移，随之而来的沂蒙儒家文化向南方的蔓延和传播。这一时期的沂蒙文化表现形式具有渐变的特点。

（一）东汉末年儒、道、名、法各家文化杂糅现象

尽管儒学在西汉时期在权力阶层和民间都处于主导地位，但是东汉末年时随着分裂割据倾向加剧、农民起义四处涌起，中央集权治理体制走向衰落，文化领域也出现了儒学走向衰落、“名法思想”兴起，多种文化相交织的局面。这时沂蒙地区大部分学者仍以极大的热情研教儒学经典著作，郯城县人王朗、王肃父子是当时最著名的儒学名家。王肃被称为“采会同异为《尚书》《诗》《论语》《三礼》《左氏》解，及撰定父朗所作《易传》，皆列于学官”。（《王国志·本传》）可以从这段描述中看出，沂蒙地区仍有浓厚的研读儒学之风。到了魏（三国）时期，沂蒙地区儒家思想仍占据主导地位，道、名、法各家思想处于萌芽状态。

社会的动荡和变革使儒学面临无力解决各种社会矛盾的困境，寻求文化变革意识使知识分子把眼光投向名法思想。所谓名法思想，是以名学为中心，

① 唐士文，姜开民，何玮，王玉林．沂蒙历史名人通鉴 [M]．澳门：澳门人文出版社，1993：52．

援引名（名理学）、法（法术）、儒（儒学）、道（道教）各家思想因素，以务实高效为宗旨，以人才与法术思想为核心内容，综合诸子学说形成的一种政治思想。[①]

（二）诸多名家崇尚儒学的同时汲取适应社会发展的新思想

沂蒙地区当时在曹氏集团统治下，曹操推行“重法治”治理主张，对政治、文化、教育都产生较大影响。出身儒学之家的文学家缪袭具有很强的变革意识，主张“重名实、饬吏治”，受到有法治倾向的政论家仲长统推崇，二人同在魏国为官，友情甚笃。仲长统死后，缪袭著《上统〈昌言〉表》，让更多的人了解仲长统的观念和主张。

在推动文化变革方面最重要的代表人物，还有儒学世家出身的沂南县人诸葛亮，他突破儒家思想的限制，倡导博采众长。《诸葛亮集·论诸子》汲取道家、法家、纵横家、兵家等思想精华，避免其缺陷，因而“合天下之成一才”。诸葛亮基于这样的思想观念，在治国理政上能够制订正确的方针政策，调动各种积极因素、消除不利因素。诸葛亮是深悟治国艺术精髓的名臣，受到后世各代政治家的赞誉[②]。

诸葛亮、缪袭、仲长统等人的观念和主张，充分说明三国时期出身沂蒙地区政治家和思想家，在崇尚儒家的同时汲取适应社会发展需要的新思想，因而成为那个时代的新文化代表。

（三）南北朝时期文化发展随政治局势影响出现较大起伏

到两晋南北朝时期，沂蒙地区魏晋风潮的影响力进一步扩大。魏晋风潮的基本内涵是以玄学为主导，崇尚理性思辨。玄学，即“玄远之学”，是在曹魏时期的公元240—248年形成的哲学思想。“玄”字起源于《老子》中的名句“玄之又玄，众妙之门”。“玄远”，一词暗寓远离具体的客观事物，专门讨论抽象性的本体论问题。玄学是对《老子》《庄子》《周易》，把这三部著作称为

① 黄前程．汉魏之际名法思想及其形成 [J]．贵州社会科学，2010(5)：105．

② 范奇龙．审势、攻心——泛论诸葛亮的治国艺术 [M] // 成都市诸葛亮研究会．诸葛亮研究．成都：巴蜀书社，1985：119．

"三玄"，进行研究和解说。

到东晋南北朝时期"衣冠南渡"（中原士族相随南逃），沂蒙地区的大姓旺族，如王氏家族、诸葛氏家庭等纷纷南渡。这一时期，沂蒙地区政权更迭频繁，百姓的生存和生活都处于动荡之中，也给思想文化带来很大的冲击，但是处于主导地位的还是儒学。西晋亡国的事实，使人们认清以玄学为主导思想的魏晋风潮不是救世的良药，而"清谈误国"成了文化认知的共识，这使清谈玄学的影响力越来越小。先后处于统治地位的鲜卑族慕容氏、拓跋氏等为了巩固其统治，尽可能地扩大儒学教化社会的功能，这样就使儒家思想在沂蒙地区又上升到主导地位。

（四）沂南诸葛氏文化上兼容并蓄，诸葛亮创政治生态之新

沂蒙地区名门望族的南渡，使带有鲜明儒学色彩的沂蒙文化影响力也向南方扩展，这是沂蒙文化产生全国影响的又一个重要历史时期。主要特点是，沂蒙文化远播江汉，进一步与吴、楚、越、巴蜀文化进行深度融合，促进了中华民族文化的发展。

沂南诸葛氏家族儒学功底深厚，先后有数人南渡，诸葛瑾、诸葛亮兄弟为沂蒙文化与南方文化的渗透与融汇作出了贡献。诸葛瑾在东吴时期官至大将军、豫州牧，南渡后给南方文化带去了较大影响。在沂蒙地区家族兴起南迁热潮的洪流中，诸葛亮随叔父诸葛玄几经辗转到了湖北的荆州落脚谋生。叔叔去世后，诸葛亮流落到隆中，躬耕十年。学识渊博又聪慧过人的诸葛亮对儒家变革思想领悟得非常透彻，隐居隆中时又与当地名士接触交流，使他在自身文化结构中既具有沂蒙文化特质，又与当地文化相得益彰，融通多家之学，从而锻造了他的丞相之才。

诸葛亮于汉灵帝光和四年（181 年）生于当时的琅琊郡阳都县（今沂南县），在早年的教育中汲取儒、道、法、兵学等学术营养，形成了重儒、重法的文化基质。建安十二年（207 年）入幕从政后，以儒学为本、以法治驭下，注重将沂蒙传统文化中重民、重义及贵和、贵公的新思想付诸实践，在

蜀汉治理上发挥重要作用。诸葛亮在平定云南东北部、贵州西北部以后注重将内地的先进技术、文化推广到这些边远地区，尤其是将先进的耕种技术介绍给少数民族，帮他们改变“力耕”的方法，使边疆地区出现和谐、稳定的局面，在民族关系处理上注重各民族之间互相团结，安定了边远地区政治生态①。

（五）南迁临沂王氏人才辈出，王羲之成一代“书圣”

沂蒙地区以家族为单位南渡是历史上大规模的移民，在这些家族中较为著名的还有琅琊（今临沂）王氏，曾出过几位名载史册的人物，如王导、王廙、王羲之等，他们既是政治家、官员，又是书画名家，尤其在书画艺术上的贡献非常之大。王导是西晋光禄大夫王览之孙，父亲王裁官至镇军将军司马。王导本人是东晋的开国元勋，为官顾全大局，以社会安定团结为重，特别注重人才培养。王导在历史上从事的治理活动和文化交流，对于在乱世之中发展先进文化起到了重要作用。王导特别擅长草书，在当时获得非常高的声望。王导及其后人在书法艺术上的贡献，主要在于促进西晋以来形成书法艺术高潮方面发挥了重要作用。王导从弟、王羲之的叔父王廙也是东晋时期大师级学者，兼书法家、画家、文学家、音乐家于一身，历任尚书郎和左卫将军等职，对王羲之在少年时期钻研书法艺术产生了很大影响②。

生活在东晋时期的王羲之也是政治家，历任江州刺史、会稽太守，累迁右军将军等职，世称“王右军”。王羲之为官时，传承沂蒙文化中重政爱民思想，为百姓减轻赋役，创造休养生息的良好环境。王羲之少年时沂蒙地区书法艺术教学、研究氛围有浓厚，士人家族子弟以学习书法为第一要务。王羲之随家族南渡后，与其父兄将沂蒙地区兴起的书法热潮带到重视这门艺术的南方，东晋都城建康（南京）及周边地区受他们高超书法技艺的影响出现崇尚书法且人人以习字为荣的景象。王羲之政务之余“备精诸体”，使书法艺术达

① 冯一下．诸葛亮与科技 [M] // 成都市诸葛亮研究会．诸葛亮研究．成都：巴蜀书社，1985：174．

② 刘英华，赵丹峰，于联凯，郑钦禹．沂蒙文化发展研究 [M]．济南：山东人民出版社，1994：66-67．

到了前所未有的高度，终成一代宗师，其后世子孙中也人才辈出，为中华书法艺术宝库增添了王氏光彩。

（六）莒县刘勰所著《文心雕龙》集美学、语言学之大成

沂蒙地区南渡家族中的莒县刘氏也是名门望族，后代中出了著名文艺理论家刘勰，所著《文心雕龙》是中国文学批评史上的奠基之作。

刘勰，字彦和，生于今江苏镇江市，祖父刘灵真为宋司空刘秀之弟，父刘尚仕官至越骑校尉，少时家道衰落，但是他笃志好学，依靠名僧指导学习儒学和佛学理论，他先依沙门僧佑，与其相处十余年，在定林寺管理藏经。他利用这个机会，一边博通经论，一边勘定了全部藏经，并将经“区别部类，录而序之”。现定林寺经藏，仍为刘勰所定。

刘勰写成《文心雕龙》时不足30岁，尚未走向仕途。这部著作体大精思、取材浩繁，主要贡献在于为文学评论确立了客观评价的规则，突破了自古文学评论随意而为的现状，即“会己则嗟讽，异我则沮弃，各执一隅之解，欲拟万端之变。所谓‘东向而望，不见西墙也’”的局限性，一改专以个人好恶为标准的评论风气，提出了文学评论的客观标准，即由鉴赏性批评而转为批判性批评，是我国古代最早的一部最具系统性的文学批评理论著作，受到历代文学家的推崇，被誉为中国古代“艺苑之秘宝”[①]。鲁迅先生的评价最为精到：“东则有刘彦和之《文心》，西则有亚里斯多德之《诗学》，解析神质，色举洪纤，开源发流，为世楷式。”将《文心雕龙》与世界著名的《诗学》放在同样高度，确立了其世界地位。

刘勰写下“穷则独善以垂文，达则奉时以骋绩”作为自己的座右铭，在文坛倡导写作要服务社会政治的理念，号召文人雅士纠正南朝当时流行的“浮诡”“讹滥”文风。他认为要通过写作纠正这种根本性错误，他也确实这样做了，采取批判吸收态度对待前人的结论，这在古代社会中是极少见的。刘勰

① 临沂地区教育委员会．山东省临沂地区初级中学乡土历史课本（试用）•沂蒙历史（全一册）[M]．北京：教育科学出版社，1994：35．

因有相当一个时期生活在佛寺里研究学术并精通经书，因在入世与修佛方面的学识非常渊博而广受赞誉。

莒县城西浮来山有座定林寺，传说刘勰曾在这里校对经书。寺旁有一株古银杏树，后人在树旁修建了校经楼，寄托沂蒙人对这位文学批评大师的纪念。现门匾为郭沫若手书的“校经楼”。

（七）临沂颜氏家族对中华特色“家文化”产生了重要影响

临沂颜氏亦是著名的南渡家族，后代中出了著名文学家颜延之，在当时的诗坛上声望很高，和谢灵运齐名，并称“颜谢”。颜延之是护军司马颜显之子，在南宋时期的各种动乱中，在各种政治集团任多种职务。颜延之性情偏激，酒后肆意直言，有“颜彪”俗称。颜延之和陶渊明私交甚笃。颜延之在江州任职时两人交往甚密；后来他迁职路过浔阳，与陶渊明旧友相见，两人把酒论道，颜延之赠送给已经隐居的陶渊明两万钱。陶渊明死后，颜延之撰写《陶徵士诔》深切怀念这位才华盖世的挚友，颜延之有许多诗文在当时影响很大[①]。但是，历史上的文学评论家对颜延之诗文褒贬不一，但有一点达成了共识，就是其作品对后世文学创作产生了重要影响。其中，章法谨严、文笔奔放的名篇《赭白马赋》成为后世同类题材的借鉴之作。

在南北朝时期，颜氏家族后代颜之推（531—约 591 年），是著名文学家、教育家。颜之推 19 岁时便被任为国左常侍，后任散骑侍郎，在西魏攻陷江陵时颜之推被俘，受李穆（510—586 年）赏识荐举去弘农，出任其兄李远的书翰。颜之推认为出任敌国的属臣是一种屈辱，毅然带妻小和家眷投奔北齐，到了那里后受到文宣帝器重，被举为赵州功曹参军，后中书舍人一职[②]。颜之推著述颇丰，所著书大多失传，流传下来的仅有《颜氏家训》《还冤志》两部书。《颜氏家训》是开中华“家训”理论之先河，是古代家庭教育理论宝库的珍贵遗产。

① 临沂地区教育委员会．山东省临沂地区初级中学乡土历史课本（试用）•沂蒙历史（全一册）[M]．北京：教育科学出版社，1994：34．

② 唐士文，姜开民，何玮，王玉林．沂蒙历史名人通鉴 [M]．澳门：澳门人文出版社，1993：330．

（八）沂蒙地区因儒学根基深厚成为中华孝文化的发源地

沂蒙地区传承儒家文化的一大特点，就是成为孝文化传播的沃土。曾子曾著《孝经》。元代郭居业编写的《二十四孝》有“七孝”发生在沂蒙地区或沂蒙人中。这“七孝”是：郯子“鹿乳奉亲”、老莱子“戏彩娱亲”、子路“负米养亲”、闵子骞“单衣顺母”、曾子“啮指痛心”、王裒“闻雷泣墓”、王祥“卧冰求鲤”。这七个孝敬父母的典故感动了沂蒙地区的无数后代，也成为这一地区孝文化的有力支撑①。

王祥“卧冰求鲤”是个令人心痛的故事，充分展现了这位儒学后代不同凡响的大格局，而王祥、王览深厚的兄弟情也成为千古佳话。

王祥，字休徵，今临沂市人，系西汉谏议大夫王吉六世孙，著有《训子孙遗令》一文传世。

王祥幼年时，生母薛氏早逝，他受后母朱氏虐待。但是王祥儒学功底深厚，仍对父母极孝，尤其是孝敬后母的故事广为流传，是二十四孝之一“卧冰求鲤”的主人公。《晋书》载：“孝为德本，王祥所以当仁。”王祥继母所生弟王览，字玄通，以德行俱佳著称。王览幼年时见母朱氏虐待王祥，总是哭着抱住母亲不放。稍大后，经常劝告其母朱氏善待其兄。有一次，其母想拿鸩酒给王祥下毒，王览见状就端起欲自饮。其母见状，立即夺下酒碗倒在地上。从此以后，凡其母给王祥的食物，他必先尝，迫使其母放弃歹毒的做法。王览为“二十四悌”之一“王览争鸩”的主人公。

东汉末年，王祥带王览和继母在庐江躲避战乱。到了20年后，魏文帝时期，经徐州刺史吕虔举荐，王祥踏入仕途，步步高升。王祥、王览兄弟情深，在王祥居高位时，其弟王览亦仕途通畅。公元274年，王祥转任弘训少府、太中大夫、转光禄大夫等职。王祥的后代人才辈出，家族兴旺②。

沂蒙文化对南方吴、楚、越和巴蜀地区产生的影响，除了表现为以儒家

① 汲广运，王厚香．沂蒙精神的地域文化渊源研究 [M]．济南：山东人民出版社，2017：42．

② 唐学文，姜开民，何玮，王玉琳．沂蒙历史名人通鉴 [M]．澳门：澳门人文出版社，1993：69．

思想为根基的家庭文化传承的形式，还表现为东晋南朝时来自沂蒙的文学家、书画艺术家群体在文化传播方面的影响。主要有三个文化群体，一是围绕颜延之为核心的王智深、王融、颜协；二是原籍为兰陵的何逊、丘巨源、萧统、萧绎；三是原籍为郯城的何承天、鲍照、鲍令晖、徐勉等各流派名家。这些学识背景深厚、集多家大成的思想家、文学家和书画艺术家在青少年时代深受家学文化的熏陶，虽然有些人的祖辈、父辈早已随家族南渡，但是仍秉承沂蒙文化中东夷文化和齐鲁文化基因，并以探索、创新精神学习吸收吴、楚、越、巴蜀以及西部地区的文化，在经历政治制度的多种变更的过程中业有精进，成为文学、书画艺术名家。

魏晋南北朝时期尽管社会制度极度动荡，但是正是由于仁人志士生活具用有不确定性，使得沂蒙文化传统中的忠诚、刚毅、正直、重义等特质，获得更多的传播与弘扬的机遇，尤其是沂蒙地区世家大族的名士，以其深厚的文化素养，释经、传道、隆礼法，将沂蒙文化沃土孕育的累累硕果远传千万里，与吴、楚、越、巴蜀等地区文化碰撞、交融、合流后产生文化驱动力，对江南地区政经发达和文化繁荣作出了巨大的历史贡献。

第七节 隋唐时期沂蒙地区文化特点研究

在中国历史上，隋唐时期总体上具有国家统一、社会相对稳定的特点。与此前战争频发、诸侯割据的社会环境相比，非常有利于政治经济、科技文化的发展和人民生活的安居乐业。这一时期沂蒙地区的文化样态与整个社会发展进程有着十分紧密的关系。

如果以看连续剧的眼光研究这个时期的社会变化，视点必然落在公元 581 年春天。这时北周静帝禅让于丞相杨坚而使北周灭亡了，史称隋文帝的杨坚改国号为“隋”，定都西安。又过了23年就到了公元604年，隋炀帝杨广即位，营建新京洛阳。隋炀帝称帝之初做出了扬名千古的业绩，比如开凿贯通南北的大运河、修驰道与筑长城等大工程。对内开创大业盛世，对外展开四周征讨。然而，因过度消耗国力使得内乱频发、起义军在各地揭竿而起。历史以非常戏剧性的转折来到公元617年，一场政权更迭的大戏开始上演。时任太原留守、唐国公李渊也奋然在晋阳起兵遂占领了长安，拥立隋炀帝第三个孙子杨侑为帝并即刻改年号为义宁，确立了隋恭帝，这只是李渊建立政权的第一步，随后李渊自任丞相，进封唐王。次年6月，李渊逼迫隋恭帝禅位而正式称帝，建立唐朝，是为高祖。伴随着朝代的更迭，中华文化也一路颠簸进入平稳发展时期。

一、隋唐时期沂蒙儒学与道教的影响

中国历史进入唐朝时期，儒学得以复兴，高祖李渊“颇好儒臣”，太宗李世民“锐意经术”，两位唐皇虽然侧重点不同，但有最高权力者的推崇，儒学迎来前所未有之发展机遇。唐太宗积极采取措施推进儒学传播模式的变革，改变之前所形成的儒家门户林立、师法各异的混乱状况。640年，唐太宗诏令国子祭酒孔颖达组织编撰《五经正义》，后来不断扩大规范儒学的规模，由贾公彦编撰合集《九经正义》。这些被称为“义疏之学”的著作详细总结了汉代以来各种流派、学说之长，将其列为科举考试的基本内容。后来的唐高宗也极力推崇儒学，尊孔子为“太师”，到了唐玄宗时追封孔子为“文宣王”。882年，唐文宗又立《开成石经》。至此，儒学在思想文化界获得引领文化潮流的主导地位。

隋唐时期儒学因受顶层推崇，特别是经过唐朝推行统一“义疏之学”后，读书人以熟读儒家经典、通过科举考试步入仕途为人生正路，造就了一批又一批的儒学名家。隋唐时期文化与魏晋南北朝时期，儒、释、道处于相互争斗又相互渗透的样态不同，在文化体系建设上实行开放政策，形成了以儒学伦理观为基础，兼以佛学、道学文化体系。

二、道士王远知独领隋唐道学界风骚

隋唐时期著名道士王远知（509—635年）是临沂人，祖父王景贤任梁朝江州刺史；父王昙选任陈朝扬州刺史。著有《易总》15卷，事见《旧唐书·隐逸传》。王远知少年聪敏、博览群书。15岁时入茅山，师事茅山宗陶弘景，传其道法，又师事宗道先生臧竞。游历天下后隐居茅山，陈宣帝闻其名，召入重阳殿，命其讲论，甚为赞赏。

611年，隋炀帝召见王远知时亲执弟子礼，在其准备下扬州时，王远知曾谏言不宜远离京都，意思是离开后恐有不测之事发生。隋炀帝并没有将王远知的话当成忠告，后来果然发生禁卫军叛变之乱，扬州成了隋炀帝最终的葬身之地。因此，王远知被称为料事如神的预言家。

《旧唐书》载："高祖之龙潜也，远知尝密传符命。"这段话的意思是，王远知曾传信息预言李渊将成为唐朝皇帝，后来果然又被言中。唐太宗李世民少年从军，李渊建立唐朝后，领兵平定薛仁杲、窦建德、王世充等割据势力，因战功显赫被为拜天策上将，封秦王。李世民与房玄龄微服拜谒王远知，其出门迎接时有随口言之："中有圣人，得非秦王乎？"李世民只好如实相告。王远知继续言之："方作太平天子，愿自惜也。"这句话是劝李世民一定要爱民兴业。李世民登基后欲赐王远知重位，但是，王远知不想陷于政治旋涡，借故辞别归山。离世时126岁。680年，唐廷追赠王远知为太中大夫，谥"升真先生"。武则天当朝后，于嗣圣元年（684年）追赠王远知为"金紫光禄大夫"、天授二年（691年）改谥"升玄先生"。①

① 唐学文，姜开民，何玮，王玉琳．沂蒙历史名人通鉴[M]．澳门：澳门人文出版社，1993：344．

三、科举制与文学盛世催生沂蒙“大家”风范

中国古代政治经济文化的发展，得益于隋唐时期建立并逐步完善的科举制度。隋朝建立之初，正式废除了兴起于魏晋时期的“九品中正制”。所谓的“九品中正制”是一种人才推荐和官职任命的体系建设制度。建立之初有一定进步意义，即九品中正制创立初期，还基本上能做德才并举，且秉公任命学识渊博的人才。“随着九品中正制的实行不断深入，独占政治、经济等不同领域大权的门阀世族地主阶层为了自身的地位和利益，逐渐封闭选官制度，操纵中正的评议和任免，并日益扩大中正的权力。”① 到了西晋时期，虽然“九品”还在，但是“中正”失之公正和公平，整个官员体制中已经呈现“上品无寒门，下品无士族”的严重腐败局面。很显然，已经改变性质的“九品中正制”已不利于人才的选拔和国家治理。沂蒙地区文化样态呈现为随“九品中正制”的兴衰而兴旺和落败。

（一）隋炀帝设置“进士科”，为人才选拔建立先进制度

605 年，隋炀帝设置进士科，成为“科举制”正式创立标志。相比“九品中正制”是更为公正、先进的人才选拔制度。“科举制”的诞生，使中国成为最早建立考试制度的国家，西方的考试制度则是借鉴我国的“科举制”而产生的。

唐太宗重视文教，修文兴学，为唐朝文学繁荣开了好头，以后的高宗、武后、玄宗时代教育制度不断完善，良好文风代代相传，不仅给大唐王朝培养了大批栋梁之材，也为唐朝大业兴旺提供了强有力的保证，促进了社会经济文化的快速发展。

唐朝国家统一后，社会政治经济处于相对稳定时期，百姓安居乐业、文化氛围自由而宽松，这使许多文人墨客以及专注各流派的学子充满崇高理想和信念追求。唐太宗李世民不仅擅长国家治理、打造军事制高点，而且特别爱好文学创作。处理国事之暇，常与大臣和各级官员赋诗唱和，《全唐诗》《全

① 周升华．试论九品中正制创立之由及其蜕变 [J]．开封教育学院学报，2018 (38·2)：18．

唐文》收录李世民许多诗赋。唐朝时期还把诗赋规定为考试内容，更加推动了文学、文化的快速发展。

（二）完善的“科举制”，催生文化发展的时代风潮

“科举制”在唐朝得到进一步完善，唐太宗、武则天、唐玄宗等帝王积极推进科举制度改革，选拔了大量寒门人才进入仕途。也正是“科举制”良性运营机制，促成了士子闯荡江湖、游学四方的时代风潮，对文化、文学发展产生了的重要影响。国家举行进士放榜后，自然有人高中，有人落第。高中者则进入“守选”，即朝廷待用期；落第者就要返回故乡继续学习。高中者“守选”的时间并不确定，一般要在三年以上，长者可达十几年。如此一来，这些大量无官可做的士人在社会上开启“闯荡江湖”之旅，他们四处投亲访友，或到边远地区谋得一份差事，如果性格过于孤傲也可能处于长久的等待中。这样的生活使得文人志士不胜感慨，经常聚集在一起舞文弄墨，以诗文抒发个人情感，因此创作出大量诗词歌赋、传奇小说等文学作品，为唐代文学的繁荣增添了更加绚丽多彩的繁盛气象。

（三）来自兰陵的萧颖士成唐朝一代文学名家

盛唐时期文化呈百花齐放、百家争鸣的样貌，沂蒙地区出现了一位文学史上非常著名的文学家，其名为萧颖士（717—768 年），字茂挺，今兰陵县人。萧颖士天赋非常之高，7 岁时即能背诵儒家经典，10 岁时所作精彩文章广为流传，18 岁中进士，任史馆待制[①]。有《萧梁史话》《游梁新集》及文集十余卷，《全唐诗》收萧颖士诗作 20 首。

1. 萧颖士才高自傲，因仕途坎坷辞职专事文学

萧颖士自恃才华无人能比，经常自携一壶美酒放浪形骸于郊外山野。《旧唐书·文苑下》曾有这样一段对萧颖士的记载。宰相李林甫听说萧颖士是个学识出众的人才，想委任他担任集贤校理这个要职。于是，派人到扬州通知他来长安。偏偏时不凑巧，萧颖士母亲刚刚去世，一向不拘小节的萧颖士戴孝

① 王厚香，汲广运．沂蒙文化若干专题研究 [M]．济南：山东人民出版社，2016：190．

赶到长安谒见李林甫。李林甫见他如此装束立刻心生愤怒，以宰相之威斥责。性格倔强的萧颖士不作任何解释，还写了一篇《伐樱桃赋》讥讽李林甫“擢无庸之琐质，因本枝而自庇”。李林甫听说后更加怀恨在心，不予器用，才高气盛的萧颖士由此断送了仕途[①]。

然而，世间官员并非都像李林甫那样是骄横之辈，史学家韦述被萧颖士的才华所折服，在自己离任史馆待制时举荐他接替自己的职务，萧颖士因此被任用。宰相李林甫不是一个“肚里能撑船”的宦官，为了报复《伐樱桃赋》讥讽之恨从中作梗使得萧颖士再度遭遇免职的厄运。等到李林甫去世，萧颖士总算有了出头之日，但是朝政风向的不确定使他被大材小用，安置在低等官位。经历了人生多次动荡起伏的萧颖士看透了高层官员尔虞我诈的残酷现实，毅然辞去职，将全部精力用于文学创作与社会形态的分析研究。

2. 名传异国之才，为新古文运动奠基

萧颖士的诗文在盛唐文坛负有盛名，甚至连外国人都非常仰慕其出众的才华。在《旧唐书·萧颖士传》中有这样的记载：“新罗（今朝鲜）使入朝，言国人愿得萧夫子为师，其名动华夷若此。”

萧颖士置身于文坛之中，深悉六朝以来士族文人受权力阶层喜好的影响使创作偏离了文学艺术的根本要求，许多人专注拼凑绮丽词句写作阿谀奉承的文章，他为唐代文坛出现了风气日下的景象深感痛惜，以志士的使命感去倡导、推崇先秦与两汉文人和学者所具有的十分严谨的治学态度。他曾在《赠韦司业书》一文中非常明确地阐释了“平生属文，格不近俗”的文学观点，主张摒弃僵化的俳偶弊端，为韩愈、柳宗元掀起古文运动奠定了理论基础。

萧颖士著述颇丰，创作有大量诗歌及《游梁新集》3 卷、文集 5 集。诗歌传世不多，文集到明代时失传，今存《萧茂挺文集》一卷，系后人根据《文苑英华》《唐文粹》等书编辑成书。《全唐诗》收其诗作 20 首，收其文章 2 卷。

---

① 临沂地区教育委员会. 山东省临沂地区初级中学乡土历史课本（试用）·沂蒙历史（全一册）[M]. 北京：教育科学出版社，1994：46-47.

3. 机智准确的判断力使自己全身而退

萧颖士博学聪警，善于运用自身学识判断社会政治形态，当他洞悉到政治日趋腐败导致社会矛盾十分尖锐，必然引发更为严重的藩镇割据的残酷现实时，开始远离权力争夺的旋涡。755 年，安禄山与史思明以诛杀杨国忠为名起兵叛乱，爆发了使盛唐社会政治经济急转直下的“安史之乱”。萧颖士对社会矛盾引发动乱的局势早有判断和推论，暗中和朋友商量出应对世态变化并保全一方的英明之策。大乱之中，当南山节度使源洧要放弃南阳转而退守江陵时，萧颖士经过权衡后说服源洧务必集中兵力坚守南阳。萧颖士高屋建瓴的建议得到源洧的认可与积极采纳，鼓舞官兵士气英勇战斗，最终保住南阳这个战略要地未被叛军攻陷，对后来南粮北调以及朝廷平定叛乱起到关键性的支撑作用。

萧颖士与大诗人李白是同一时期的文学家。善于审时度势的萧颖士以自己的聪明和机敏躲过了一场大难，而李白却没有这样幸运。“安史之乱”发生后，唐玄宗的两个儿子都想上位。得到唐玄宗默许的李璘乘乱起兵与后来成为唐肃宗的李亨开战，李璘请李白、萧颖士、孔巢父等名士到自己门下参与起事，聪警过人的萧颖士深知没有谋略的李璘不可信任，他与孔巢父找到机会很快逃脱，而李白卷入李氏王位争夺战，遭到流放夜郎（今贵州桐梓）的悲惨命运。萧颖士后来旅居汝阳，52 岁去世。

四、沂蒙颜氏家族的文化传承

乾隆皇帝在南巡沂州时曾作《题琅邪五贤祠》：“孝能竭力王祥览，忠以捐躯颜杲真。所遇由来殊出处，端推诸葛是全人。”乾隆皇帝在这首诗中将王祥、王览两兄弟，颜杲卿和颜真卿两兄弟与诸葛亮同赞为“五贤”。事实上，这五位名垂千古的忠臣、文化名家，确实用高尚的人格魅力、相传百代的高深学问以及高超的政治智慧，传承和弘扬了以儒学为根基的沂蒙文化的核心意涵。其中的颜杲卿、颜真卿是唐朝重臣，也因在唐朝遭遇危机时挺身抗敌的大无畏精神而名留青史。

（一）隋唐时期颜氏家族精英人物的历史功绩

隋唐时期，颜氏家族精英，不仅在坚守正义方面千古留名，在书法美学方面也作出了巨大贡献。研究颜氏家族精英的文化特质，对现实社会和未来中华文化的发展具有重要意义。

颜氏家族在隋唐时期出了9位精英，即颜思鲁、颜慜楚、颜游秦（三兄弟），颜师古、颜相时、颜勤礼（三兄弟），颜杲卿、颜春卿、颜真卿（三兄弟）[①]。

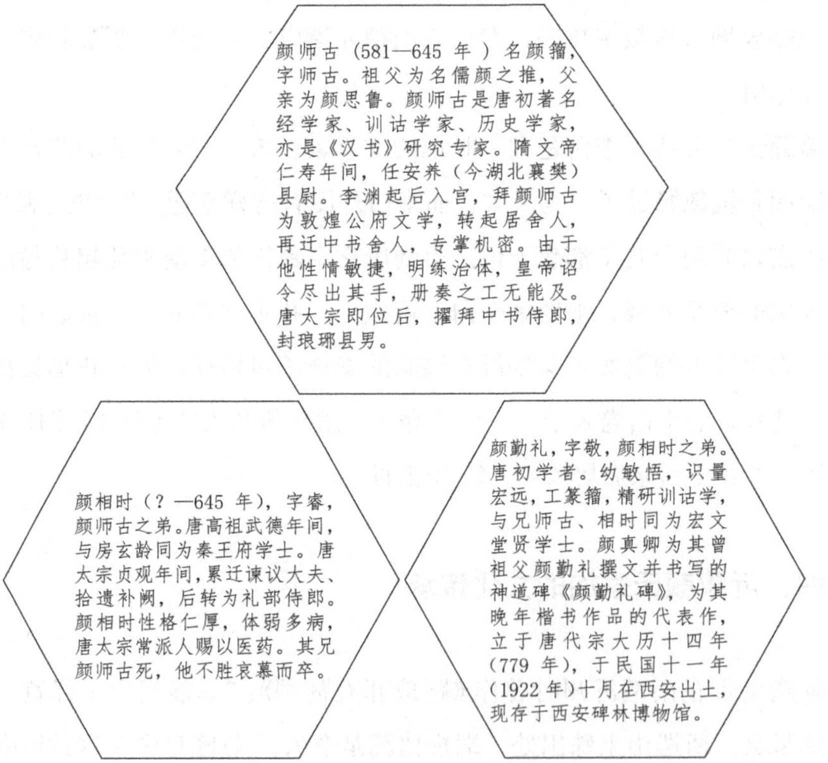

颜师古（581—645年）名颜籀，字师古。祖父为名儒颜之推，父亲为颜思鲁。颜师古是唐初著名经学家、训诂学家、历史学家，亦是《汉书》研究专家。隋文帝仁寿年间，任安养（今湖北襄樊）县尉。李渊起后入官，拜颜师古为敦煌公府文学，转起居舍人，再迁中书舍人，专掌机密。由于他性情敏捷，明练治体，皇帝诏令尽出其手，册奏之工无能及。唐太宗即位后，擢拜中书侍郎，封琅琊县男。

颜相时（？—645年），字睿，颜师古之弟。唐高祖武德年间，与房玄龄同为秦王府学士。唐太宗贞观年间，累迁谏议大夫、拾遗补阙，后转为礼部侍郎。颜相时性格仁厚，体弱多病，唐太宗常派人赐以医药。其兄颜师古死，他不胜哀慕而卒。

颜勤礼，字敬，颜相时之弟。唐初学者。幼敏悟，识量宏远，工篆籀，精研训诂学，与兄师古、相时同为宏文堂贤学士。颜真卿为其曾祖父颜勤礼撰文并书写的神道碑《颜勤礼碑》，为其晚年楷书作品的代表作，立于唐代宗大历十四年（779年），于民国十一年（1922年）十月在西安出土，现存于西安碑林博物馆。

图1　隋唐颜家学士三兄弟

① 临沂地区教育委员会．山东省临沂地区初级中学乡土历史课本（试用）·沂蒙历史（全一册）[M]．北京：教育科学出版社，1994：44．

（二）唐代颜氏家族对儒家文化核心意涵的传承

唐太宗李世民为了进一步巩固全国统一的政治局面，注重文化典籍的整理工作。由于儒家经典“五经”历经几百年的辗转传抄，讹谬很多，李世民便指定精于考据学的颜师古负责考定剖析，还其本来面目。颜师古经过艰苦努力，著《五经定本》，得到儒学名家们的一致叹服。唐太宗把此书当作范本，颁行全国，成为儒家文化传播的经典读本，对唐代儒学的发展产生了重大影响。后奉诏撰写《五礼》，书成，进封子爵。太子承乾命颜师古著《汉书注》。《汉书注》解释详明，是我国古代对《汉书》所作的最重要的注本，至今仍是研究《汉书》不可缺少的参考资料。颜师古有文集60卷，其所著《汉书注》《急就章注》《匡谬正俗》等书，是现在研究唐代政治体制和文化发展的重要参考资料。颜师古书法造诣很深，可惜未曾有作品流传后世。

（三）颜氏家族爱国主义精神产生深远影响

临沂颜氏是春秋时孔子弟子颜回的家族传人[①]，是古代沂蒙地区乃至全国最有名望的家族之一。颜氏家族南渡后虽然迁居许多不同地区，但是优良家风传承世代延续，并随着社会的发展逐渐形成了独具特色的颜氏家族文化。世代注重品德修养，为官忠于国家、清廉自律，无论是处于什么样的政治环境下，都能对违背民族正义的错误倾向、邪恶势力进行勇敢斗争。在唐代以颜杲卿、颜真卿为代表的精英创立了彪炳千秋的功绩。颜氏家族以儒学传家、重视社会责任、重视道德修养，在书艺、文学等方面取得了非常高的成就，在为中国历代社会的发展做出了重要贡献的同时，也深深地影响了沂蒙地区的文化。在国家蒙受外敌侵入和解放战争中，沂蒙人民不怕牺牲、愿为国家解放放弃个人利益的大义之举，正是颜氏家族文化、沂蒙历史文化传统的具体体现，也突显了中华传统文化的博大精深和无穷力量。

① 于联凯，于溟．颜氏家族文化述论 [J]．济南教育学院学报，2000(5)：9．

表 1-6 临沂颜氏三兄弟的民族气节

	唐朝中期名臣颜杲卿	唐代重臣、书法家颜真卿	唐代官吏颜春卿
人物简介	颜杲卿（692—756年），字昕，为颜师古五世从孙、濠州刺史颜元孙之子。曾任范阳户曹参军、营田判官、代理常山（今河北正定）太守。	颜真卿（709—784年），字清臣，颜师古五世从孙，曾祖父颜勤礼、祖父颜昭甫，为颜杲卿堂弟。唐开元年间登进士第。任监察御史、殿中侍御史等职。	颜春卿（?—740年）为颜杲卿兄长，性格豪爽洒脱，通达世务。16岁时，举明经，拔萃高第，调任犀浦主簿。
主要经历	**怒斥叛贼** 颜杲卿任常山太守时曾是“安史之乱”始作俑者安禄山的部下。公元755年爆发“安史之乱”时，颜杲卿与其子颜季明守常山，堂弟颜真卿守平原，设计杀死安禄山部将李钦凑，擒其二部下。河北各郡积极响应，声威大震，受到唐玄宗嘉许。次年，常山有叛军压境，颜杲卿求援军未到，鏖战中颜季明被敌人杀害。不久，守城被攻破，颜杲卿被俘后押到洛阳。安禄山质问他为什么“不从”，颜杲卿瞋目怒骂安禄山不忠不义。公元758年，颜杲卿获赠太子太保，谥号“忠节”。公元782年，加赠司徒。	**刚烈“文忠”** 唐德宗兴元元年（784年），淮西节度使李希烈叛唐，颜真卿被派遣劝谕，被李希烈羁押。李希烈百般劝其投降，颜真卿怒拒道，你不知吾兄颜杲卿？安禄山叛乱首举义师……吾守吾节，死而后已，难道还怕你的威胁？当年八月被缢杀。颜真卿遇害后，三军将士皆为之痛哭。颜真卿不但精通儒学，而且身体力行，以尽忠孝，被后世儒者奉为修身楷模。公元791年，颜真卿之子颜頵被唐廷授“旌忠烈之后”。 **书法造诣精深** 颜真卿擅长行书和正楷。其正楷端庄雄伟，行书气势遒劲，对唐代及后世影响很大。宋代文坛领袖欧阳修评论说：“斯人忠义出于天性，故其字画刚劲独立，不袭前迹，挺然奇伟，有似其为人。”颜真卿与赵孟頫、柳公权、欧阳询并称为“楷书四大家”。	**因才被救** 颜春卿曾在押送行徒时不慎丢失名册，回到朝廷，口述千人名册无一差错，长史陆象先大为赏识他的才能。后转任蜀尉，苏颋（670—727年）代为长史。颜春卿被谗言所污入狱，作《棕榈赋》自相慰藉，惜才的苏颋阅后，很快将其释放出狱。

续 表

	唐朝中期名臣颜杲卿	唐代重臣、书法家颜真卿	唐代官吏颜春卿
精神特质及传世之作	**忠心报国，名留青史** 颜杲卿宁死不屈的精神广受后世赞誉。文天祥《正气歌》曾赞美其一心为国的高贵品格：“为张睢阳齿，为颜常山舌。”前句是说张巡在安禄山叛乱时固守睢阳（今河南省商丘）每次上阵督战，大声呼喊，牙齿都咬碎了，城破被俘遇害。后句是说颜杲卿他起兵讨伐安禄山时，被勾断舌头，仍然不屈，被杀。诗句歌颂二人宁死不屈的高尚气节。	**德才兼备扬美名** 南宋文天祥《过平原作》诗中写道：“平原太守颜真卿，长安天子不知名。一朝渔阳动鼙鼓，大河以北无坚城。公家兄弟奋戈起，一十七郡连夏盟。贼闻失色分兵还，不敢长驱入咸京。”赞颜真卿兄弟为平定叛乱所起到的重要作用。 颜真卿所著《韵海镜源》《礼乐集》《吴兴集》《庐陵集》《临川集》均失传，宋人辑有《颜鲁公文集》。颜真卿书法艺术作品流传至今的有《多宝塔碑》《颜勤礼碑》《颜氏家庙碑》等碑帖。《颜氏家庙碑》唐代末年被弃于郊野，宋代随《开成石经》一被收入西安碑林，现为西安碑林博物馆镇馆之宝。	**颜春卿仁义之举获赞誉** 颜春卿善于成人之美，当魏徵远孙魏瞻因获罪被判死刑，颜春卿不惧风险，为其求情于玉真公主，使魏瞻免死。颜春卿因气节高尚为后人称赞。
备注	颜氏子孙在其故里诸满修建了“鲁公庙”，祭祀颜真卿兄弟。宋元祐六年，费县知县杨元永将鲁公庙迁至县城东，阳面碑文为《唐鲁郡颜文忠公新庙记》，阴面《鲁公仙真记》，“文革”时被毁。1997年，费县人民政府又复制鲁公碑。现立于费县城温凉河东畔。		

第八节　宋金元时期沂蒙地区文化的散射之状

中国历史上的宋、金、元时期历时408年（960—1368），政权更迭和社会动荡相当频繁。这400多年的时间里，沂蒙地区先后被北宋、金、元朝统治，出现南北政权交替“坐庄”的情况。这种动荡不安的政治格局使百姓的生存和生活遇到相当大的困难，沂蒙地区文化不仅失去了良好发展环境还呈现出衰败之势。虽然儒学仍在以自然而然的方式得到某种程度的传播，但学界很少出现名家，说是寥若晨星也不为过。从大的视角看，宋、金、元三个时期沂蒙地区文化形态，基本上是呈多向性和散射状样貌。

北宋时期，儒学在思想文化领域不占统治地位，广泛盛行的是理学（也称义理之学），是以佛学、道学与儒学相互渗透、融合后形成且带有一定儒家思想痕迹的学说。到了南宋时期，著名学者朱熹集各家学说之大成，建立了系统的理学体系。理学思想不仅在南宋时期产生很大影响，在后世元、明、清三朝也一直被奉为官方哲学。朱熹因建立完善的理学体系被视为孔孟儒学的正宗传人。

一、印证儒学清、直、勇，沂蒙精英光耀大地

朱熹著《四书集注》，从元代开始被朝廷指定为科举考试的重要书籍。值得注意的是，这种以理学为主体的儒家思想成为沂蒙地区从宋朝至元、明、清近千年的文化主导，并辅以农民平均主义思想占据统治地位。这一时期沂蒙地区的志士多以学习理学再科举考试步入仕途，作为人生拓展才能的必由之路，代表人物主要有傅尧俞、傅察、张苹卿等人。

表 1–7 宋代沂蒙地区三杰精神品格

	敬业重臣傅尧俞	忠义重臣傅察	抗金平民领袖滕栿
简介	**少年成才** 傅尧俞（1024—1091 年），字钦之，今莒县人，北宋时期朝廷重臣。傅尧俞自幼聪慧，10 岁能文，20 岁登第，先任新息知县，累迁太常博士，宋仁宗嘉祐末年（1063 年）任监察御史。宋英宗赵曙即位后傅尧俞转任殿中侍御史，后升为起居舍人。	**刚直不阿的人才** 傅察，字公晦，傅尧俞从孙。18 岁登进士第。据《宋史·忠义本传》记载，傅察拒绝宰相招婿被调青州司法参军，历任永平、淄川丞，入为太常博士，迁兵部、吏部员外郎。	**率义军抗金滕栿** 滕栿，沂州（今临沂市）人。虽是平民，却以义军抗金取得硕果成为领袖。绍兴三十年（1160 年），宋朝名将魏胜在金军大举南侵时，积极组织民众抵抗金军，滕栿率义军配合作战。

续 表

	敬业重臣傅尧俞	忠义重臣傅察	抗金平民领袖滕彛
主要经历	**坚持主见，无畏外放** 傅尧俞任上多有建树，内侍都很怕他。内侍任守忠谗间两宫，他进谏力请太后还政，驱逐任守忠。大臣们议濮王称皇考，傅尧俞和侍御史吕诲反对，因此外放供职。宋神宗即位后，傅尧俞奉调进京任职，正逢王安石在朝廷推行有变革作用的新法，本想让傅尧俞给以大力支持，没想到傅尧俞与他的政见不同遭到反对。此事在《宋史•傅尧俞传》中有记载。	**儒雅清高诗人** 傅察是个温文尔雅的诗人。《宋史•忠义本传》记载："察自幼嗜学，同辈或邀与娱嬉，不肯就。为文温丽。平居恂恂然，无喜愠色，遇事若无所可否，非其意萃然不可犯。恬于势利，在京师，故人鼎贵，罕至其门，间一见，寒温谈笑而已。"	**有勇有谋的指挥官** 滕彛率义军攻下涟水、海州等地。他们以海州为大本营，免除租税，释放狱中被关人民，开仓赈济，深得民心。《明史•魏胜传》记载，滕炅为配合南宋名将魏胜抗金，组织沂州民众，在苍山建立根据地，一时人数有数十万，滕彛被推选为首领。金军向滕部义军展开进攻，将苍山团团包围。滕彛指挥义军坚决抗击，使金兵久攻不下。
精神品格	**无论官位高低，始终兢兢业业** 傅尧俞后来又到许州、河阳等地任职，奔波于官职的频繁调动之途，后贬至黎阳县草料场去管理仓库。时逢郡里的长官来视察，顾及他曾任过御史，要另找他人代其处理草料场这种很琐碎的事务。傅尧俞言："居其官安得旷其职。"这项工作认认真真地干了十年。宋哲宗继位后，将傅尧俞从明州召回任职。元祐四年任中书侍郎。两年后去世，宋廷给傅尧俞很高评价，谥为"献肃"。 《宋史•傅尧俞传》载："司马光尝谓河南邵雍曰：'清、直、勇三德，人所难兼，吾于钦之见焉。'雍曰：'钦之清而不耀，直而不激，勇而能温，是为难尔。'"	**为国尽忠，英年遇害** 宣和年间，朝廷派傅察去接金朝使臣。抵韩城镇后，被金人围裹而去。金将斡离至驿馆，让他下拜。傅察严正地说："当以宾礼见，何拜为？"斡离大怒，将他杀害，年仅37岁。	**沂蒙文化培育的楷模** 当金兵发起猛攻时，滕彛派人向魏胜求援，魏胜亲率义军前往苍山。魏、滕两军会合后共同抗敌。在金军断绝水源情况下，义军吃干粮，以牛马之血为饮料坚守阵地，决不妥协。金兵在进攻苍山的同时，派大军袭击海州，魏胜留滕彛坚守，突围赴海州拒敌。金兵攻苍山不能攻克。滕彛虽系一平民，却有誓死捍卫国土的精神，体现沂蒙文化育人的深厚背景。滕彛深受后人尊敬和效仿。
备注	宋代沂蒙地区的傅尧俞、傅察、滕彛三人，是沂蒙地区儒家文化培育出的代表人物。他们主持正义、不媚权贵、忠于职守，不顾个人得失，危机来临时将国家利益放在第一位，亦是中华民族精英的典范。		

二、世习礼学，礼行张氏父子庶几无愧古

女真贵族在黄河流域、在北方和东北地区建立了金国政权，金国统治者亦重视儒学的推广应用。1138 年规定，将唐宋以来所实行的科举考试办法，改变为能体现更大效能的以经义和辞赋两科考试进士。金熙宗亲祭孔子时对身边的侍臣说："孔子虽无位，其道可尊，使万世景仰。大凡为善，不可不勉。"从此以后昼夜潜心研读古代经典著作，深切领悟其蕴含的儒学精华。

（一）以儒家思想为中心的家学传承影响深远

在金朝统治者大举推行之下，这个时期沂蒙地区起主导作用的思想文化仍以儒学为核心，读书人都以研读儒学和参加科举考试为毕生之要务。日照人、著名学者张暐深入研究儒学和与之相关的经典著作，中进士后著《大金礼仪》一书，对当时社会治理和教育、文化发展产生影响很大。其子张行简、张行信亦专心研究儒学和经史典籍，都中了进士并仕途顺利。

（二）家学传承使沂蒙地区传统文化扎根沃土

中国在农耕社会时期，家学文化伟承在纵横两个方向点面铺开，向四周散射产生的影响非常之大。金代张家父子学业精深，对中国传统文化扎根沂蒙沃土产生的作用应进行深入的分析研究。

张行简敢于直言的品格正是沂蒙人精神面貌的真实写照。他在为官时屡屡上书提出合理意见，均被朝廷采纳并落实。比如，1204 年夏季，朝廷为秋防准备兵械，向官员（包括为父母服丧事者）发布交纳弓箭的命令。张行简分析情况后上书表明，弓箭不是家中通用之物，对辞官为父母服丧者和家中十分清贫者而言是有很大困难的，当地政府官员应区别对待。他的意见得到朝中丞相及许多官员的赞同。朝廷于是出台了"丁忧任仕官竞得免"的政令。

张行简与其弟张行信同住一个屋檐下几十年，从未因琐事产生摩擦或争执。张行简病故后，朝廷追赠其为“银青荣禄大夫”，谥文正公。元代政治家、《金史》主撰脱脱贴木儿言：“张玮、行简世为礼官，世习礼学。其为礼也，行于家庭，讲于朝廷，施用于邻国，无不中度。古者官有世掌，学有专门，金诸儒臣，唯张氏父子庶几无愧古乎。”① 对张氏父子的评价非常之高。

张行简之弟张行信为了主持正义，提出要赏罚分明的建议，金宣宗采纳了，遂“下令重臣，各举所知”，只要真是才能出众的人就应提拔重用。张行信为官善察民情。贞祐二年(1214年)三月，大兴知府胥鼎利用筹集军粮之机，擅自允诺多纳粮者可以买官。张行信闻讯后上书对这种有违朝纲之举提出强烈批评。张行信因敢于直言，阻止宦官专权，得罪了不少重权在握的大臣，因此被降职。但是，他治理政务有方，百姓安居乐业的成就非常显著，后来被朝廷召回升为吏部尚书、礼部尚书兼同修国史。

张家兄弟为什么能够主持正义、不向邪恶势力屈服？就是因为他们相信儒学中的仁义礼治信是天下兴盛的理论基础，以此为作政务的准绳就能够得到朝廷和百姓的推崇，使一方乐土得以和谐有序发展。

三、元朝沂蒙地区文深世术研究多佼佼者

蒙古贵族在入主中原之前就以尊孔崇儒、推崇理学实现建立先进文化体系的目的。元世祖忽必烈建立元朝后，以遵从“汉法”为出发点访求、重用精通理学的人士。理学家许衡等极力宣传程朱理学，即由周敦颐、张载、邵雍、程伊川等人创立并推行的新儒学。

元朝贵族及统治者尊崇新儒学的活动对沂蒙地区的文化发展起到很大的

① 唐学文，姜开民，何玮，王玉琳．沂蒙历史名人通鉴 [M]．澳门：澳门人文出版社，1993：380．

推动作用。元朝统一全国后，令各州、县府所在地增设学校，并在乡村中设立社学。当时沂蒙地区各类学校的教育以学习程朱理学为主要内容，主要是为培养优秀人才，并能在科举考试服务[①]。

如临沂附近乡村大量私学的出现为沂蒙地区培养了许多全国著名的人才。莒人邹维新，潜心研究儒家经典尤其精通《四书集注》，在1315年考中状元。兰陵县人贾仲明是由元入明的戏曲家，博览群书，又勤于创作，著有杂剧16种（现存5种），另有数首诗词传世。从这些人取得的成就上可以看出当时沂蒙地区重教兴文，也确实培养了许多优秀人才。

元朝时期，沂蒙地区文化教育呈相对发达样貌，在文深世术上都有佼佼者，出现了许多青史留名的军事家、政治家。比如定远将军密珍、武德将军季庭璋，沂郯官员孟义等。最为著名的是大臣张雄飞，在文学艺术上取得了名留青史的成就。

表1–8　金沂蒙张氏父子为官清正品行

	学富五车官吏张晞	重臣、学者张行简	坦诚直言张行信
简介	**礼学人才** 张晞(?—1217年)，字明仲，今日照市人。系镇西军节度使张莘卿之子，正隆五年(1160年)中进士。任昌乐县令、山东东路转运副使、太常丞兼左赞善大夫等职。	**朝廷重臣、历算学家** 张行简(1156—1215年)，字敬甫，张晞之子。金国大臣，是中国古代著名的历算学家。张行简自幼家承父学，精通经史典籍。金世宗完颜雍大定十九年(1179年)登第状元，任翰林文字。其母病故期间，离职服丧仍闭门读书深修。金章宗完颜即位后历任太常博士、翰林修撰、礼部郎中等重要官位。《金史·张行简传》记录了其主要经历。	**家学得益** 张行信(1163—1231年)，字信甫，金国大臣。系张晞次子、张行简之弟。张行信于大定二十八年(118年)登进士第，任铜山县令。

① 刘英华，赵丹峰，于联凯，郑钦禹．沂蒙文化发展研究[M]．济南：山东人民出版社，1994：79．

续 表

	学富五车官吏张暐	重臣、学者张行简	坦诚直言张行信
主要经历	**清心寡欲重治学** 金世宗完颜雍大定二十五年(1185年),任太常丞兼原王府文学。一年后,金意宗调其复任左赞善,改左谕昌德。章宗即位后,累迁右谏议大夫兼札部侍部,后迁任礼札部尚书,入《大金礼仪》,承安三年(1198年)任御史大夫。次年,被解职后起任安武军节度使。张暐侍太常、礼部20余年,因此通晓古今礼学和士族仪礼。张暐妻子死后未再娶、无侍从,只过斋居日子,给子孙们讲授经史,经常到深夜才停下来休息。	**奉行法令,善把关定向** 张行简承袭其父张暐礼仪学,提出为金国建立全新的社领制度建议,即宰相上朝日(初一),所有三品以下官起立答拜。张行简重视官员的再教育,要求为太常博士以下官员设检阅官二名,检查出不懂礼制者进行培训。张行简注意典章制度建设的方案得到金章宗推崇,得以实施。张行简任顺天军节度使时力求做到"奉行法令,不敢违失;狱讼之事,以情察之;钤制公吏,禁抑豪猾,以镇静为务"。因政绩突出,升为礼部尚书兼以侍讲并同修国史。当时受命负责历法部门改用新的历法,张行简认为,此历法应经过复校检测其准确性,若无差错再赐以名称。金章宗下诏由翰林院组织人力进行复校后发现新历果然有很多错误,因此废弃不用。张行简升职后对《太一新历》进行精细校正后推行,非常有利于当时社会大众的生产、生活。后任太子太保、翰林学士、尚书等职。张行简身居高位后能够选贤任能,对外维护金国地位。金章宗下诏言:"每奏事之际,须令张行简常在左右。"足见是位把关定向的重臣。	**刚直不阿,坚持正义** 金章宗明昌元年(1190年)任监察御史,后任山东西路转运使、河东路按察司、左谏议大夫等职。当时,已被朝廷罢官的女真人胡沙虎十分善于玩弄阴谋,背地里贿赂权贵以达到被朝廷起用的目的。满朝文武未敢揭露,张行信不顾个人安危,申明不该起用此人。但他仍被任用了,百官都害怕他,唯张行信坦然面对。最后,胡沙虎终因恶贯满盈被部将术虎高琪诛杀。
人物评价	**《旧唐书·列传》记载** 张暐还乡拜扫,特赐锦袍缯彩,御赐诗以宠异之,乘传来往,敕郡县供拟。暐鬓发华皓,在舆中,子弟车马连接数里,衣冠荣之。	**名家评价甚高** 清代重臣、文学家、《四库全书》总纂纪晓岚言:"行简世为礼官,于天文术数之学,皆所究心,史称其文章十五卷,《礼例纂》一百二十卷,会同、朝献、禘佩、丧葬,皆有记录。及《清台》《皇华》《戒严》《为善》《自公》等记,藏于家……其书专言相法,词义颇为明简。"	**因"正人"获高口碑** 张行信没有官架子,遇事不推诿,无所畏避。离世时,平常对他怀有怨恨的人都慨叹"正人亡矣"。

续 表

	学富五车官吏张玮	重臣、学者张行简	坦诚直言张行信
备注	张行简主要著作有《敬甫文集》《礼例纂》等多部。张行简著《人伦大统赋》一书是金以后选拔人才、洞悉人心的重要参考书，2006年6月由华龄出版社出版发行，产生了很大的社会影响。		

第九节　明清时期沂蒙地区儒家文化发展样态探究

明朝廷为了政权巩固，推行较为先进的教育政策，要求各州、府、县都设立不同层级的学校，提倡在教育相对落后的乡村设立社学，且在地方政府中设专门的机构和官员管理教育。明太祖朱元璋于1369年颁诏："令天下郡县并建学校，延师儒，招生徒，讲德论道以复先王之旧。"明朝廷要求学校除讲授儒家经典外，还让学生分学科学习其他专业的知识和技术。当时沂蒙地区按朝廷的教育政策要求，重建了元朝末年毁于战乱的临沂学宫，并以提高学宫地位的具体措施确立为"州学"，提升培养人才的标准。当时沂蒙地区的各乡村私学按层级发展，扫盲和启蒙性质的学校教授《三字经》《百家姓》等属于基础教育范畴的简单易学的传统文化课程①。

清朝，沂蒙地区教育承袭明代的体制机制。康熙年间倡导通过选择品德好、学识渊博的学者任教，即"选择文艺通晓，行事宜谨厚者，充社师"，这样就以教师的高水平提升了教学水平和所培养的人才层级。到了雍正年间，临沂学宫改建为沂州府学，兰山"县学"归为附属校。到了清朝末年时，沂蒙地区按当时规定废除科举制，各县设立了与世界近代教育接轨的"劝学所"和"高等小学堂"，还开办了教授农业、工业技术的学校。从教育机制体制的改变完成了封建教育理念和教育方式的过渡和转型，多种类人才走向社会后促

① 刘英华，赵丹峰，于联凯，郑钦禹．沂蒙文化发展研究［M］．济南：山东人民出版社，1994：83．

进了沂蒙地区经济、文化、技术的发展。

表 1–9 元代沂蒙地区人才促进文化多向度发展

	张雄飞	画家赵原和药学家萧炳	元杂剧作家贾仲明	大臣、学者邹维新
人物简介	张雄飞(?—1286年)，字鹏举，临沂市人，会蒙古语和其他少数民族语言。元世祖时期经人举荐任山西临汾转运使司事，后任参政知事等职。	赵原，字善长，号丹林，今莒县人。萧炳，兰陵县人。隐居不仕，精通医术。两人的生卒年不详。	贾仲明(1343—1422年)，又名仲名，号云水散人、云水翁，原籍淄博，后移居兰陵县，系元末明初杂剧作家。	邹维新(约1287—?)，字仲德，莒县人。先为乡贡进士，后登进士第一。官至亚中大夫同佥、太常礼仪院事。
人物生平	**清廉美名树正气** 张雄飞性格耿直，曾向元世祖进言："百官奸邪，贪秽不职者，即纠劾之。如此，则纪纲举，天下治矣。"元世祖纳信其言，以右丞相塔察儿为御史大夫，升张雄飞为侍御史。其因受器重更加勤勉自励。1279年，张雄飞升任御史中丞，倾其全力整顿纲纪，处理为虎作伥的贪官污吏，使朝政清明。张雄飞为官始终坚守"廉、勤、刚、正"的原则，生活非常俭朴，日常布衣蔬食。元世祖所赏赐金银和酒器，都做上记号封藏起来。后来贪腐官员残余以此起事，他如数奉还朝廷。	**所著之书名留青史** 赵原擅山水，技法远师南派山水画开山鼻祖董源，近师赵孟頫外孙王蒙，善用焦墨，作品为浅绛山水，笔墨圆劲秀逸。画竹技法多变，有龙角、凤尾、金错刀之称。明太祖洪武年间，赵原奉诏入宫，命绘古代贤者像，因所画不符旨意而被杀。 萧炳把宋、元诸家《本草》上的药名，根据平、上、去、入四声归类，著《四声本草》5卷。	**集元代杂剧、评论之大成** 贾仲明博览群书，喜欢吟咏。其仪表风流潇洒，喜欢交游，擅长戏曲、诗词、谜语等文体创作，所作传奇乐府很多，广为流传，被元代及后世人崇敬。明成祖朱棣为燕王时，贾仲明颇受信任。每办宴会必应制其作，无不受到称赏。曾增补过元代钟嗣成著《录鬼簿》，所撰《录鬼簿续编》为书中80余位剧作家写了悼词。 贾仲明所作杂剧见于著录者有《双坐化》《梅杏争春》《调风月》	**笃学之风润沂蒙** 现有莒县城东南三公里、邹家庄子村东北处"状元林"名胜古迹景观。石刻林立、雄伟壮观。邹维新墓居北首正中，墓前有宽为8米、长70米的神道，神道两侧有石坊、石香炉、石供桌、神道碑。神道碑共三通，第三通为明代嘉靖邹维新九代孙邹玉玺所立，碑体篆书"城阳邹氏先茔之铭"。

续 表

	张雄飞	画家赵原和药学家萧炳	元杂剧作家贾仲明	大臣、学者邹维新
人物生平	—	—	《七世冤家》《碧桃花》《双献头》《燕王怨》等16种。现存5种著本:《升仙梦》《玉壶春》《金安寿》《玉梳记》《菩萨蛮》。	—
文化贡献	张雄飞惩奸的故事流传至今。重臣阿合马败坏朝纲，在他死后，他的儿子言其“父亲在世，你们都拿了好处，现在无权来审我”。张雄飞说“我有权审你”，阿合马之子只得承认罪行①。	赵原传世之作有《合溪草堂图》《晴川送客图》《溪亭送客图》《陆羽烹茶图》等。 萧炳著《四声本草》早于李时珍著《本草纲目》(记载于清雍正《江西通志·卷五一》)。	贾仲明著《云水遗音》《录鬼簿续编》，其中的曲论和评语写得中肯、公允，被后世广泛征引。	邹维新著《文集》10卷(《重修莒志·艺文节目》)，在莒地存有《马亓山祀雨显应碑记》。
备注	1286年，张雄飞被元朝贵族排挤出中央后，转任燕南河北道宣慰使。无比敬业的这位地方官员在任上离世，了解张雄飞的人为他未能尽展自己的远大抱负而深感惋惜。			

一、明清时期的沂蒙思想文化重在骨劲力沉

明朝时期的沂蒙地区因教育发展较快，各县都有不少人中进士，公氏、管氏、焦氏、陈氏等家族都培养出了著名的人才。

① 甄建立．张雄飞凛然惩奸 [J]．中国监察 2002(5)：57．

（一）明代沂蒙地区文化名家陈玉与杨光溥

明代早期沂蒙地区为官留下美名且在文学创作方面取得很高成就的两位是陈玉和杨光溥。

明代重臣、诗人陈玉，字德卿，临沂人。1493 年中进士，任监察御史。陈玉虽然官位居高，却能做到清正敢言，不徇私情，后被升右都御史[①]。

陈玉擅长诗词创作，怀古诗《诸葛武侯祠》最为有名，诗中以真挚的情怀和准确生动的语言追述了诸葛亮所处动乱时代和久卧南阳草庐的恬淡情操，对特定背景下的战争和殉国情景进行了细致刻画，突出了诸葛亮的形象并褒奖其丰功伟绩和历史地位。此诗所写的“诸葛武侯祠”在《沂州府志·古迹》中有记载，指明是位于临沂东北的诸葛城。

陈玉创作的另一名篇《缆夫谣》，是一首思想性和艺术性都很高并富有时代气息的作品：“朝从顺流下，暮从逆流上。官船无停时，风雨共来往。腰间有升秫，草炊充一饷。掬水向河圩，水浊涸吻强。伛偻陟崇堤，努力汗挥颡。平洲沙浒宽，放缆路迂枉。揭衣渡横波，双足刺菰蒋。足趼岂敢恤，抑恐负笞杖。狂风且兼旬，督责亦鞅掌。仰观舟上人，鼓吹隔帘幌。”以简洁生动的句子描写了明王朝时期纤夫的繁重劳作和艰苦的生活场景，并通过纤夫和“仰观舟上人，鼓吹隔帘幌”十个字写出了地位的强烈对比。一群缆夫，朝朝暮暮牵引官船往来在大河中，饿了就草草地吃点干粮充饥，渴了就用手捧河水喝。他们伛偻着身子拉纤，累得汗流浃背。有时双足被水草刺破，受了重伤也不敢停下来，害怕遭受达官贵人的杖打。这首诗不论主题思想和艺术表现力堪比俄罗斯 19 世纪画家列宾的《伏尔加河纤夫》，只是艺术表现的形式不同罢了[②]。

明中期官员杨光溥（1447—？），字文卿，号沂川，沂水县人。明宪宗时期中进士，后任刑部郎中、山西按察司副使等职。杨光溥儒学功底深厚，且

① 刘英华，赵丹峰，于联凯，郑钦禹．沂蒙文化发展研究 [M]．济南：山东人民出版社，1994：269．

② 唐学文，姜开民，何玮，王玉琳．沂蒙历史名人通鉴 [M]．澳门：澳门人文出版社，1993：398．

为官正直清廉。清康熙《沂水县志》记载，杨光薄在官位上任满回乡时，所带没有金银珠宝等贵重物品，只有一箱书、一身衣。“家居贫甚，以吟诵为业”是对其美好品德的赞扬①。

杨光薄在清贫的生活中潜心研究学问，著有《剪灯琐谈》《月屋樵吟》等多卷诗文集。特别是其所作沂阳八景诗，详细描绘、赞美了东皋晚照、岜山耸翠等八处风光旖旎的美景，一直为沂蒙地区人们广为传颂，为当地的文化旅游作出了贡献。

（二）明代沂蒙地区清廉官员、学者焦竑与公鼐

明代重臣、思想家焦竑（1540—1620年），字弱侯，号漪园，原籍日照。焦竑的高祖焦庸在明朝早期因为作战勇猛、功勋卓著升任为应天旗手卫中所副千户，《四库全书总目提要》有这样的记载：“应天旗手卫籍，山东日照人。”

1. 焦竑学以至深、亲民至诚、耿直不阿，风骨可佩可敬

焦竑师从督学御史、著名理学家耿定向学习理学，后又师从哲学家、文学家罗汝芳。明世宗嘉靖四十三年（1564年）焦竑中举人，之后五次参加科举考试都未中进士，但是仍持之以恒，在中举人后25年，已经49岁的焦竑第六次应试中了状元。持之以恒的治学精神是成就其一生为官得美名、学问可盖世的重要原因②。

焦竑中状元的喜讯传来到家乡后，按兴学的惯例，县政府拨出专款为焦竑建立纪念牌坊。但是，这时山东正闹灾荒，许多百姓遭遇流离失所的困境。焦竑认为不能用地方上的公款为自己树碑立传，马上写信给家乡的政府，提议将建造牌坊的款项转为救济灾民用款，当地政府对他关爱百姓的行为给予很高的赞誉。此外，焦竑还向负责农业生产的官员陈述灾情，为家乡争取了5000两银子的救助拨款，为家乡人解困做出了自己的努力。

---

① 唐学文，姜开民，何玮，王玉琳．沂蒙历史名人通鉴[M]．澳门：澳门人文出版社，1993：400．

② 唐学文，姜开民，何玮，王玉琳．沂蒙历史名人通鉴[M]．澳门：澳门人文出版社，1993：401．

焦竑中状元后，入翰林院担任修撰并研习国朝典章。1594 年，大学士陈子陛建议由焦竑任主修修国史。明神宗朱翊钧长子朱常洛出阁时，焦竑利用讲学的机会兼讲学者趣闻，朱常洛敬佩其学识广博，多有赞赏。1597 年，焦竑主持顺天府举人的考试和录取工作，但由于天性耿直、不给官员们徇私情的机会，受到同僚们的排挤和诬陷，被贬职到福宁任知州的佐官，以后又逐级降职。降职、再降职的命运使焦竑对朝廷腐败感受极深，对人生道路进行了新的规划。

2. 焦竑精研儒、释、道，成为明代著名思想家

焦竑认清明朝官场的黑暗后决定退出仕途，潜心于讲学与著述。焦竑精研儒、释、道各类经典著作，亦进行诗词创作。著有诗文集《澹园集》(正、续编)、《焦氏四书讲录》等著作。其中著名的《焦氏笔乘》是焦竑读书和讲学的笔记及对相关问题的思考，此书正集 6 卷、续集 8 卷，内容十分丰富，包括古史记载谌误、名物制度的考证、诗文的品评、师友言论以及对儒、释、道的三种学问的闻释、古今文字音义等均有涉及，对于明朝时期历史文化研究具有很高的学术研究价值和史料参考价值，也是后人研究焦竑学术思想的最重要文献之一。

焦竑所作《花岩寺》，描写家乡花岩寺恬静幽寂的氛围，给人一种超凡脱俗、如入圣境的审美体验，诗中“无人参妙义，幡影对风飘”两句被称为绝妙之笔。

焦竑的老师耿定向与当时的著名的思想家、文学家李贽，因学术观点产生分歧而关系闹僵，但是焦竑主动与李贽保持友谊，并以其学问作为讲学的重要支撑。焦竑能大度对待学术上的分歧，又能理智分析、判断学问价值。他认为，“李贽不一定是圣人，可以加上一个‘狂’字，坐圣门第二席位”。李贽被迫害自杀后，焦竑搜集整理其遗著并刊印成书，对保存研究李贽的思想观点作出了重要贡献①。焦竑辞官后，曾回家乡日照讲学，1620 年病卒，时年 81 岁。

① 唐学文，姜开民，何玮，王玉琳．沂蒙历史名人通鉴 [M]．澳门：澳门人文出版社，1993：402．

明熹宗时，朝廷根据焦竑为前朝传播儒家经典作出的贡献，赐祭荫子。

3. 公鼐承袭家学，文学成就卓著，留“两代帝师”美名

明代重臣、著名文学家公鼐（1558—1627 年），字孝与，号周庭，蒙阴县人。公鼐家族在沂蒙地区历史上有“五世进士、父子翰林”的美名。曾祖公跻奎，任湖广副使。父公家臣，任翰林编修。明神宗万历年间，公鼐中进士，任礼部右侍郎兼翰林院侍读学士、两朝实录副总裁等职，在朝廷和学界有“两代帝师”尊称。

公鼐任礼部右侍郎时期，因生性刚直，见太监魏宗贤排除异己、专断朝政，恐同朝为官之险，故称病归乡，赋闲从文①。公鼐 57 岁时，山东又遭遇饥荒、百姓生活极为艰难，已回归故土的公鼐上书朝廷请求赈济，得到响应，朝廷拨款救济，使得深陷困境中的百姓“一路赖以全活”。明朝崇祯皇帝在《谕祭公鼐文》中赞扬他“发粟赈济，仁殚乡闾”。

4. 公鼐奇才震惊科举考官，为家乡赢得“中邑”声誉

公鼐少年时期创作的七律《拟秋怀》颇显大家风范。诗作内容广泛涉及政治、经济、军事、文化等各个方面，也有赞美壮丽山河之作，在明代万历前期“山左三大家”中成就最高。公鼐所作怀古诗《穆陵关》：“昔日齐侯履，南疆尽此封……”看似在讲人间沧桑和世市的风云多变，实则是借赞这座于泰、沂两座名山之间的雄关，讽刺霸业不见踪影的现实，暗示宦官当道的格局终会完结。全诗讲的是明廷惩治阉党，假传圣旨的魏忠贤以十大罪被法办、自缢而亡，余党全被肃清的史实。

《蒙阴县志》关于公鼐有这样的记载：“弱冠文名炳著海内，直指毛公试而奇之，升蒙阴为‘中邑’。”意思是说，公鼐才华绝世，使得主持科举考试的官员非常佩服，因此申请朝廷给人杰地灵的蒙阴县每届增加五六个秀才名额，称谓上也由“小邑”升为“中邑”②。明代政治家杨涟在《与秦贞予刺史书》中这

① 临沂地区教育委员会. 山东省临沂地区初级中学乡土历史课本（试用）•沂蒙历史（全一册）[M]. 北京：教育科学出版社，1994：53.

② 刘英华，赵丹峰，于联凯，郑钦禹. 沂蒙文化发展研究 [M]. 济南：山东人民出版社，1994：201.

样称赞公鼐："有古大臣之风……心丹识卓，骨劲力沉，范希文（范仲淹）、司马君（司马光）实伯仲间者。"清代诗词理论家王士祯在《池北偶谈》中这样评价公鼐："万历中为词林宿望，诗文淹雅，绝句尤工。"公鼐平生著《问次斋集》100卷。

（三）清代沂蒙地区代表性人物取得的文化成就

清朝时期沂蒙地区文化在许多方面取得了全国瞩目的成就，这些成就有的来自沂蒙地区的思想家、文学家，有的来自外地到沂蒙地区任职的官员、学者。沂蒙沃土是文化发展的高地。在古代，荀子不是沂蒙地区人，但是两度在兰陵为官，对这片土地产生了深厚的感情，辞官后留下来收徒讲学、做研究学术、著书立说。正是沂蒙地区有良好的教育环境和探索未知的氛围，又有古代先贤在这个聚集的传统，使这里成为著名的文化研究、传播的聚集地。清代的扬州八怪之一李方膺，被他人陷害罢官后留在临沂以卖画为生，不仅画艺高超，在中国美术史上占有重要地位，更使绘画这门艺术走入民间，促进了临沂及附近地区工艺美术的发展。总结古代思想家、文学家、艺术家在沂蒙地区所取得的成就，更有利于分析、总结、概括这一地区文化多向度发展的特质，为传承、弘扬传统文化精华，创新当代文化发展模式开辟新路径。

表 1–10　清代沂蒙地区人才在历史文化上多向度的成就

	画家李方膺	尹氏三代人才	训诂学家许瀚	书法家卜祚光
人物简介	李方膺(1695—1754年)，字虬仲，号晴江，别号秋池等。雍正八年(1730年)，任山东广饶知县。后又到多地任职，仕途非常坎坷。著名画家，"扬州八怪"之一。	尹开勋，字素书，又字竹民，临沂市人，家住相公南旺庄。道光年间中进士，任山西司员外、福州知府等职。祖孙三代文学名家。	许瀚(1792—1866年)，字印林，日照市人。著名的训诂学家。科举不顺利。29岁时才成为贡生。学志不衰，致力于研究训诂学。	卜祚光，日照市人，字凝子，又字篔谷。乾隆年间中进士。任延安守备、潼商兵备道等后升按察使等职。著名书法家。生卒年不详。

续表

	画家李方膺	尹氏三代人才	训诂学家许瀚	书法家卜祚光
主要经历	**正直率性的知县画家** 李方膺任知县时正逢山东发洪水，面对灾紧急情况，他未经上报擅自开粮仓济灾民，动用库存皇粮1200石，组织群众筑堤防洪，因此被罢官。后调任临沂任知县时，又因反对新任总督垦荒令上书陈述弊端，触怒总督被罢官入狱。兰山、莒州一带农民成群结队带酒前往监狱探视。狱吏不许见，百姓就把所带之物往监狱的高墙里扔，留下的酒坛子把监狱的大门和通道都堵住了。两年后，乾隆追究开垦失策，总督获罪，李方膺才得以平反出狱，官复原职。后又被贪官诬陷罢官。从此以卖画为生。	**三代著书扬文** 尹开勋有很强的鉴别力，在所任州、府选拔的人才，多为名士。他以自己的俸禄创办学校，发展教育事业。其子尹文输，字式甫，又字鹤田，成丰年间拔贡。任职、代理多地知县，后升为知府并加委漕运同知。其孙尹耀庚，字星垣，任徽州府婺源县丞。	**博学多才，贡献巨大** 清廷在校录《康熙字典》时，许瀚被邀请加入工作团队。他在工作中一丝不苟，查出该字典中200余处错讹，因此被道光皇帝授“周同”职衔。许瀚在45岁才中举人，因年高未授官职，只能以助人校书为业。60岁任滕县训导。不久，因父亲病故辞职归乡，在家中刻苦著述。著作丰富，校订的古籍有50余种。学术成就主要表现在训诂学与金石研究。著名学者、诗人龚自珍这样评价他：“北方学者君第一，江左所闻君毕闻，土厚水深词气重，烦君他日定吾文。”	**清官书法家修为高** 卜祚光为官时期，爱护百姓，倾力解决边疆少数民族间纠纷，因才高多能且廉洁奉公，深受清朝廷器重和百姓爱戴。但他看不惯和珅，以奉养父母为由辞官回乡。卜祚光善于著文，精工书法，在作品中熔欧体、颜体为一炉，出神入化。书法作品写流传很广，成为学习者临摹的蓝本。
作品	李方膺擅长画梅、竹、松、菊、兰和虫鱼，也间作山水、人物画，以笔墨豪放、不拘成法成其独特之处，尤以画墨梅寄托高洁的品格。	尹开勋著《静远堂诗文集》；其子著《清意斋诗文集》；其孙著《星江寄游草》《龙眠梦痕录》。	著有《古小庐文》《古今字诂疏证》《别雅订》；金石研究论著多达170余篇，文集《禁古小声文》被日本编印传世。	著有《尔雅书屋遗稿》。

续 表

	画家李方膺	尹氏三代人才	训诂学家许瀚	书法家卜祚光
备注	清朝时临沂市南门外住着不少以卖绣花枕头为业的手工艺人，他们为了使生意红火，争相仿绘李方膺的画作绣枕头的图案。他虽是江苏人，却因为在山东为官惠民、画技非凡对临沂地区工艺美术、文化品格产生深远影响。《临沂县志•宦迹》写有李方膺传记。			

二、明清时期沂蒙地区人民抗击倭寇的英勇气概

明清时期，日本海盗公然入侵我国东南沿海地区和朝鲜，烧杀掠抢，残害沿海地区人民。明清时期将这些海盗称为“倭寇”。其中的缘由要追溯到汉朝时期日本列岛上有一个大部落王国，其势力凌驾于其他小国之上。他们的国王遣使臣朝觐汉朝皇帝。汉朝光武皇帝出于尊重亲授“汉倭奴国王”的金印，“倭国”这个称呼一直沿用了1000多年，因此就称日本海盗为“倭寇”。

早在14世纪，日本国内诸侯混战，为转嫁国内战争造成的财政危机，纵容、唆使武士、不法商人和失业流民组成海盗集团，入侵中国沿海进行抢掠。他们少则几十人，多则几百人、几千人，甚至上万人，登岸烧杀抢劫，无恶不作。到明嘉靖年间，倭寇更加猖獗，所过数十里无人烟，给我国沿海民众带来了深重灾难，成为明朝历史上的严重外患[①]。明清时期从国家层面组织军队抗击倭寇入侵，官兵浴血奋战，人民群众积极参军、出钱出力支持军队，终于把入侵倭寇赶出了沿海地区。虽然战争起起伏伏长达200多年，最后中国取得了胜利，但是，可以看出日本这个国家从明朝时期就露出的强盗烧杀掠抢、残害中国人民的本性。沂蒙地区优秀文化沃土养育的抗倭英雄，他们的民族气节、倾尽生命和财产抗倭的精神也成为这一地区最重要的文化元素。当一个世纪以后日寇侵犯、占领中国时，沂蒙人民拼死抵抗，尽一切努力支持八路军抗日，正是抗倭战争让他们明白只有全民齐心合力才能赶走豺狼虎豹。

① 杜平．东南沿海抗倭战争 [J]．军事历史，1984(1)：63．

表 1–11　明清沂蒙地区抗倭英雄概述

	明代抗倭名将 李锡	明代抗倭名将 戚继光	明代抗倭英雄 孙镗	清代抗倭援朝英雄 左宝贵
人物简介	李锡，临沂市人，家贫，壮年从军，因战功显赫，由副千户升为广西总兵、都指挥使。	戚继光（1528—1588 年），字元敬，号南塘，别号孟诸，明登州人，祖籍山东东平。任登州卫指挥佥事、蓟州总兵等职。杰出军事家、书法家、诗人。	孙镗（1522—1554 年），临沂市人，少时习武尤喜骑马、射箭。任莒州衙吏、苏松兵备副使。	左宝贵（1837—1894 年），字冠廷，回族，山东平邑人。家族尚武，作战勇猛，历任守备、副将、总兵等职。功赏穿黄马褂、头品顶戴并赏戴双眼花翎。
战敌事迹	**怒斩倭寇首领** 明穆宗年间，李锡率领水陆两军防御入侵的倭寇，击沉海盗船只，杀敌千余人。隆庆年间，又率水陆官兵围攻侵犯澎湖列岛的海盗，率军队杀敌立功。李锡任福建总兵官时，俞大猷任广西总兵并授平蛮将军、都督同知。倭寇曾一本屡屡侵犯两广和福建，烧杀掠抢，李锡配合俞大猷作战，杀敌700余人，将曾一本擒杀，史书记载此战“锡功最钜”。隆庆年间，李锡因战功卓著，转任广西总兵；因所率军队作战勇猛得明廷重奖，由广西	**沿海抗倭战绩辉煌** 戚继光16岁世袭祖上登州卫指挥佥事一职，管理登州卫所的屯田事务。倭寇侵犯山东沿海且烧杀抢掠时，他写下壮志诗《韬钤深处》以“封侯非我意，但愿海波平”展示报国之心。23岁时，被推荐任进署都指挥佥事管理登州、文登、即墨三营25个卫所，防御入侵倭寇。二年后调往浙江任都司佥事防守宁波、绍兴、台州三郡。戚继光到浙江赴任后，发现金华、义乌青年勇猛彪悍，就前往招募了3000人，训练成精锐的部队，称“戚家军”。戚继光根据南方多沼泽的地理特点制定新式作战阵法，给“戚家军”配备精良的火	**捐资参军、武功抗倭** 当日本海盗袭扰松江时，怒火中烧的孙镗特去面见郡守，请求拿出自家财产助军队消灭倭寇。郡守把他推荐给参政翁大立。本领测试时，见孙镗双刀翻舞，令人目不暇接，官兵齐赞一身好武艺，将他留在军中当兵。首战打退侵犯倭寇后，孙镗在军中任职。回乡卖掉全部家产，组织青年参军。倭寇乘船渡过泖浒抢劫，孙镗带兵与倭寇激战一整天，因援兵未赶到，他撤退到河中时，倭寇就蜂拥而起，他被敌船包围落水牺牲。时年34岁。	**誓死抗敌，以身殉国** 父母早亡，左宝贵带两个弟弟讨生活到南京后，在军营门外摆摊修鞋。有个清兵修鞋不付钱，他闯进营房追时，几个拳脚就把清兵打倒在地。军官爱才将其招入军营。1894年，日本帝国主义发动侵略朝鲜和中国的战争，左宝贵率部队驻防奉天。他治军严格、赏罚分明，与士兵同甘共苦，受李鸿章重用，率部队入朝作战。在敌众我寡、势不可挽时，他下定决心死拼到底。遵照回族礼节，他沐浴后把皇帝赐的衣冠穿戴齐整，站在城上督战。下属劝他换装以免敌人注目，他说：“吾服朝服，欲士兵知我先，庶竟为之死也，敌人注目，

续　表

	明代抗倭名将李锡	明代抗倭名将戚继光	明代抗倭英雄孙镗	清代抗倭援朝英雄左宝贵
战敌事迹	总兵连升四职。	器、兵械和战舰，使这支部队闻名天下。与倭寇在台州交战时，戚继光一马当先，手刃倭寇首领，敌军因走投无路全部坠江淹死。戚继光在大破横屿之战，杀敌2200余人。	—	吾何惧乎？”城墙炮手阵亡时，他亲发榴弹36颗。激战中，左宝贵不幸中弹负伤，将士见此情景英勇杀敌。击退日军三次冲锋。他再次中枪时强撑着在城墙上指挥，炮弹击中左胸，倒地而亡。
战绩及其评价	**体现爱国主义精神** 明将李锡在抗击倭寇和平定边疆叛乱、民族团结等方面作出巨大贡献，为沂蒙地区传播爱国主义精神树立了典范。	**书写爱国抗倭史诗** 戚继光战争中注重建立兵民携手抗敌的机制，在大小战斗中做到身先士卒，且能巧妙运用机动灵活的战略战术，进攻时集中兵力打歼灭战，防御时伺机反攻，有效地打击入侵倭寇。福建、山东、浙江等地建有纪念戚继光的碑、祠、塑像等。	**爱国精神世人敬仰** 一介平民孙镗，当国家遭倭寇侵犯时，捐资助军，最后以身殉国。孙镗的爱国家、爱人民的民族气节充分展现了沂蒙文化的精神力量，为后世所敬仰、推崇。	**中朝两国建碑造祠纪念** 左宝贵为国捐躯后，举国上下齐悲痛。朝鲜平壤在他战死的地方竖碑纪念。在国内，人们在左宝贵生前所驻扎的地方，为他建造专祠寄托哀思。清政府也在其家乡修建陵墓，令国史馆立传，留名青史。为其追赠太子少保，谥“忠壮”。
备注	戚继光总结多年抗敌实战经验著兵书多卷：《纪效新书》（18卷）、《兵实纪》（14卷）、《武备新书》、诗文集《止止堂集》。《四库全书总目提要》中评价戚继光诗歌创作“格律颇壮”“近燕赵之音”。戚继光是兵器专家和军事工程专家，改造、建造多种类的战船、战车等装备，其发明的“虎蹲炮”因样子像猛虎蹲坐而得名。精良的装备使明朝军队在海战、陆战时都能发挥装备优于入侵倭寇的长处，袭敌制胜①。戚继光修建完善了从淮安至密云2000余里长城，并在险要位置修建空心敌台，作战时进可攻退可守，是用于排兵布阵特种工程。戚继光擅长行草，笔法娟秀，豪劲庄重，具有历代贤气风格。			

① 李金豹．戚继光行草，送李小山归蓬莱诗轴［N］．中国书法报，2017-08-01．

三、明清时期沂蒙地区女性之文采教义

沂蒙地区的女子性格刚毅、直率，受传统文化影响的印记非常明显，比如，她们讲仁义、重道义、吃苦耐劳，还特别重视家族文化传承以及后代的教育。随着中华民族妇女地位的提高和思想解放，明清时期的才女、义女取得了很高的成就。这些女子的学识大义之为使她们成为后代女性楷模，以其才情滋养女性思想品格向爱国主义和大无畏的牺牲精神发展，使她们无论是在抗日战争时期还是在解放战争时期，以及后来社会主义建设时期都作出了巨大贡献。

表 1–12　明清沂蒙地区女子三杰成就

	明代宫廷才女夏云英	明末清初女诗人纪映淮	清代“女武训”王氏
简介	夏云英(1395—1418年)，莒县人。庠生夏鼎之女。其父颇有才华，通晓华诗书画，但不谙世事，以开馆授徒为业。其母早逝，父视她如掌上明珠，教她琴棋书画和经文。	纪映淮(1617—?)，字冒绿，小字阿男，南京市人。纪映淮出身于诗书世家，兄为著名诗人纪映钟。纪映淮性情贞静，通经史，尤擅诗词。	王氏是兰陵县人、清代官员、收藏家于腾(1832—1890年)之妻。丈夫去世后送灵柩藏品返乡。王氏因出资兴办“义学”而广受赞誉。
才华及事迹	**英年早夭诗传世** 夏云英13岁被选到开封周宪王府中作宫女，其父终日思女成疾病世。周宪王朱有燉是明太祖朱元璋的孙子，却无意官场争斗，生活自由率性，潜心研究学问，并终成明代戏曲大家。夏云英是朱有燉的知音，两人琴瑟和鸣，给其如王妃地位。称赞她“明白道理，有贤明妇人之风”。夏云英22岁得重疾病，出家为尼，号“悟莲”，24岁去世。	**才女孝亲美名扬** 纪映淮约20岁时嫁给莒县进士、绍兴知府杜其初之子杜李，婚后夫妇二人回莒州生活。明崇祯末年，清兵进入山东，杜李抗清被杀。纪映淮与年迈婆母及6岁儿子避难于县城南部的云里村，生活穷困潦倒，无心诗词事，守寡以终。纪映淮生平事迹在《清代闺阁诗人征略》《晚晴簃诗汇》中有记载。因纪映淮守寡节孝被世人称道，故民国时期的《重修莒志》将其写入“列女传”。	**大义助学获“一品夫人”美誉** 王氏丈夫于腾幼时家贫，但他发奋读书，考中举人、进士。任铜梁知县时妻孟氏去世，续娶王氏。于腾58岁病逝于成都，王氏扶柩回籍安葬并把珍贵藏品运回，王氏定居临沂市。堂邑县有个叫武训的人以乞讨集资兴办义学，受人尊敬，因此兴起义学之风。王氏想到丈夫幼时得塾师义助读书成才，献出金镯一对和土地百亩，在临沂城的琅琊书院办起一所义学，供百姓家的孩子读书。因此被称为“女武训”。

续　表

	明代宫廷才女夏云英	明末清初女诗人纪映淮	清代“女武训”王氏
作品及纪念	**少年成才，有诗传世** 夏云英5岁能背诵孝经，7岁开始学佛，背诵法华、楞严等经，10岁时会作诗、绘画。主要传世作品有《端清阁诗》(69首)、《法华经赞》等诗集。	**名家赞赏诗作** 纪映淮著有《真冷堂词》《秦淮竹枝词》《桃源忆故人·暮春》《醉桃源·早春》等为人称道。清·黄秩撰编《国朝闺秀诗柳絮集》收录其部分作品。清初诗人、理论家王士祯在南京任职时创作《淮杂诗》赞纪映淮“栖鸦流水空萧瑟，不见题诗纪阿男”，对其诗才高度赞赏。	**义举受清廷嘉赏** 王氏所办“义学”后为临沂第一所学堂，为当地培养和造就了许多人才。慈禧太后降旨，赐其金凤冠一顶，并封她为“一品夫人”。山东巡抚赠匾一块，亲书“撤环兴学”四字。一时，王氏事迹广为流传。王氏那顶镌刻着“皇恩重命”的多金凤冠，珍藏在临沂地区文管会①。
简评	齐鲁大地的女性因受儒家文化浸润具有鲜明的古典性格美。出身书香门第者集美德与才华于一身，即便是出身普通家庭也胸怀大仁大爱，比如王氏是个有姓没名的女子，但是能拿出大量家财助教兴办“义学”，为国家培养人才，其大义之举受清廷重赏，被世代沂蒙人和华夏民族敬重，成为传承中华传统文化女性楷模，说明女性胸怀大志同样可以确立令人瞩目的社会地位。		

① 山东省出版总社临沂办事处．临沂风物志[M]．济南：山东人民出版社，1985：155．

第二章　沂蒙地区红色文化研究

1914年第一次世界大战爆发后，中国所处的半殖民地半封建社会和军阀混战的现实，让拥有先进思想和强烈爱国情怀的知识分子痛心疾首，他们联合起来发出社会变革的强烈呼声。于是，代表中国人民觉醒与抗争的《新青年》杂志在上海创刊后就势如破竹地迅速发展，成为提倡民主、科学、新文化、新文学的战旗。提倡民主就要反对封建专制；提倡科学就要反对封建迷信；提倡新文化就是反对封建文化的精神束缚；提倡新文学，就要摆脱文言文的限制，倡导白话文创作。从历史的发展进程看，《新青年》杂志成为新文化运动的摇篮和要求中国社会革故鼎新的精神高地。

从古至今拥有爱国精神和民族正义感的沂蒙地区人民在历史大变革中从来都是毫不犹豫地迎风而上，站在时代的潮头高歌猛进。在进步青年掀起的反帝、反封建的号角鼓舞下，也就是《新青年》创刊几个月后，李淑九、刘敢臣创办进步报纸《东鲁日报》、夏侯先创办《教育月刊》杂志。在北京发起的新文化运动影响下的这两种报刊的创办，表明立志改革与打破因循守旧思想的运动已经在沂蒙地区展现出了时代风采。

1917年11月，俄国“十月革命”的胜利开创了人类应用马克思主义进入社会主义的新纪元。沂蒙地区思想先进的知识分子在新文化运动和十月革命胜利成果的影响带动下，于1919年4月创办了《通讯社》，又一只新号角在齐鲁大地发出新文化运动的响亮回声。

第一节 五四运动临沂树起反帝反封建之旗

1918 年 11 月，以德国在法国东部正式宣布投降为节点宣告第一次世界大战结束。1919 年 1 月，在法国巴黎凡尔赛宫召开有 27 个战胜国参加的“和平会议”，中国也以“战胜国”资格参会，但没能阻止污辱中国主权的错误决定：把德国在山东的权利转让给日本！消息传来，全中国人民无比愤怒，5 月 4 日，北京各高校和社会各界爱国人士 3000 余人在天安门广场集会后举行大规模游行示威，掀起了声势浩大、具有里程碑意义的五四爱国运动。

5 月中旬，临沂各学校进步学生纷纷组织起来进行集会、罢课、游行示威，他们在这座古城的大街上高呼“收回青岛”“外争国权，内惩国贼”等口号，以实际行动声援北京学生发起的爱国主义运动。游行示威结束后，学生和各界爱国人士掀起罢市和烧毁日货的活动，进步青年用革命的火种点燃了广大临沂人民的爱国热情。游行示威和抵制日货的行动一直持续三个月之久。临沂反动当局对由进步学生掀起的爱国运动十分害怕，派奸细暗杀了爱国学生代表贾伯川。由此引发教育界进步人士和社会大众的强烈愤慨，他们到当地政府门前集会，抗议这种残害青年学生的暴行，要求迅速破案，惩治行凶者，民众要求伸张正义的行动给军阀政府造成强有力的打击①。

一、沂蒙地区党的“一大”代表及早期共产党员

沂蒙地区在中国共产党成立初期有以王尽美、孙金宣、孙善师、刘言之为代表的几十人，他们把马克思列宁主义作为毕生的信仰，积极投身到革命斗色中，为沂蒙地区成为革命老区播下了燎原齐鲁大地的火种。

① 中共临沂市委党史资料征集研究委员会．临沂革命斗争史稿 [M]．济南：山东人民出版社，1991：27-28．

表 2–1 沂蒙地区最早的共产党员及活动

<table>
<tr><th></th><th>中共一大代表
王尽美</th><th>早期共产党员
孙金宣</th><th>临沂烈士孙善师</th><th>郯城烈士刘之言</th></tr>
<tr><td>简介</td><td>王尽美（1898—1925 年），原名王瑞俊，字灼斋，莒县（现属诸城市）大北杏村人，在山东省立第一师范读书时参加革命。中共 13 位创始人之一，济南和青岛党组织最早的组织者和领导者。</td><td>孙金宣（1884—1944 年），原名孙锡声，又名孙实，临沂市人。临沂五中毕业后考入保定陆军速成军官学校。跟随孙中山从事革命活动。1924 年春天，在广州加入共产党。</td><td>孙善师（1904—1933 年），又名孙镇国，临沂市人，临沂五中毕业后考入山东省第一师范学校，与在校学生一起加入中国共产党。</td><td>刘之言，又名刘昭逊、刘汾，郯城人。通过成立“读书会”和“书报介绍社”，组织同学阅读进步书刊；晚上到工厂创办工人夜校，开展宣传工作。</td></tr>
<tr><td rowspan="2">革命活动</td><td>中国共产党创始人之一
在五四运动时期接触马克思主义。1920 年，与邓恩铭一起成立“励新学会”，创办《励新》半月刊宣传共产主义。1921 年初，在济南秘密成立共产主义小组，出版《济南劳动周刊》，7 月，在上海、南湖参加党的第一次代表大会。会后改名为王尽美（寓意为尽善尽美、求解放）。1922 年 6 月，山东劳动组合书记部成立，王尽美任书记，7 月，在上海参加党的第二次代表大会。月底，济南党支部成立，任书记。</td><td rowspan="2">建立最早的沂蒙党支部
1924 年 5 月，孙中山建立黄埔军校，孙金宣在黄埔军校工作。7 月，到冯玉祥部队任营长，后升为旅长。冯玉祥部队由陕西向河南进军后，孙金宣被派任夏邑县县长。利用“县太爷”的有利条件，举办“自治训练班”宣传革命思想。1928 年 4 月 29 日，孙金宣被调任鹿邑县县长。抵任后宣传马克思列宁主义，著有《人的宇宙性》一书，8 月，被调离鹿邑，他干脆弃官归乡。孙金宣回到临沂后，首先</td><td colspan="2">一对好兄弟
1927 年，国民党发动四一二反革命政变后，孙善师和刘之言受中共山东区执行委员会派遣，分别回到临沂、郯城从事革命活动。孙善师在临沂县第二小学任教时因鼓动学生对抗当局，两次被捕入狱。后因查无实据而获释。经其父在教育界的朋友介绍，到郯城县立第一小学任教。后刘之言在郯城县第三小学任教，领导发动了罢课运动，培养积极分子入党。1929 年 10 月，中共鲁南第一支部建立，刘之言任书记兼宣传委员，孙善师任组织委员，先后发展学校校长、教师和学生等十几人入党。组织读书会、社会科学研究会等进步组织传播革命思想。
这期间，孙善师经常回临沂开展革命活动，对临沂五中、临沂三乡师范等学校的党组织发展壮大，作出了重要的贡献。</td></tr>
<tr><td>留下感人遗言
1923 年，中共“三大”确立了国共</td><td colspan="2">刘之言就义
1932 年 5 月，刘之言与鲁南特派员唐东华取得了联系，成立了中共临郯县委，刘之言任书记。到 1933 年春，临郯县委已辖有 4 个区委、31 个支部、110 多个党小组，党员 350 多人。6 月，刘之言根据上级党组织指示，组织兰陵</td></tr>
</table>

续　表

	中共一大代表 王尽美	早期共产党员 孙金宣	临沂烈士孙善师	郯城烈士刘之言
革命活动	合作的方针后，王尽美以个人名义加入国民党，出席国民党第一次全国代表大会，会后任国民党山东省临时党部执行委员。当年10月，被孙中山委任为特派员，在山东从事统一战线工作。1925年1月，在上海出席中共“四大”，8月，因病在青岛去世。生前请青岛党组织负责人记其遗嘱：“全体同志要好好工作，为无产阶级和全人类的解放和共产主义的彻底实现而奋斗到底！”	在“松山学社”发展了华岩寺村陈耀贤、陈希堂等人入党，接着利用“民团领袖”王伯英的影响，在傅家庄、老屯、小屯一带宣传马克思列宁主义理论，数十人参加活动人。为建立党的组织打下了坚实的基础后，又在兰陵县成立“老屯党小组”，成为沂蒙地区最早的党组织。山东省委临时组织部部长宋鸣时叛变，孙金宣转移到绥远、北平一带以行医为名，进行革命活动，1944年7月病逝。	—	的四哨、郯码、樊家堰暴动，暴动队伍300多人汇集到苍山附近的大圩子村，成立了中国工农红军鲁南游击总队，郭云舫任司令，刘之言任政委。很快，暴动队伍陆续占领了苍山附近的几个村庄，镇压恶霸地主，宣布成立苏维埃政府。7月9日，被国民党八十一师唐邦植旅包围。刘之言因寡不敌众，不幸被俘，在卞庄英勇就义。
纪念与评价	**新中国成立60年时入“双百”** 2009年9月，全国“双百”评选活动中，王尽美被评为100位为新中国成立作出突出贡献的英雄模范人物之一。1952年，毛泽东对山东分局的负责同志说：“你们山东有个王尽美，是个好同志。听说他母亲	**事迹写入多种书报** 孙金宣的革命事迹被载入《临沂纵横》（山东人民出版社1988年出版）《临沂革命斗争史稿》（山东人民出版社1991年1月出版），《临沂日报》2001年1月25日发表《革命的先	**“涑口九烈士纪念碑”** 1932年6月，任中共临郯县委组织委员的孙善师到临郯邳边境组织暴动时被捕入狱。1933年9月18日，任郯县委组织委员的孙善师与中共济南市委书记李春亭、青岛市委书记李伟仁、共青团山东特委代理	—

续 表

	中共一大代表王尽美	早期共产党员孙金宣	临沂烈士孙善师	郯城烈士刘之言
纪念与评价	还活着，你们要养起来。”1961 年，距中共一大召开 40 年之际，董必武写下诗作《忆王尽美同志》：“四十年前会上逢，南湖泛舟语从容。济南名士知多少，君与恩铭不老松[①]。”	驱，人民的楷模》。	书记孙善帅（孙善师的弟弟）及山东省委张福林和其他县、市领导段亦民、唐东华、郑心亭、王常怡八人在济南英勇就义，被誉“泺口九烈士”。2005 年 4 月，济南建成泺口九烈士纪念碑，被中共济南市委宣传部公布为第二批爱国主义教育基地。	—

二、沂蒙地区早期的四个党支部与临郯县委

沂蒙地区作为最早点燃进步火种的革命老区，这里最具先锋意识和正义感的人民在革命战争时期的各个阶段都作出了巨大贡献。他们之所以能为中国革命的胜利写一笔光辉的乐章，最重要原因是这里最早播下革命火种并建立了共产党组织。1927 年 11 月到 1929 年 11 月两年时间内，先后成立了沂水县党支部、临沂市老屯党支部和具有领导地位的鲁南第一党支部，这三个党支部带领当地进步群众将革命斗争活动开展得如火如荼；而从 1930 年秋成立的“临沂五中党支部”；1931 年秋成立的“第三乡村师范学校党支部”、临沂特别支部以及中共临郯县委，这些在国民党白色恐怖时期成立的共产党基层组，将马克思列宁主义、毛泽东思想传遍沂蒙大地，并在勤劳勇敢的人民群众心中扎根、发芽、成长、结果。

① 刘同华，李金强．一大代表王尽美 [N]．中国纪检监察报，2018-06-29．

1939年1月，山东分局机关报《大众日报》在沂水创刊[①]，成为共产党宣传马克思列宁主义和毛泽东思想的主阵地，把保家卫国、打倒反动派、建立民主富强国家的民族理想树立在沂蒙大地养育的百姓心里，焕发出推动社会发展的强大力量。

表2–2 沂蒙地区最早建立的党支部

	1927年成立 沂水县党支部	1929年成立 临沂老屯党支部	1929年成立 鲁南第一党支部	1931年成立 临沂五中党支部
成立经过	1926年11月，中共山东区委派王敬斋回沂水县发展党员。他回沂水后向县城的知识青年宣传马列主义，介绍工农运动蓬勃发展的大好形势，使他们深受教育。王敬斋介绍鞠百实、邵德孚、张希周入党。 1927年2月，在家乡沂水县开展建党工作的李清漪介绍李鸿宝入党。4月，沂水县党支部在县城成立，王敬斋任支部书记，直属中共山东区委领导。党支部在快速发展中介绍年馨斋、徐景班、皇甫玉、刘	1928年8月，担任国民党河南省鹿邑县县长的中共党员孙金宣回到临沂后，到傅家庄、老屯、小屯一带开展工作。他利用临沂“民团领袖”王伯英的影响，在古柏葱茏茂密、相对隐蔽的万松山开办“松山学社”，以讲授“政治学”的名义宣传马克思列宁主义。很快，孙金宣就发展陈耀贤入党。从此就以“一带一”的方式发展多名党员。陈耀贤发展自己的妹婿王以仁入党，又发展了同村吴敬坡（吴景）入党，于同年冬建立了“中共临沂县老屯村党小组”1929年秋，党	1929年春，刘之言领导教职员工胜利地进行了争取待遇平等的罢教斗争。之后，刘之言介绍三小教员刘谐和入党，并把在郯城一小的党员孙善师聘到三小任教。10月，“中共鲁南第一支部”成立，这是临郯地区最早的党支部。鲁南第一支部建立后，创办《红色鲁南报》和《农民》刊物，开展了一系列的革命宣传活动，大力发展党员，在磨山、临沂五中、临沂省立第三乡	由鲁南支部发展的中共党员刘德生（又名刘盛华），在1930年秋考入五中读书。第二年春天，刘德生介绍了王孝先、胡成廉、刘向正（刘玉莹）等人入党，成立了刘德生任书记，王孝先、刘向正为委员的临沂五中党支部。 1931年发生“九一八”事变后，临沂五中党支部和进步青年，利用各种场合进行抗日救亡的宣传活动，推动全校师生举行了示威游行，反对国民党卖国求荣的不抵抗政策。通过上述活动，党的组织得到了很大的发展，先后发展了王景朋、李荫南、成铭（成金吾）、曹敬如等多人入党。国民党山东省主席韩复榘加强了反动统治，调部队增加了军事镇压的武装

① 中共山东省委党史资料研究委员会．中共山东党史大事记（1921-1949）[M]．济南：山东人民出版社，1986：126．

续 表

	1927 年成立 沂水县党支部	1929 年成立 临沂老屯党支部	1929 年成立 鲁南第一党支部	1931 年成立 临沂五中党支部
成立经过	洁斋入党，成为最早的女性党员。	小组扩建为党支部，吴敬坡担任支部书记。	村师范学校、费县师范讲习所、临沂县傅庄等地建立了党支部①。	力量，对共产党抗日民主运动大肆诬蔑谩骂，对革命师生进行无耻的恫吓，临郯县委的负责人孙善师等被逮捕。
开展活动	沂水县党支部的建立标志沂蒙地区树起了第一面鲜艳的党旗，为沂蒙其他地方的建党工作做出了示范，积累了经验。临沂、郯城等县也相继建立起党组织，革命斗争进入一个崭新的历史时期②。	到 1930 年底，老屯党支部扩建为党总支，吴敬坡任总支书记，张德胜、吴敬泰、张守真、王清环任支部委员，党员总数发展到二三百名，下辖孙家庄、王家庄、官家庄和小屯庄等几个支部。	1929 年 10 月，刘谐和任鲁南第一支部副书记，因从事革命活动，被国民党郯城县党部以言论“左”倾的罪名逐出郯城。后来他到费县师范讲习所任教，介绍教育界进步人士入党，先后进行了罢教反霸、反贪污斗争。	1932 年 10 月，国民党军队包围了五中，逮捕了共产党员刘向正和进步学生陈希洵，有几位党的干部因暂时离校幸免于难。白色恐怖笼罩校园，五中党的活动暂时处于低潮。1933 年夏，板泉小学党支部部分党员考入五中后，党的活动又得到新的发展，抗战爆发后，有一大批五中的进步学生参军抗日。
备注	临沂地区在广大知识分子党员的影响下，党支部的建立几乎遍地开花，革命的火种在燃起燎原之势，形成推动国民党反动派黑暗统治的强大力量。			

① 王厚香，汲广运．沂蒙精神的地域文化渊源研究 [M]．济南：山东人民出版社，2017：194．

② 王厚香，汲广运．沂蒙文化若干专题研究 [M]．济南：山东人民出版社，2016：307-308．

表 2-3　沂蒙地区相继建立的党支部和临郯县委

	1931 年成立 第三乡村师范党支部	1931 成立 临沂特别党支部	唐东华烈士 与临郯县委	1932 年成立 板泉小学党支部
成立经过	**党的活动迅速开展** 山东省立第三乡村师范学校于 1930 年 12 月正式成立。校长曹兰珍主张教育救国，学生积极支持抗日救国主张。“九一八”事变后，孙善师和刘德生介绍三乡师范学生赵昭（又名赵德修）入党，很快建立起了三乡师范党支部，赵昭任书记，陈向道、王居濯分别任组织委员和宣传委员。党支部建立后不到一年内，就发展了鲁先潮、主纪先等十位党员。很快在费县师范讲习所等处建立了党小组、党支部。	**成立抗日组织** 兰陵县小屯村人陈信亭，原名陈允修，别名陈东。1930 年从国民党军队回乡行医。拟《农民医社宣言》，唤民众抗日，成立“抗日救国会”，被推选为会长。他先后发展小屯庄刘永祥、道庄姚锡贞等人入党后，于 1931 年秋天，建立了临沂特别支部。陈信亭任特别党支部书记。	**临郯有了县级党组织** 唐东华（名继虞，字东华，别名唐棣），1927 年在江苏省邳县入党后，在邳县各地开展党工作。以后在东海县、沭阳县工作，参加了沭阳县“新河暴动”。1930 年 10 月，回邳县，在孟家楼村建立掩护点，积极向临郯地区开辟党务工作。唐东华先后在郯城重坊、高峰头等地发展多名党员。1932 年 6 月初，唐东华指定由刘之言、孙镇国组成中共临郯县委，由刘之言任书记，孙镇国任组织委员和宣传委员。从此，临郯地区有了县级党组织。	**多名学生入党** 1932 年夏，刘谐和到临沂县第十小学（今莒南县板泉崖小学）任教。经过几个月的宣传、培养，刘谐和在学生中发展了王任之（又名王福三）、薛汉鼎、夏林（又名夏锡龄）、李伴农（又名李文学）等人入党，于 12 月成立了板泉小学党支部，由王任之任支部书记。
领导活动	**许多进步学生入党** 1932 年夏季，三乡师党支部的革命活动开展得声势浩大。1933 年 9 月，驻扎临沂的国民党陆军到三乡师进行搜捕，幸亏鲁先潮、主纪先等先前已离开学校而脱险。但是，他们和 30 多名进步学生被开除了学	**战斗力最强支部** 陈信亭于临沂经文中学毕业后在济南医院工作，几年后到冯玉祥部队西北军从事医务工作。陈信亭坚信，医身更重要的是医心。任特别党支部书记后，将自己	**发展民间抗日组织** 临郯县委刚成立后，书记刘之言便到小屯村找到陈信亭，两人见到了山东省委的领导，这就使临郯县委与山东省委恢复了联系。临郯县委组织成立了“临郯青年抗	**党的活动范围扩大** 板泉小学党支部先后在本校和板泉崖、洪瑞等村中发展了 30 多名党员。第二年夏天，由于支部的负责人和部分党员升学考取了临沂五中、三乡

续 表

	1931 年成立 第三乡村师范党支部	1931 成立 临沂特别党支部	唐东华烈士 与临郯县委	1932 年成立 板泉小学党支部
领导活动	籍。党支部的活动进入低谷。1935 年秋季，中共沂水县委王涛（又名王富春）考入该校，马上开展党组织重建工作，发展学生刘箴厚、马自治等进步学生入党。第二年春天组建新的党支部，由王涛任书记。抗日战争爆发后，王涛、高立明等党员与进步学生 30 多人奔赴延安，为党的队伍输送了新生力量。	的医社作为中共临郯县委的联络点。临沂县委在陈信亭的医社筹备苍山暴动时，陈信亭任东路指挥。这一时期，在山东省有十几个特别支部，唯有临沂特别支部工作最为出色，归临郯县直接委领导。	日义勇大队”“民族解放促进委员会”，从此抗日群众组织在临郯地区如雨后春笋般地发展起来了。 **宁死不屈的革命者** 1932 年 10 月，因有人告密，唐东华被捕。在敌人的法庭上，他大义凛然，宁死不屈。在刑场上，他神色自若，视死如归，高唱《国际歌》，高呼：“中国共产党万岁！”表现了共产党人的崇高气节。唐东华作为涑口九烈士之一，被中央革命烈士传编辑室列入第二次国内革命战争时期著名革命烈士英名录。	师范和临沂师范所等学校，党的活动也因此转移到了临沂城。他们到了临沂后，又通过宣传、培养发展了王自然、李荫梧等十几名党员。
备注	1933 年春，临沂三乡师范学生、共产党员主纪先在他的家乡莒县主家岭发展多名党员，建立了主家岭党支部，由主纪先任书记。这个支部隶属于临沂三乡师范党支部领导。			

第二节　国内革命战争时期沂蒙地区党组织的重要活动

一、“九一八”事变后，沂蒙地区党组织开展抗日救国运动

“九一八”事变发生后，全国反对帝国主义、抗日救国的浪潮此起彼伏，

一浪高过一浪。沂蒙地区的爱国学生和进步青年也加入这个救国家于危亡的抗日浪潮，国民党反动派在山东的主政者韩复榘对学生的爱国行动怀有刻骨仇恨，派主力部队驻守在临沂城区内，对共产党领导的抗日爱国运动进行剿杀和镇压，但是，逆历史潮流者阻挡不了青年学生和爱国群众的爱国行动。

1921 年 10 月，北京风起云涌的学潮带动了全国进步人士开展声势浩大的反帝反封建运动。临沂市各个学校的师生和进步知识分子在共产党员的带领下一起走上大街小巷，散发革命传单，张贴要求参加全国学生运动的标语和口号，随后就各个学校同时开始罢课。国民党派出许多便衣警察四处奔走打探，想找到发动罢课动动的积极分子。还有政府官员跑到操场威胁集合在一起的学生，试图强行逼迫他们回到教室上课。但是，由于负责罢课组织的党员干部早有预案，事先安排值班学生对少数意志不坚定的人加以劝阻，使国民党反动派企图破坏罢课运动的阴谋遭到失败。

1932 年 4 月，临沂五中党支部和三乡师范学校党支部的干部和党员经过周密的分析研究，决定利用 5 月 3 日临沂山会有大量群众聚集的大好时机举行一次由社会各界群众参加的大规模游行示威。3 日上午，学生和广大群众在城隍庙前举行了集会，学生代表登上讲台，带着强烈的感情发表抗日救国、保卫家园的演讲。国民党便衣特务气势汹汹地在人群喊叫，强令演讲学生下台、立即解散集会，激起参加集会群众的集体愤慨。众人将特务围住和他争论，痛斥他们是汉奸、卖国贼。特务见势不妙，迅速挤出人群，逃回县党部。学生和集会群众一齐拥向县党部，动手砸碎了“以党治国”的横匾，学生党员带领群众开始了浩浩荡荡的游行示威。

声势浩大的游行队伍从广场出发，穿过人山人海的山会又聚集了更多的群众参加，队伍的长龙一直向南进发。学生带群众一路高呼“打倒日本帝国主义”“打倒汉奸卖国贼”等口号，到了商业街将摆放的日货放火烧毁。这次由党员学生发起、社会各界群众参加的大规模游行示威，激发了广大群众的爱国热情，有更多的有识之士加入抗日救国、保卫家园的运动。国民党反动派对爱国学生和进步群众的抗日救国运动害怕得要死，游行示威一结束就派出爪牙，窜到五中和三乡师范学校追查示威活动的发起者，一拨一拨地派出军警到学校去抓人，看到师生中疑似发起者就抓走审问拷打，临沂学校的白色恐怖愈演愈烈，许多进步学生被迫离校。

二、中共鲁南第一支部创刊《红色鲁南报》

沂蒙地区建立了中共鲁南第一支部后，为宣传马克思列宁主义，根据中共各地党组织开展工作的需要，决定创办《红色鲁南报》。经过人力、物力等各方面准备后决定由孙善师任主编，编辑制作一份不定期出版的油印小报，经过向进步青年组稿、刻板、印制，于 1930 年春季成功创刊了。从 1932 年 6 月开始，《红色鲁南报》变为临郯县委主办的报纸，出报的频率也不断加快。

这份报纸与共产党在抗日战争时期的其他报刊一样，受到国民党反动派的打压和破坏。1932 年秋天，由于国民党反动派对临沂各地实行更为严重的白色恐怖，临郯县委为了保存革命力量并保持工作的连续开展，选择有利时机转移到相对隐蔽且群众基础好的城南塘崖村，《红色鲁南报》的编辑和印刷工作也在这里有条不紊地开始。“苍山暴动”前，因主编孙善师被捕，不得不重新安排主编和编印人员。经过中国临郯县委研究决定，由党性原则强、文化水平高的刘谐和、马叙卿二人负责出报工作。随着形势的变化，整个编辑和印刷工作不断变换地址，后来又转移到不易被国民党当局发现的临沂城北船流小学出报。1933 年 7 月，因“苍山暴动”失败，中共临郯县委遭到几乎毁灭性的破坏，《红色鲁南报》被迫停刊[①]。

虽然《红色鲁南报》从创办到停刊仅存短暂的三年时间，也历经无数艰难和风险，但是，它传播了进步思想和党的相关政策，密切了党群关系。临沂

① 汲广运，王厚香．沂蒙精神的地域文化渊源研究 [M]．济南：山东人民出版社，2017：194．

市罗庄区的塘崖村也因此成为山东省第一份党报的创办地。

三、临沂五中、临沂三乡师范学校成立进步群众团体

临沂五中、临沂三乡师范学校的党组织为了在学生中宣传马克思列宁主义，迅速发展壮大党的组织力量，需要建立党支部的外围进步组织凝心聚力，即通过多种多样的群众文化团体吸收进步学生，组织群众开展宣传进步思想和反帝、反封建活动。1931 年 11 月，由临沂三乡师范学校的学生鲁先潮、鲍衍饮、主纪先、赵子育（又名赵培煦）、刘洪毅、马培卿等建立起“反帝大同盟”，由鲁先潮担任这个同盟会的负责人。“反帝大同盟”一经成立就制订了大规模开展革命活动的计划，吸收一部分进步学生作为联盟的主力会员并培养党的积极分子。第二年春天，“反帝大同盟”在本校和社会上开展半公开的革命活动。各项活动开展的声势越来越大，参加人数也越来越多，这种喜人的情景鼓舞进步学生，鲁先潮、马锦图和马培卿又积极行动起来组织了宣传革命思想的“读书会”。

很快，这个“读书会”的活动就由三乡师范学校扩展到临沂五中和社会上的进步机构，沂滨书店成为“读书会”聚集知识分子的活动中心，他们以借阅图书为由在这里秘密接头并研究具体工作。三乡师范学校和临沂五中党组织开展各项大规模联合行动的会议多数也都在相对安全的沂滨书店召开。沂滨书店因此成为进步信息的交流中心，与上海神州国光社建立起非常密切的联系，许多进步书籍、报刊都秘密地邮寄到这个书店里来，党组织能很快地拿到手里。即使没有参加“读书会”的学生，在这里能阅读一般书籍的同时，也能阅读到被国民党明令禁止的进步书刊。比如，无产阶级进步文学代表作《铁流》《母亲》等，共产主义理论书籍《共产党宣言》《俄国社会民主党人的任务》等。此外还有鲁迅、茅盾、郭沫若等一大批进步作家的新锐作品。国民党当局不让这些书刊进入学校在学生中流传，经常借检查自习课或夜晚查铺

为由进行突然的搜查和监视。当时，临沂三乡师范学校共有学生一百六七十人，在党支部和进步学生的影响下有六七十名学生参加了“反帝大同盟”和“读书会”这两个进步团体。

在与国民党反动派的反复较量后，临沂地区党支部和进步学生都积累了许多与其斗智斗勇的经验。1932 年春，临沂五中以张肇敏、王鸿棋和陈希洵为骨干，成立了党的外围组织“社会科学研究会”，在临沂城北的树林里、沂河岸边及琅琊冢等秘密地点召开会议，研究开展抗日救国、宣传进步思想的行动计划。很快发展会员四五十人。这些分别在临沂三乡师范学校和临沂五中成立的进步群众团体，对推动临沂反帝、反封建运动的发展和宣传进步思想都起到重大作用。

四、沂蒙地区党领导的武装暴动和英烈

沂蒙地区的共产党人是在战争年代经过考验的百折不挠的有共产主义信仰的革命者。1932 年，沂蒙党组织在沂蒙山区革命基础较好的地区组织了四次暴动起义，在四哨、郯城码头、樊家堰三次暴动后仍然以大无畏的精神举行了苍山暴动。这四次暴动起义虽然在当时敌强我弱的军事条件下都遭遇了失败的命运并牺牲了许多干部和党员，但是重创了国民党反动统治的群众基础，展现了齐鲁大地革命洪流不可阻挡的历史趋势。沂蒙地区人民用激情和鲜血为后来革命斗争的胜利开启了可歌可泣的序章。

（一）四哨暴动计划因内部问题终止

1931 年 12 月，共产国际致电中共中央，要以武装民众进行反对一切帝国主义的民族革命战争，并提出以民族革命推翻国民党反动统治是民族革命战争胜利的先决条件。在这一精神实质的主导下，党在全国组织反帝反封建的暴动起义。1932 年 6 月初，临郯县委认真分析了全国革命高潮的背景，后决定迅速组织沂蒙山区的武装暴动，建立起革命武装力量后开展游击战争，配

合中央苏区打击国民党反动派发动的“围剿”，掀起抗日救国、建立根据地的热潮。当大家聚在一起开会时，有人怀疑党组织内有人叛变并把消息泄露给了国民党当局，为了使暴动起义避开国民党军队的袭击不得已停止了暴动计划，后来经过调查表明并没有人叛变，更没有走漏消息，但是策划好的暴动起义因误解而流产了。

（二）郯城码头暴动被国民党当局围捕

1932 年 6 月中旬，山东省党组织派遣一名特派员到临沂协助开展沂蒙地区的工作，召开了鲁南党组织暴动计划会议。特派员在会上明确指出，全国各地的革命高潮已经到来，我们的主要工作是立即组织群众举行暴动起义，迎接山东省取得更大革命胜利的新形势的到来①。临郯县委的领导受到特派员讲话的鼓舞，革命情绪异常高涨。县委领导经过与特派员的共同研究和协商，通过了组织郯城码头暴动起义的决议。会后，孙善师、赵昭、王居濯等和特派员立即奔赴郯城码头组织暴动。

就在进行暴动发动、组织期间，郯城发生了学生要求保障权益的罢课活动。从师范讲习所毕业的学生回到学校，联络在校就读的学生与他们一起到教育局开展“要就业、保工资”的示威活动。当示威的学生来到教育局时，很快就遭到当局勾结国民党军警的镇压，引起临沂各界群众的极大愤慨。刘之言立刻动员码头一带百余师生和进步人士一起去声援示威学生，由于声势大增，加入的群众也越来越多，当局以答应学生的要求而结束了这次活动。虽然这次斗争取得了胜利，但是党组织革命力量的增大使国民党当局加大了防范打击的力度。

6 月下旬，孙善师、赵昭等人在郯城码头召集进步群众开会，研究如何组织暴动的程序和具体细节。会上，大家理想化地认为能在码头及周边地区，夺取地主武装、国民党区公所的枪支，很快就能拉起一支六七百人的武装队伍。由于对地方和国民党反动武装力量估计不足，很盲目地认为只要革命群

① 赵昭．银雀山下的火炬 [EB/OL]．沂蒙干部培训中心网，2019-02-14．

众暴动起义的枪声响起，高高地树起共产党旗帜就标志着暴动起义获得成功。但在研究具体细则时就感到事情并非想象的这么简单，比如，谁组织人员去夺取地主家的枪支、用什么样强而有力的武器袭击区公所等重大问题很难达成统一意见。会议整整开了四天时间，才制订出一个并不完善的行动方案。但是，第四天夜里郯城县警备队突然包围了“三小”，逮捕了该校校长宋幼准（又名宋从则）、焦矗山和刘念熹等人。孙善师、赵昭、王居濯等因住在校外免幸免于难。第二天，敌人进行挨家挨户搜查，不久又逮捕了王居濯和胡庆余等人。有幸逃出虎口的赵昭被学校开除学籍后不得不离开临沂。郯城码头暴动由于对国民党反动派估计不足，面对荷枪实弹的敌人没有作出准确的判断和应对措施，很快就被国民党当局扼杀了。

（三）樊家堰暴动因党的主要领导被捕而夭折

四哨、郯城码头二次暴动没有成功举行，还在郯城码头损失了革命的有生力量。1932 年 6 月底，由于国民党政府对参加暴动的党员和群众的逮捕和镇压，革命形势变得异常严酷。中共临郯县委转移到更加隐蔽的邳县孟家楼，县委成员在党员孟若梦家里连夜开会，认真分析总结了四哨、郯城码头两次暴动未能成功的原因，研究下一步开展党的组织建设和革命斗争的策略。唐东华认为，不能因为不成功就气馁、就失去勇气，要在总结经验的基础上组织下一次暴动起义，对上级党组织的指示要不打折扣地执行。

这时，有些同志认为国民党政府的监视和镇压在范围和手段上都比以往更强、更残忍，军队和地主武装已经加强了防备，开展暴动起义的组织工作困难重重，应该避一下风头。但是，唐东华在会上批判了这些同志的右倾主义，决定在敌人力量相对薄弱的樊家堰组织第三次暴动，这个决定得到了大多数党员干部的同意。唐东华安排孟若梦、孙善师、凌云志、胡维鲁、刘之言和马叙卿等同志分别在四湖、樊家堰、郯城二区和涝沟四地组织起一个大队的武装。这次仍然出师不利，7 月 1 日，孙善师与胡维鲁在开展组织活动的途中，来到三捷庄时被尾随的国民党特务逮捕。刘之言、马叙卿等被通缉，不久唐东华也在重坊被捕，计划中的樊家堰暴动又夭折了。

（四）苍山暴动因地方势力与国民党军队勾结造成重大伤亡①

郯临县委的干部和党员有着坚定的共产主义信仰，虽然樊家堰暴动夭折后已经过三次暴动失败，但仍然没有中止举行暴动起义的计划。马叙卿到临沂城北乔家湖、郝埠一带以教师身份作掩护开展宣传鼓动工作，刘谐和到长新桥，刘之言也转移到山区农村开展工作。尽管几经挫折并失去了大批党的领导骨干，但是，临郯县委很快恢复了领导临沂、郯城和峄县等地党组织的工作，继续准备苍山暴动（苍山县现称兰陵县，本文延续史料仍称"苍山暴动"）。

1. 暴动起义准备工作出现了良好势头

1932 年秋冬之交时，斗争经验十分丰富的刘之言在西大埠建立起一个掩护点。按当时行政区的划分西大埠一带归郯城管辖，由于离临沂市距离远且交通不便利，使得国民党政府和军队对这一地区控制因鞭长莫及而处于相对薄弱的状况，是共产党和进步人士进行地下活动比较理想的地方。

刘之言与县委干部扮作挑着担子做小买卖的商人，经常以进货等的名义与党组织取得联络。那时，临沂各地党组织虽然因策划暴动起义被敌人发现遭受重创，但是党员干部还是以实际行动关心群众疾苦，积极广泛地开展抗日救国思想宣传鼓动工作并产生了非常好的群众影响；在小屯组织暴动的陈信亭已经掌握了一些武器；临沂西北山里的赤色农会也已经发展了万余名会员，成为开展武装暴动所需要的一支实力相当雄厚的有生力量。

2. 国民党地方官员强行摊派修城费引起众怒

临郯县委的领导因工作进展较快，认为人员和武器的准备都达到了一定程度，已经迎来开展暴动的好时机。而这时更为有利的条件是，国民党山东省党部常委张苇村要在老家修建一座新县城，这个大工程需要有大量物力和资金的投入，政府强迫摊派建筑所需的各种费用，激起当地百姓强烈愤恨。1933 年春，刘之言、刘谐和与马叙卿在尚岩开会，决定利用群众反对暴政的

---

① 孙芹丽．沂蒙地区中共早期党组织发动的几次农民暴动述评 [J]．临沂师专学报，1994(3)：50．

环境条件，以苍山为中心集中组织第四次暴动。6月上旬，驻扎尚岩、向城的韩复榘军队因换防，大量兵力去了枣庄，接防部队还没调动过来，这就形成了国民党军队布防的空窗期。临郯县委准备利用这个空窗期发动暴动。这个决定在各地代表参加的临郯县委会议上形成共识，一致同意在7月10日举行声势浩大的苍山暴动起义，随后确定了暴动十大纲领，内容包括打倒日本帝国主义、统一中国、没收外国资本、把土地分给农民、建立苏维埃政权、建立民主平等的新社会等内容。确定了“打倒日本帝国主义！”“实行耕者有其田！”“反对派款修城！”等口号[①]。同时安排了制作暴动起义所需的旗帜和号角的负责人。

3. 因突发意外暴露了暴动计划，将暴动起义提前进行

苍山暴动准备工作正处于紧锣密鼓阶段时，有一位地下交通员因言行不慎被国民党反动武装人员逮捕，如果这个交通员暴露了行动计划就会全盘皆输，于是党组织立刻组织武装人员前去救人。但是，更加糟糕的情况是人没有救回，却暴露了行动计划，被迫提前举行武装起义。

党的武装起义队伍率先收缴地主家的40多支步枪，组成临时暴动指挥部，组织四哨、孙庄、凌庄等十几个村庄的党员和革命群众去夺取国民党政府、学校等机构的枪支，苍山附近各地的起义队伍很快会聚了300多人。受到战果鼓舞的起义队伍继续向东部地区开进，掩护当地农民打开地主的粮仓分发给生活极度困难的贫苦人家，乘胜东进围攻有国民党武装控制的地区，土豪劣绅见起义队伍开过来，纷纷逃跑。

刘之言得知暴动起义提前行动的消息，为了支持南路起义队伍，决定第二天早晨按既定方案发动大规模的暴动起义。

4. 暴动武装队伍来到苍山誓师，起义正式开始

7月6日早晨，起义领导和骨干人员刘之言、杨冠五、马瑞图等人率领

① 中共临沂市党史资料征集研究委员会．临沂革命斗争史稿（1919—1949）[M]．济南：山东人民出版社，1991：49．

暴动武装队伍到达苍山，来到山顶上后排列成整齐的队伍，鸣枪三响，高喊“打倒日本帝国主义！”“打倒土豪劣绅！”的口号，正式誓师起义。起义队伍吹起的军号声响彻了整个山谷，群情激昂的暴动起义队伍竖起了事先准备的两杆大红旗，一杆是高高飘扬的党旗，一杆是暴动起义队伍的队旗，上面绣着一行“中国工农红军鲁南游击总队”大字。誓师大会结束后，由 300 多人组织起来的暴动武装队伍冲下山冈，以不可阻挡之势快速深占领大圩子、马巷、周庄等多个村庄。由于以实际行动救民众于水深火热之中的共产党深得群众信赖，宣传组织工作开展得深入细致，聚集在苍山的暴动队伍很快达几百人，拥有 100 多支步枪。有人拿来笔墨在司令部大门边的墙上写了非常醒目的一行大字“中国工农红军苏鲁豫皖赣五省联防军鲁南游击大队司令部”。战旗飘扬，口号响亮，又有了司令部的统一领导，一切都昭示着起义暴动深得民心，党员干部和参加起义群众信心倍增。但是，情况却变得异常严峻，起义队伍占领苍山大圩子以后，有反动地主逃到外村求援。第二天，他们带领反动民团分别进攻苍山、周庄，起义武装虽然打退了他们的进攻，但是消耗也非常之大。

5. 反动民团联合国民党军队围攻起义队伍，党的领导干部牺牲

7 月 8 日，败退而逃的反动民团联合国民党正规军队包围了起义队伍，在大兵压境的情况下，力量薄弱的暴动起义队伍，因寡不敌众很快陷入困境。这时的刘之言、郭云舫喊出“革命战士不充孬”的口号，下定牺牲的决心与进攻之敌血战到底。下午三四点钟，圩西南角的炮楼被敌人的炮弹轰塌，牺牲了十几个同志，刘之言身负重伤，郭云舫被俘。刘之言、杨冠五率起义队伍突围到秦庄时大量敌兵尾随追击。刘之言带领大家在天色将暗时向城西的方向撤退，敌兵仍紧追不舍、不断向他们开枪射击。这时，刘之言灵机一动突然大声喊道：“共产党在这里！”转身向城东跑，把敌人吸引过去，其他同志得以突围脱险，当刘之言、杨冠五他们到达皇路时已经弹尽援绝，让大家疏散隐藏，暴动至此宣告失败。

敌人对参加苍山起义群众进行血腥屠杀后悬首示众。郭云舫被俘后，国民党当局想尽一切办法对他进行威胁利诱想迫使他屈服变节。但是，郭云舫革命意志坚强、宁死不屈，就义前向群众高呼“共产党万岁！”，壮烈牺牲。党员张星被国民党反动派判了死刑。他入党时间短，接受思想文化教育的时间也不长，他只学会了《国际歌》里的第一句“起来，饥寒交迫的奴隶”，在敌人押送他去刑场的路上，他高昂着头高唱这一句。行刑时，这位坚强的沂蒙汉子立而不跪，对刽子手说：“站着砍吧！”然后高呼“共产党万岁”英勇就义。苍山暴动就这样悲壮地失败了，牺牲了忠于党和共产主义事业的革命同志。

6. 暴动起义失败原因以及产生的影响

临郯县委策划、筹备四哨、郯城码头、樊家堰和苍山四次暴动时，国民党鲁南地区的反动统治在民团和兵力部署方面都十分强大。虽然当时临郯地区党的组织已迅猛发展为暴动起义打下了深厚的群众基础，但与国民党军队和地方反动势力相比仍然是寡众悬殊。如果当时组织能更客观地掌控局势将获得的武装力量隐蔽下来，以富有战斗力的游击队的形式在群众中扎根，就会发展成一支强大且具有非凡战斗力的革命力量。

临郯县委组织的四次暴动虽然都失败了，但给沂蒙地区国民党反动势力和地方土豪劣绅以沉重打击，使共产主义思想和党的为大众翻身得解放不怕流血牺牲的精神在广大人民群众中扎下了根。事实证明，革命历程是漫长而曲折的，革命的果实取得将要付出巨大代价。因此，党组织进行军事斗争要牢记血的教训，不断总结革命斗争的经验，这一点对后来革命斗争取得成功所起的作用和意义十分深远。

五、沂蒙地区革命低潮时的党组织恢复与发展

临郯县委主要领导刘之言、郭云舫等在苍山暴动失败的过程中壮烈牺牲，先后被国民党杀害的中共党员和进步群众共 50 多人，党组织遭到意想不到的严重破坏，有幸活下来的党员有的失掉与上级党组织的联系，有的

暂时隐藏起来。

（一）国民党军队对暴动起义队伍的镇压使党组织遭到严重破坏

虽然在四次暴动起义的策划、准备和行动的过程中，临沂五中、临沂三乡师范学校、板泉小学等几所学校的共产党员身份没有全部暴露，但是沂蒙地区各地党组织被迫停止了活动。临郯县委的领导刘谐和、马叙卿在暴动失败后被迫转移到相对安全的外部地区，有的人不得不离开了山东。苍山暴动之后，以韩复榘为首的国民党反动派在《北京晨报》上以《鲁南苍山歼匪记》为题进行歪曲报道的同时增加军事镇压的力量，地主恶霸、土豪劣绅趁机对进步群众进行反革命报复，在残酷的白色恐怖下有人叛变，有人逃亡，有些党员与组织失去了联系，致使沂蒙地区的革命运动落入低谷。

（二）对沂蒙地区党组织建设按动“重启键”

面对十分危急的政治局势，“中共苏鲁边区特别工作委员会”的工作机关只能设在枣庄的矿区里，这里的白色恐怖也仍然非常严重，经常有国民党便衣特务出没，党组织有随时遭到更大程度破坏的危险。为了坚持长期的革命斗争并建立巩固的革命根据地，1935 年 3 月，决定到抱犊崮山区建立党组织工作机关，为各地党组织的恢复、发展开辟新路径。

抱犊崮山区位于临沂、滕县、费县和峄县的交界处，山势险要、交通不便。由于长期被土匪占据，这里的政治生态也极为特殊，群众被匪化、被灌输反动思想的情况很严重。群众中有人被土匪裹胁而与之同流合污，有人因生活所迫不得已违心做了土匪。韩复榘曾派军队镇压，各县的地主劣绅武装也曾协助其清剿，当地群众受尽了国民党兵和当地土匪在物质和精神上的双重蹂躏。尤其是有枪炮的“山大王”的横行霸道以及官、匪竞相残民，迫使当地群众为了生存就不能不进行斗争，这使得山区勤劳勇敢的群众具有一定的武装斗争经验。

（三）党员干部以“特工”身份开展组织重建工作

“中共苏鲁边区特别工作委员会”在 1935 年春天，派郭致远以医生的身份跟随山区党员李韶九进入抱犊崮山区开展工作。一个多月后，工作有了起色。郭致远到抱犊崮山区的大北庄建起一家药店，作为党开展工作的第一个固定的工作地点。事实上正如所料想的那样，有了这个药店作掩护，到了夏秋之交，不仅在大北庄、埠阳、兴隆店重建了党支部，还在峄县西北的大昌巷、大武穴等地发展了新党员，成立了党支部，使得沂蒙地区位置偏远的山区党组织的恢复、发展步入新阶段。

（四）党组织体系不断完善使革命斗争出现新气象

1936 年 5 月，临沂城内党组织因为地下党员崔介（又名崔禾敏）的出现得以恢复。崔介随国民党山东省第三督察专员公署到达临沂城，与在临沂五中以从事教师工作为掩护的党员段雪笙、徐广霄取得了联系，发展进步学生入党，党组织的重建工作取得明显成效，很快在《鲁南日报》创办“笔端”副刊宣传进步思想，团结各界有爱国情怀和思想进步的有识之士。当年入秋时节，苏鲁边区特委机关转移到费县高桥镇，这里因距离相对较近便于和临沂党组织取得联系。9 月，中共临沂县委成立，李韶九任书记，宋慎之和另一位陈姓党员任委员。临沂县委领导、指挥临沂、郯城、费县等地党支部、党小组的工作。党的组织建设出现了新局面，为建立根据地打下了良好的政治基础。也正是临沂县委的快速建立，使在苍山暴动中隐蔽、失散的党员逐步恢复了组织联络，持续不断地发展许多新党员，带领更多的群众开展革命斗争，也为后来的抗日战争储备了有生力量。

第三节　为实现全面抗战和建立敌后根据地而斗争

1937 年 7 月 7 日，日本侵略军向北平郊区的卢沟桥发动进攻，企图以武力吞并全中国，北京驻军奋力反抗。这一事件史称“卢沟桥事变”。

一、"卢沟桥事变"后的政治、军事形势

在中华民族生死存亡的紧急关头，全国人民一致要求对日作战。7月8日，中共中央发出《中国共产党为日军进攻卢沟桥通电》："武装保卫平津，保卫华北！不让日本帝国主义占领中国寸土！为保卫国土流最后一滴血！全中国同胞、政府与军队，团结起来，筑成民族统一战线的坚固长城，抵抗日寇的侵略！国共两党亲密合作，抵抗日寇的新进攻！驱逐日寇出中国！"1937年8月，上海失守，国民政府所在地南京危机，中共中央在政治局扩大会议通过《关于目前形势与党的任务的决定》和《抗日救国十大纲领》，提出发动游击战争、开辟敌后战场、建立抗日根据地的战略任务。8月25日，发布将中国工农红军改编为国民革命军第八路军（又称第十八集团军）的命令，任命朱德为总指挥，彭德怀任副总指挥（9月11日改称朱德总司令、彭德怀副总司令），于8月下旬至9月底，由陕北开赴华北抗日前线①。9月2日，中央通讯社发表《中国共产党为公布国共合作宣言》，形成以国共两党合作为基础的抗日民族统一战线。

中共山东省委按照党中央的要求，派干部到各地进行抗日宣传鼓动工作，与当地的党组织联合建立服务抗日前线的群众团体，"抗日救国会""青年救国团"和"民众动员委员会"等群众组织如雨后春笋般在齐鲁大地成立。

日本侵略军占领北平和天津后，很快分兵四路向华北地区进犯。在敌人大兵压境、民族危亡之际，国民党山东省政府主席韩复榘没有迎敌而上、率领部队保卫山东人民，而是带领国民党十万大军不战而逃。日寇迅速侵占了济南，随后，日本帝国主义的铁蹄开始无可阻挡地践踏鲁、皖等地的大好河山。沂蒙地区四处燃起熊熊战火。日寇于1938年1月4日攻陷兖州，5日攻陷济宁，7日攻陷邹县，1月8日攻占了潍县，19日与攻陷青岛的海军与陆军

① 中共山东省委党史资料征集研究委员会．中共山东党史大事记（1921—1949）[M]．济南：山东人民出版社，1986：98-99．

会师一同占领青岛、诸城、蒙阴、济宁，于2月上旬采用分进合击的战术从南北三路夹击徐州①。

在这种严峻的形势下，共产党坚持抗战的主张和八路军在华北取得的胜利都激励沂蒙地区广大工人、农民和知识分子救亡图存的信心。许多处于中间阶级的爱国人士对国民党军队临阵逃跑非常失望。他们在共产党抗战方针、政策的感召下，决定支持共产党和八路军救国家于危亡，这种与走投降路线的地主资产阶级形成的对立局面，更加坚定了沂蒙地区和全山东省人民坚持抗击日寇的决心和意志。

二、临沂战役，拉开台儿庄会战的序幕战

临沂战役也称“临沂保卫战”，是1938年发生于临沂（今山东临沂市老城区）的一场由李宗仁战略部署，张自忠、庞炳勋等人指挥抗击日本坂垣第五师团主力的激战，是台儿庄会战的序幕战。

（一）国民党临阵逃跑的第三集团军总司令韩复榘被处决

1938年初，日军沿津浦路和胶济路继续南侵，兵分两路进窥徐州。其中日军第十师团未经中国军队的抵抗后占领山东省省会济南，又相继占领蒙阴、历山，日军第五师团又于1月中旬侵占青岛。这些不利情况严重影响第五战区的军事部署，司令长官李宗仁将作战不利的副司令长官兼第三集团军总司令韩复榘逮捕，后由蒋介石下令在武汉处决。

（二）日寇集结兵力向临沂发起猛攻，临沂城陷入危境

1938年2月22日莒县失守后，日军第五师团联合伪军“山东自治联军”2万余人向临沂进犯。临沂城防司令张里元深知所辖部队在人数和装备上难以抗击顽敌，紧急向第五战区急电求援。国民党第五战区司令李宗仁得

① 中共临沂市党史资料征集研究委员会．临沂革命斗争史稿（1919—1949）[M]．济南：山东人民出版社，1991：62．

知情况严重，电令驻守东海、连云港一带庞炳勋部队火速到临沂增援，阻击日寇的进攻，以求保卫徐州。庞炳勋部队抵达临沂后，首先部署好兵力、修筑工事。面对强敌压境，全体官兵摩拳擦掌，发誓一定要将侵犯日寇全部歼灭。

莒县失守后，日军于3月2日逼近临沂东北30公里的汤头。第二天，日军与当地国民党守军交战，庞炳勋部队与日军苦战数周，损失十分惨重，被迫放弃汤头。这时，汤头以南地区情势骤紧，临沂城处于唇亡齿寒危机之中。庞炳勋一面命部队拖住敌人主力，一面分别调动兵力抄袭日军右侧和左侧。但是官兵大量牺牲，仍不能阻止敌人的进攻。3月10日，日军步兵近万人、骑兵约500人在飞机大炮、装甲车等强大火力掩护下开始向临沂猛攻。

（三）第五十九军军长张自忠发誓要与日寇血战到底

当五十九军军长张自忠部队正在滕县向济宁、兖州一线向敌人进攻时，接到增援临沂的命令后，以急行军速度星夜兼程，于12日抵达临沂北郊沂河西岸枕戈以待。第二天，张自忠进城与庞炳勋会见，双方商讨破敌方案。张自忠说："兵贵神速和出其不意，以我军劣势装备应对现代化之强敌必须利用夜战、近战方可奏效，要打破常规提前行动。"张自忠的方案得以采纳。

14日凌晨，张自忠指挥全军暗渡沂水向日寇精锐部队右侧背部发起攻击，很快突破日寇防线，歼敌千余人。日军被迫放弃正面攻城，转对张自忠部队作战，双方在沂河两岸反复冲杀，展开拉锯战。战斗持续到16日，有人见伤亡过重建议撤退，但张自忠坚定地说，我们要拼命干一场，不打败鬼子誓不罢休！张自忠抓住敌人黑夜不熟悉地况的有利时机，以雷霆万钧之势发起猛攻，拼杀至第二天凌晨，攻克日军全部主阵地。负责临沂防务的庞炳勋趁机率部队猛袭敌军侧背，有力配合张自忠部队的正面攻击。至18日，张自忠和庞炳勋所率两军从东南西三个方向夹击日寇，经过三昼夜血战，终将渡河的日军击溃并歼其主力的大部。张自忠和庞炳勋终于完成了反击的任务，毙死毙伤日寇2000余人，但是自身伤亡6000余人。

（四）临沂之战告捷，打击了日寇的嚣张气焰

胜利的消息传出后，《大公报》于1938年3月16日发表社论《临沂之捷》，高度评价临沂击败日军的政治意义和军事意义。临沂之战虽首战告捷，但是侵略日军从3月23日开始集结万余兵力和更强的海、空军发起第二次、第三次进攻，虽然四十军和五十九军打死打伤敌人6000余人，但是自身伤亡1万余人。4月21日，伤亡惨重的国民党军队撤走，临沂城被日寇侵占。

三、日寇在沂蒙地区犯下滔天罪行

侵犯临沂城区后，丧失人性的日本鬼子在当地进行烧杀、强奸、抢掠，无恶不作。日寇先后在临沂城北古城村和城西大岭村制造了震惊全国的惨案。1938年3月初，国民党驻守临沂的庞炳勋部队在张自忠部队的增援下，给日寇以重大杀伤后，两军相继撤离。日军的飞机对城内进行了三天三夜的狂轰滥炸，沦陷后对全城百姓包括老弱病残和儿童开始惨绝人寰的血腥屠杀。

侵略日军纵火毁城，满城的大火一直烧了六七天，整个城西南隅化为灰烬。南关老母庙前、阁子门外房屋和其他建筑全部烧光，财产损失无法统计。

日寇犯下的反人类罪，天诛地灭不足以解除万民之恨。忘记历史意味着背叛，今天生活在和平环境中的中国人，只有不忘过去日本帝国主义的滔天罪行，才能珍惜当下，为国家强大和民族复兴拼搏进取、矢志不移、竭尽全力。

现在回看80多年前日本帝国主义对中国的侵略和对中国人民犯下的不可饶恕的累累罪行，我们应该看清并牢记这个民族的劣根性。他们处于地震多发地带的生存危机和物产的缺乏，亡我中华之心正在死灰复燃。2021年12月，日本前首相说出了染指台湾问题的言论，正是他们贼心不死的具体反映。国内有些亲日分子质疑“南京大屠杀”，去靖国神社拍照，说明有些人缺乏对日本铁蹄践踏我国土、杀害我同胞的历史缺乏了解，这是教育的严重缺失，必须加以扭转。让我们始终对帝国主义的狼子野心保持高度的警惕，爱国家、

爱党、爱人民的理想信念不能有一丝一毫的动摇。

表 2–4 1938 年，日寇在临沂制造的惨案及大屠杀①

	古城村惨案	大岭村惨案	惨绝人寰的临沂大屠杀
日寇血债	**日寇杀人如麻** 3 月下旬的一天，日军如狼似虎地闯入古城村，见村民的房屋就烧，逢人便开枪射杀，未能逃出村的老弱病残和妇女全被杀死。村民王汉友一家四口躲在地瓜窖里，也被鬼子用点燃的秫秸堵住窖口活活烧死，接着就放火烧他家的房子。村民王殿思背起被火烧伤的母亲往外跑，没跑出几步的母子二人就被鬼子开枪打死。一个躲在墙角里吓昏了的老太太被日军拖到街上点火焚烧，老人发出了凄厉的惨叫，丧心病狂的鬼子却站在一边大笑。 **古城村一天变成废墟** 村庄只剩下断垣残壁，路上和庭院里到处是血迹。数十名群众渡祊河逃难被鬼子抓住，用刺刀逼着他们脱光衣服向河里跳，谁要是不跳就上去一刺刀，除个别人死里逃生，大部分人惨死在水中，日军站在岸上像疯子一样拍手嚎叫。	**架机枪扫射 47 名村民** 日本鬼子侵犯临沂城西北郊的大岭村时，将该村包围后向村内发射几十发炮弹。顿时墙倒屋塌、火光四起，日本鬼子从四面八方冲进村内，逢人就杀、无恶不作。姜志敏的父亲和祖母等村中 27 人被日军捕获后全部枪杀，不少妇女被日军强奸，刀声、枪声和悲惨的哭叫声传遍十里乡野。兽性大发的日本鬼子割掉王富德母亲的乳房，砍掉了刘志母亲的嘴巴，机枪扫射观音堂里的 47 名村民，只有一人未死，鲜血在观音堂的地面上流淌。 **家家无炊烟，户户哭亡人** 这一天，大岭村被杀死 70 多人。姜志茂、赵洪义、姜志顺、张守信四户被杀绝。全村 300 多间屋房屋被烧光。日本鬼子犯下的罪行罄竹难书。	**城内 2800 多人被日寇残杀** 4 月 20 日，日军的飞机在临沂投下大批燃烧弹，全城一片火海。在城西北郊，日寇以飞机掩护坦克和大炮进攻，在西关东岳庙至西门外五孔桥之间与守军展开激战。黄昏时，城里的男女老幼争相逃出南门时，转身眺望，烈火烧红了半边天。21 日，日军占领临沂古城，开始亘古未有、惨绝人寰的大屠杀。日军在大街小巷架起机枪、挨户搜查、堵门杀人。这些丧尽天良的侵略者举着刺刀遇人就刺，对中青年妇女先奸后杀，连垂暮老人和待哺小孩也不放过。没来得及逃走的居民纷纷奔向西门里的天主教堂。但是，一向慈悲的德国神甫紧闭大门、万呼不应。走投无路的市民瞬间聚集 700 多人，日军边向市民扫射边在教堂的路口用机枪堵住逃命的手无寸铁的市民，枪口之下人们倒在血泊之中。日军对城内西北坝子三个防空洞、西城墙根躲难的群众，立刻架起机枪扫射，见有人未被子弹打死，冲过来用刺刀乱捅，全城近 500 人被残杀。一群

① 中共临沂市党史资料征集研究委员会．临沂革命斗争史稿（1919—1949）[M]．济南：山东人民出版社，1991：70-71．

续 表

	古城村惨案	大岭村惨案	惨绝人寰的临沂大屠杀
日寇血债	日本鬼子把古城村洗劫一空，鸡犬皆无。全村被杀62人，有12户流落他乡逃荒要饭，有6户被迫卖儿卖女，十分悲惨。	—	鬼子在城内的北大寺用枪逼几个人清理寺院，干完活叫他们站成一排，用机枪挨个点射全部打死。王学斌的父亲被日军用刀剁三截、徐廷香之父和吕宝禄等被鬼子放军犬活活咬死。 **临沂城内和郊区共3000多人被杀害** 一座临沂城，幸存者寥寥无几。他们当中有的人在地窖内躲藏多日挣扎着活了下来，有的人白天躲在炉膛内藏身，深夜从城墙的下水道中爬出。禽兽不如的日军侵略者在城内疯狂屠杀十余日后，又在南门里路西和火神庙旁设两处杀人场，举着军刺残杀民众取乐。临沂城内和城郊群众被害者总计3000人以上。
屠城奸杀	**宁振芳全家十口人，只有她这个婴儿未死** 一家人躲在西北坝子城墙洞里，鬼子发现后用刺刀穿死九口人，她当时还是一个婴儿钻在娘怀里吃奶，未被刺着，幸亏街坊陆大爷在事后收尸时发现她还有口气，把她抱给邻居孙氏大娘抚养，全家十口人，只有她自己活了下来。	**教堂惨案** 在西门里天主堂内避难的群众被炸死炸伤三百多人，有修女被炸得骨肉分离，血肉糊到了墙上让人不忍视目。 **日寇强奸杀人** 西门里太公巷的一名少女被鬼子轮奸后又用刺刀刺死。老营坊巷东一名女青年被鬼子轮奸致死。	**日寇杀人如麻，罪行累累** 日寇从南门里一家杂货店院里防空洞中搜出20多个躲藏的市民，这些禽兽用刺刀把他们一个个刺死。当时崔家巷一户小女孩出疹子门口挂着红布条，鬼子怕“传染病”点火将小孩活活烧死。日军搜查城隍庙东杨家园时逼妇女纷纷跳井自杀，一时间尸体塞满井洞。茶棚街胡士英家因防空洞比较大藏很多人，鬼子堵门用机枪扫射并向洞里投扔数枚手榴弹，死者累累成堆。北门里路西一老太太年过七旬且卧病在床数月，生命垂危，全家7口人围守病床没有躲避，鬼子进院后用刺刀将在场男子全部刺死，拿着枪逼着女人被背起病人一同投井。

补记：农抗团与老屯村惨案。

1938 年夏天，共产党在临沂西南地区成立“农民抗日自卫总团”，于当年 8 月开始举办骨干训练班，每期都有几百群众参加培训。11 月 4 日，日寇 300 余人乘 11 辆汽车来袭击老屯骨干训班。得知日寇进村，群众开始疏散，在汉奸的带领下追击四处躲藏的群众，杀害群众和骨干训练班成员 80 多人。

四、八路军第一一五师在鲁南创建抗日根据地

随着抗日战争的进展，山东省委 1938 年 7 月在岸堤召开会议，会议研究了在沂蒙山区创建抗日根据地的目的、意义和可行性。当时共产党组织与国民党第三行政区专员张里元和开明绅士达成了坚持以游击战抗日的共识，省委对确定沂蒙地区根据地确定了具体方针①。

1938 年 10 月 25 日，国民党军队全部从武汉撤离，日军进入汉口，26 日突入武昌，27 日占领汉阳，武汉三镇全部沦陷。这以后日军的进攻重点转向敌后战场，联合亲日伪军对共产党在敌后组织建立起来的抗日武装进行灭绝性的剿杀。在抗战形势极其危急的情况下，中共中央、中央军委决定派八路军第一一五师主力部队快速挺进沂蒙地区。第一一五师由肖华、彭明治率领的新编苏鲁豫支队开出后不久，就与罗荣桓、陈光率领的东进支队先后进抵冀鲁边区和处于抗日一线的鲁南地区。1939 年 5 月，八路军第一一五师一部在山东泰安以西同时对日军和当地组织起来的伪军作战，以我军常用的以少胜多的战略战术发起进攻，共毙伤两股敌军 1300 余人，而八路军伤亡则不到敌人的四分之一，这场战役胜利沉重打击了日军的士气、大振八路军的威风。第一一五师肖华部队按照党中央的指示开始启动建立鲁南根据地战略并派遣干部和精英建立共产党领导下的抗日民主政权。此后，第一一五师机关

① 中共山东省委党史资料征集研究委员会．中共山东党史大事记（1921—1949）[M]．济南：山东人民出版社，1986：117-118．

的大部及主力部队陆续进入沂蒙山区并将鲁南人民抗日义勇队改编为八路军第一一五师苏鲁支队。抗日游击战战略和建立民主政权两个向度的快速进展，很快打开了鲁南地区全民抗日的新局面。1940 年 1 月 6 日，八路军组织沂南地区的党、政、军主要干部召开联席会议，罗荣桓在会上作了《关于建设抱犊崮山区根据地》的报告，强调鲁南山区以游击战争及抗日根据地配合平原部队作战的战略实施办法，要以苏鲁游击战争为掩护支持地方党组织建立政权①。

（一）建立鲁南抗日根据地和建立统一战线

鲁南抗日根据地建设是地方党、政、军共同奋斗的目标，因为只有根据地在精神和物质两个方面的基础扎实牢固，才能积极开展抗日游击战争，狠狠打击日本侵略者。1939 年秋，八路军第一一五师向邹、滕、临、费等地进发打击日寇，一举攻克了滕县的山亭、临沂的下庄等地。10 月，第一一五师抽调部分主力向郯城码头和临沂南部地区进军，成功进驻沙埠、涌泉一带，对沂蒙地区的抗战形成了规模化、实力性的支持。八路军第一一五师在山东其他部队的配合下，攻克了临郯公路上的李家庄日军据点和李家围子等处的伪军据点。敌人面对节节败退战局，想集中力量进行反扑。1940 年 1 月 3 日，日伪军集结 3000 多兵力，以极为嚣张的气焰分两路进犯郯城码头地区。八路军第一一五师东进支队在码头与敌人激战三个小时，官兵以誓死打击日寇的钢铁意志奋勇杀敌，日寇在遭受重创后向新安镇方向败逃。从夏庄以南向马陵山一带进攻的另一路敌军也被勇敢善战的八路军击溃。为了打开由鲁南区向滨海区发展的道路，开辟临、郯、榆广大地区，第一一五师于 1 月 26 日乘胜前进，一举击退了伪军的大举进攻，占领郯城，敌人被迫逃到苍山一带。

根据地的建立为形成抗日统一战线创造了条件，按着党中央确定的方针和路线，即根据不同的对象采取不同的方法，还要在不失掉党组织的立场下达成聚集各阶层的爱国力量抗击日寇。2 月 7 日，八路军第一一五师发布《对抱犊固山区的统战工作问题的指示》，对相关问题给出明确的原则和策略，通

① 中共临沂市党史资料征集研究委员会．临沂革命斗争史稿（1919—1949）[M]．济南：山东人民出版社，1991：115-116．

过八路军与地方党组织的配合使沂蒙地区的抗战形势发生重大变化。

（二）临沂县级、区级抗日民主政府和县参议会

沂蒙地区建立抗日民主政权的三大标志是：一是建立共产党领导的县级民主政府。八路军一一五师将郯城攻克以后，军队和地方党组织联合更多的抗日力量，建立代表人民意志和抗战决心的临沂县民主政府，并根据党中央的指示、抗日战争形势的根本性需要，建立行之有效的“三三制”行政机构，即按照共产党员、非党左派进步人士和中间派各占三分之一的比例构建政府机关。在八路军第一一五师和临郯县委的积极努力，于 1940 年 3 月 14 日，召开临沂县人民代表大会，庄严宣布中共临沂县政府委员会成立。二是成立鲁南区行政专署。临沂县所辖和郯城县所辖的部分乡、村建立区级行政机构。于 1940 年 7 月 29 日成立鲁南专员行政公署，县政府隶属鲁南行政署管理。三是 1940 年 8 月 17 日成立临沂县参议会，由杨舒臣任参议长，傅普仁、王彦初和县委书记刘子见任副参议长。三大行政机构的建立使抗日民主政权有了科学合理的组织构架，为沂蒙地区保证八路军的补给和群众配合作战提供了根本性保证。

（三）组建妇女参加的生产小组，储备军需物资

1940 年 11 月，县政府为发展生产和支援八路军开展游击战，在各村由党员和进步妇女共同组建生产小组。到翌年 4 月，临沂全县已有千余名妇女踊跃报名参加，按照不同地区的资源情况和妇女年龄情况，共建起了可完成不同任务的 59 个生产小组。县政府向每个生产小组发放贷款作为发展生产和为八路军准备军需物资的基金，用此种办法推动了根据地生产发展和百姓生活的改善。

（四）日寇疯狂大“扫荡”，不能扑灭沂蒙人民的斗志

就在共产党和八路军在沂蒙地区建立的抗日根据地为打击日寇发挥重要作用的时候，日军看到自身处于人民战争的包围之中，集结大量兵力和精良的武器装备对根据地进行疯狂大“扫荡”，妄图将共产党在山东抗日首脑机关

及八路军主力作战部队一网打尽，完全占领有重要地位的山东省。日军“扫荡”鲁中泰山区和鲁南郯城、码头地区后，又调集5.3万精锐兵力，以多路多梯队分进合击的战术对沂蒙山区进行“铁壁合围”，使共产党建立抗日根据地受到重创。日寇所到之处烧、杀、掠、抢，无恶不作，但是不屈的根据地人民牢记“血债要用血来还”的铁律，在支持八路军抗日战斗中不怕牺牲，为消灭日寇作出了名垂千古的贡献。

第四节　精神高地——山东抗日中心、军政机关要地沂南县

沂蒙地区人民在共产党领导下对凶恶残暴的日本侵略者同仇敌忾，身强力壮的男性纷纷积极参军、参战，他们不怕牺牲、浴血奋战。未到前线的妇女和老人踊跃支援前线，涌现出了一大批抗日模范村和支前英雄，“沂蒙红嫂”“沂蒙母亲”为代表的女性成为名满华夏的模范，也成为后来报刊文章和影视剧典型形象。

一、山东抗日根据地的指挥中心沂南县的创建

原中共山东省委副书记高克亭，是陕西人。在延安时，任陕甘宁边区党委组织部统计科长，1938年8月，被中共中央调往山东抗日前线，任中共鲁东南特委书记期间，在沂蒙地区抗日根据地创建过程中参与了重要工作。高克亭曾在讲话中讲过这样的观点，山东的抗日中心在沂蒙，而沂蒙的中心在沂南，沂南的中心在长山。他所讲的长山是现今的马收池和岸堤一带，当时这里的根据地发展呈现蓬勃气象，被誉为山东省的“小延安”。作为山东抗日根据地指挥中心的沂南县，党组织领导全县的人民群众为抗日战争的胜利作出了卓越的贡献。

1939 年 10 月，中共山东分局为在沂蒙地区东南部加快建立抗日根据地的进程，使地方政府在抗日战争中所起到的支持作用得到进一步的强化，用南沂蒙县委取代沂南中心区委，由袁子扬任党委书记。在泰安石臼所公路以北地区建立北沂蒙县，由原沂水县委负责领导工作。南沂蒙县建立了县级政权，即南沂蒙“联防办事处”，由何方宏任办事处主任。因国民党的沂水县政府还存在，为了照顾抗日统一战线的各方面关系，共产党建立的抗日民主政府暂时称为“联防办事处”。1940 年 3 月，南沂蒙县委改称沂南县委，王耕之任书记，“联防办事处”改称沂南县行署，仍由何方宏任主任，虽然根据地政府机构的名称变更了，但是因为主要领导没有变更，保持了党建和抗日宣传、组织工作的连续性和高效率。

沂南县一带有着悠久的历史文化和光荣的革命传统。三国时期著名的政治家军事家诸葛亮就出生在砖埠乡，并在这里度过了他的童年。诸葛亮的军事思想和治国方略对这里的历史影响极为深远。

1925 年，在上海入党的刘鸣銮受组织派遣回家乡发展党员，建立起农民武装在蒙山和莒县打游击，把共产党领导革命使贫苦农民翻身得解放的理念传递到这一地区。沂南党组织在第二次国内革命战争时期快速发展，徐湘南、徐凤太、秦鸿钧等在这里投身革命斗争，都使这里的群众对马克思列宁主义在中国的实践有了初步认知。

抗日烽火燃起后，八路军根据中共中央指示精神将沂南县建成抗日根据地的指挥中心后，中共苏鲁豫皖边区省委（山东分局）、山东省临时参议会、山东省战工会以及八路军山东纵队、第一纵队、第一一五师和鲁中战略区、沂蒙专区党政军群机关先后驻扎在这里，许多重要会议和重大决策在这里形成和发布，使这一地区的对共产主义思想的认识和革命觉悟都有很大的提升。郭洪涛、徐向前、朱瑞、罗荣桓、肖华、江华等都在这里指挥八路军战斗，指挥山东和苏北、皖北等地各种大、中、小许多场抗日战役，对推进全国抗日战争形势的发展起到了关键作用。

二、沂南县人民在抗日战斗中的无私奉献

抗日战争时期，沂南军民经历数百次战役、战斗，许多可歌可泣的英雄事迹传到全国。正如山东省政协原主席李子超所说，沂南县的哪座山头都有烈士的鲜血，都响起过抗击日寇的枪炮声，即便许多年过去，战斗情景依然历历在目。

表 2–5 八路军与根据地人民奋勇杀敌的游击战

	葛家庄战斗	孙祖“九子峰”战斗	冒着炮火支前	张庄留田突围战
战斗过程	**八路军奋勇杀敌** 1939年6月，日军纠集2万余人对沂蒙抗日根据地进行大“扫荡”。29日，中共鲁东南特委书记高克亭及军事部长谢辉率机关转移时，在葛家庄与日军遭遇后打死打伤许多敌人，掩护机关和群众安全转移。战斗中牺牲的21名同志，就地集体安葬。1944年10月，沂东县将烈士遗骸移葬于陡沟烈士陵园。	**军民并肩抗击日寇** 1940年3月15日，日伪军500多人企图偷袭驻东高庄的八路军纵队司令部、驻西高庄的大众日报社和驻东铁峪的山东分局党校。徐向前指挥山东队第二支队、特务团、胶东第五支队交通营等部队在孙祖“九子峰”一带围歼日伪军400余人，缴获小车60余辆，军马5匹，大盖枪20余支，这一辉煌战绩震动全山东。 **平凡而伟大的农民** 八路军的几个战士意外在“九子峰”遭遇小股日寇，两方正在交火时，当地名叫田大的农民，在山上与八路军战士一起杀敌，就在敌人要冲到峰顶的危急时刻，田大奋力推倒了一段残墙，当场压死了两个日本鬼子，就在鬼子仓皇逃躲的空隙，战士们一齐扔出手榴弹，炸死了冲上了来的敌人。但是，这次战斗使田大受到强烈的刺激，整天四处呼喊“鬼子来了”“八路军，打鬼子啊！”，不久他因精神分裂去世了。八路军和当地群众纪念田大，为他举办了隆重的追悼会。	**淡定送茶的老大娘** 孙祖“九子峰”战斗中出现的最感人的一幕：西高庄拥军模范胡大娘在战斗打响时，仍坐在锅灶前烧茶水。有人劝她赶快避开，她却坚定地说：“我走还行吗？前线的同志没有水喝怎么能打胜仗呢？”她坚持把水浇开，提着水壶、冒着枪林弹雨给战士们送茶水。	**罗荣桓指挥无声的战斗** 1941年冬发生在张庄留田的突围战斗，是抗日战争时期八路军用兵如神的经典战斗，受到中外军事家的称赞。 当时，日军进行“铁壁合围”大扫荡，将中共山东分局、八路军第一一五师指挥机关等单位5000余人重重包围于张庄留田。时任第一一五师政委的罗荣桓镇定自若，周密部署，不费一枪一弹，指挥机关于当夜安全突出日军两道封锁线，创造出抗战史上最神奇的突围战。国际友人汉斯·希伯称这次突围是“无声的战斗”。

续 表

	葛家庄战斗	孙祖“九子峰”战斗	冒着炮火支前	张庄留田突围战
纪念	**军歌祭英雄** 八路军文艺战士为农民田大创编《九子峰战斗之歌》:“三月里来麦青青，八路军大战九子峰。英勇的田大也参了战，铁峪的南山逞了威风。拼命流血战日寇，为人民解放壮烈牺牲。”这首歌很快在八路军和支前群众中传唱，鼓舞大家与敌人血战到底。			

与上表中战例相类似的还有鼻子山大捷、大青山浴血、狼窝子战斗、铜井战斗、惠家庄战斗，等等。沂南人民在党的领导下，积极参战、踊跃支前、救护八路军伤员，为抗日战争作出了巨大贡献，全县为抗日而捐躯的就有7744 人。战斗中，涌现出数不清的战斗英雄集体和模范人物，他们功绩卓著、名闻四方。

三、沂南热土——抗日英雄辈出

一等战斗英雄高运成是砖埠乡沙沟村人。1943 年 3 月，高运成率民兵将地雷下到汤头日军据点内的温泉里炸死日军数人，还运用反间计让日军杀死伪军多人。1944 年 8 月，参加山东军区第一次战斗英雄大会，被授予“一等战斗英雄”称号。

“沂蒙飞虎”徐枚山是岸堤村人，1939 年入党，历任村长、区长、县长、县委书记等职。抗战爆发后，他组织民兵坚持战斗在汶河沿岸，与敌人进行了数百次战斗，以有勇有谋的方式指挥作战，牢牢地守卫着沂南西大门。作家刘知侠创作的长篇小说《沂蒙飞虎》中的主人公高山的生活原型就是徐枚山。

“三钻铡”的英雄刘世矩是依汶乡五孔桥村人。从 1938 年起，为我军做联络工作，先后掩护过 200 多名军政人员。1941 年春，组织群众掩藏军粮 50 余万斤，日伪军进村搜查时将他抓捕。刘世矩被敌人三次按在铡刀下面，刃破了脖颈，他却始终未供出一粒粮食。

战斗在敌人巢穴里的女子刘玉梅是青驼镇人，1940入党后，组织上决定利用她担任伪庄长的身份作掩护，搜集敌人的情报。刘玉梅打扮成漂亮的交际花，利用工作之便巧妙地在敌人巢穴周旋，多次传递出准确又十分有价值的情报，使八路军在日寇“扫荡”时能以稳、准、狠的战术打击敌人。1945年8月，刘玉梅以抗日战争中的卓越贡献当选中共山东分局、八路军山东纵队代表，光荣出席在延安举办的全国英雄模范大会。

第五节　沂蒙人民奋勇抗日，以命达仁

一、沂水县西墙峪村民爱国重义的品格光芒万丈

西墙峪位于沂水县城西南方，山高崖陡、层峦叠嶂、地势非常险要，耸立的石壁有如一面面高墙，成为作战防御的天然屏障。也因为这样的环境特点，这里的村庄便有了“墙峪”之称，分为西墙峪、南墙峪。1940年，八路军在这里开辟了根据地。从此，山村人民竭尽全力支援八路军，成为军民联合的抗战堡垒。八路军称这个村为“山纵的村庄”，称村长张在周是“山纵的村长”，留下了数不清的英雄事迹。

日军连续“扫荡”沂蒙地区抗日根据地，八路军部队和党政工作人员以机智的战略战术与敌人周旋，经常开展机动灵活的游击战，伤病员无法随军行动时，只能依靠当地群众就地疏散，隐蔽起来救援。从1939年上半年开始的三年时间，每年都有大批伤病员被运到根据地，西墙峪每家每户都掩藏、救治过八路军伤病员。平时，村民将伤员分散在各家养伤，出现敌情时，他们很快把伤员安置在事先挖好的山洞或地洞里，在深夜悄悄地去送水送饭、医治伤病。

西墙峪村的村民们由于受传统文化中的爱国主义的影响以及不断接受马克思列宁主义思想的教育，都有很高的政治觉悟，他们除了掩护党组织和八路军安排的伤病员外，还主动在战斗结束时到战场寻找受伤的八路军战士。在日寇频繁“扫荡”和反复“清剿”的残酷环境中，西墙峪村没有损失一名八路军伤员。这些伤员在村民的精心照顾、细心护理下，伤势和病情都慢慢好转，重返部队参加抗击日寇的战斗。

1940 年，西墙峪村干部和群众为八路军分散埋藏 3 万斤粮食，在严酷的战争条件下，交还部队时不仅一斤粮食没少，也没有一袋粮食发霉变质。他们除了为八路军掩藏粮食，还要掩藏目标大、不好掩藏的马匹和奶牛。

下表中的几个典型救助案例，表现了根据地人民骨子里那种爱国重义的品质，在战争中做出了无私奉献和牺牲。

表 2–6 西墙峪村民抗日、支前的典型案例①

	宁死不告密的代氏三男子	张恒乐母子救伤员	张效治舍父救伤员	想尽一切办法掩藏医疗所花奶牛
案例经过	1941 年，在日军大“扫荡”前，鲁中区的干部都进行了分散转移，鲁中行署参议长邵德孚从南沂蒙转移到西墙峪村代文洲家，他将自己的马匹、军装和文件交给代文洲掩藏。代文洲和弟弟代文明及自己的儿子三人，在当天晚上将马匹和衣服、	1940 年秋的一天，南墙峪附近响起激烈的枪战声，村游击小组判断是八路军在与敌人战斗。枪声停了以后，他们奔赴现场发现一名重伤的八路军，子弹从后腰进去、	日军来偷袭西墙峪村，村里人发现敌情时，敌人已到了二三里外的南墙峪村。村民张效治赶紧把自己家里的 5 名伤员转移到山洞里掩藏好，又返回家背起年迈的	八路军医疗所有一头花奶牛，由一个友好国家赠送给根据地救治伤员所用。在当时缺医少药、营养品极少的情况下，医疗所要用仅有的牛奶给重伤员补养身体。当医疗所把掩藏奶牛的任务交给村干部时，他们感到一筹莫展。藏到地窖里吧，不能及时喂草料；放到山上吧，冬季叶落草衰，一眼能望到山顶，奶牛身上的花非常

① 崔维志，唐秀娥．沂蒙抗日战争史 [M]．北京：中国文史出版社，1991：278-279．

续 表

	宁死不告密的代氏三男子	张恒乐母子救伤员	张效治舍父救伤员	想尽一切办法掩藏医疗所花奶牛
案例经过	文件藏到了小龙岗。在回来的路上突然与日军遭遇，他们全部被捕。日军逼问他们是不是给八路军藏东西去了，代文洲回答："什么也没藏，干完活回家吃饭。"凶残的日寇不由分说，举起石头将他砸死，然后又将他的儿子乱刀刺死。代文明乘敌人稍不注意拔腿猛跑，有个鬼子连开两枪，打中他的腿部。他躺在地上装死，日军用皮靴踢他时，他忍痛挺着一动不动，将敌人骗走，才保住了性命。	从肚子上穿出，大量出血，情况十分危急。张恒乐把伤员背回家，他的母亲跑遍山坡找来败毒草、艾蒿给伤员熏伤口，又按土法把干牛粪烧成灰敷在伤口上，经过用各种民间土法的治疗，终于把伤员抢救过来。张恒乐一家先后救治过几十名八路军伤员。	父亲往外逃。刚出家门口，遇到身负重伤跌倒在门口的八路军护士田桂英。张大爷见状，马上让儿子放下自己去救伤员，张效治背起伤员躲开日军把她背到了山洞，但是张大爷却被日军活活砸死了。	显眼，目标又太大，日军来了再叫上几声，小鬼子就得开枪打死它或者立刻抢走。大家想来想去终于想出一个好办法，把奶牛藏在山上的一间石棚里。为了让奶牛不乱叫，安排几个有养牛经验的村民看护，及时喂料饮水。有一次，敌人靠近了石棚，游击小分队急忙在反方向开枪把敌人引走。日军几十天的"扫荡"过去了，西墙峪村的耕牛和羊全部被敌人抢走了，安然无恙的花奶牛养得膘肥体壮。八路军医疗所负责人感动地说："西墙峪村为抗战立了大功！"
评价	西墙峪村的村民具有很高的政治觉悟，在生命的危急关头，他们头脑中仍然把国家命运、支持八路军抗日放在首位，不怕牺牲、不忘根本，这种精神就是民族精神的具体体现，可歌可泣。			

二、誓与日寇血战到底的渊子崖村民

位于沭河东岸渊子崖村抗日战争时期属于沭水县（今属莒南县），处在敌我双方军事拉锯区。驻扎在小梁家据点的伪军经常跑来催粮逼款，地主武装和土匪打着"抗日"的旗号袭扰村民，敲诈勒索。穷苦百姓度日如年，天天过着"白天怕见人跑，夜里怕听狗咬"的日子。更令人恐怖的是，沭河西岸驻扎的日军经常来渊子崖村一带"扫荡"，每到之处抢掠财物、奸淫妇女、残杀村民，无恶不作。

表 2–7 渊子崖村民与“铁壁合围”日寇拼杀纪实

<table>
<tr><th></th><th>自卫队和村中老少齐上阵</th><th>奋勇杀敌的林氏（一）</th><th>奋勇杀敌的林氏（二）</th></tr>
<tr><td>战斗经过</td><td>村民用手中武器击退日寇
1941 年 11 月，日军搞“铁壁合围”，一个伪军据点为向日寇进贡，给这个村送来索要物品的清单，包括鸡、鸭、鱼、肉和一千块大洋。吃不上饭的村民实在拿不出东西。伪军 100 多人包围了渊子崖村，村民组成的自卫队在村长林凡义指挥下沉着应战，用土炮把伪军打得狼狈逃窜。第二天，伪军带领大量的日军来突袭，步兵、骑兵加起来 1000 多人，拉着 4 门大炮包围了整个村庄。村自卫队料到了敌人会反扑，老少爷们都去守围墙，女人和少年儿童运送弹药、石头，老人们做饭烧水、准备抢救伤员，一场血战就在这时发生了。凶残的日军用大炮轰击村庄，霎时间全村浓烟滚滚、墙倒屋塌，许多村民当场被炸死。
邻村助战，击退日寇
亲人的死让村民怒火中烧、决心死战到底。当敌人进入火力网时，林清浩的五子炮首先开火，接着村民们用“生铁牛”、土炮、猎枪一齐射击，日军哇哇乱叫着向</td><td>血战到底，宁死不屈
日军向村自卫队发起猛烈进攻，新砌的围墙被摧毁，日军嗷嗷叫着冲进缺口，年轻的自卫队员林端五将手中的铡刀一挥，只听“嘎”的一声，冲在最前边的鬼子脑子开瓢，脑浆四射。当林端五冲向第二个鬼子时，一颗子弹击中了他，瞬间倒了下去。这时，他的父亲林九宣快步冲了上来，一枪头刺死一个鬼子，十几个鬼子把他包围了，说时迟那时快，村长林凡义忍着悲痛挥动大刀，与两个日军肉搏。膀大腰圆的林九乾手起刀落，砍死一个鬼子，他也身重数弹牺牲。就在另一个日军的刺刀对准林凡义头部时，林九乾的妻子冲上来，一镢头将鬼子砸死。在全体村民英勇反击下，鬼子再次败退下去。这时，围墙缺口处尸体横陈，鲜血染红了地面和周围的土地。林九乾的妻子看到了公公林秉标时放声痛哭。他拿起一捆草盖在了儿子的身上，对儿媳说：“孩子，这不是哭的时候，我们要和鬼子拼到底！”说完就扛起门板去堵围墙缺口。</td><td>在烈火里高喊“打倒日本帝国主义！”
自卫队和村民与涌进村里的鬼子在小巷里展开激烈的肉搏战。有的父子协力在巷口阻击鬼子；有的夫妻双双在院里同鬼子拼杀；还有母女两人与敌人扭打在一起……群众的喊杀声和鬼子的嚎叫声混杂在一起。几个鬼子冲进柴园，正在看守重伤员的林庆会再也忍不住心头的怒火，猛地从柴垛旁冲出来，举起手中的长矛刺死一个鬼子，他也被另一个鬼子抓住。但是，怒火中烧的他聚聚劲，“咔嚓”一声咬断鬼子的手指。负重伤的林崇洲忍着剧痛，抡起镢头砸向鬼子，终因失血无力昏倒过去。日军把林庆会、林崇洲二人捆在一起投进火场，烈火中传出他们高昂的喊声：“打倒日本帝国主义！”
日寇用残酷手段烧杀老人
林九臣 50 多岁的妻子，在丈夫牺牲后，手举菜刀砍倒冲进院子的一个鬼子，但她也被另外两名鬼子刺死。冲进院子的林凡义、林清洁手起刀进，把那两个鬼子刺死。这时，巷子里传来一阵阵的喊杀声，林清义等十几名 60 多岁的老人手拿大刀、长矛、铁叉正和十几个鬼子拼杀，不一会儿，大部分老人被鬼子刺死，受伤的老人</td></tr>
</table>

续 表

	自卫队和村中老少齐上阵	奋勇杀敌的林氏（一）	奋勇杀敌的林氏（二）
战斗经过	后退去。过了一会儿，日军集中兵力去进攻村东北围墙，林凡义急忙带30人向那里增援，相邻村子的几十个群众赶来助战。敌人在炮火的掩护下端着刺刀扑来。自卫队20多门土枪一齐喷射出愤怒的火焰，当场打死十几个敌人，其余敌人连滚带爬地退了回去。 **老年妇女和小孩为自卫队送水送饭** 战斗焦灼时，村中老年妇女和小孩把热水、热饭装篮子里一碗碗送到自卫队员手里，亲人的到来和及时的食物更加激励了自卫队员的斗志。他们鼓足气势抢修工事、收集弹药，准备迎接新的战斗。	**村民与日寇同归于尽** 大批日军发起集团冲锋，举着刺刀进攻村中的两个炮楼。林九兰、林崇松用土炮打死三个鬼子，日军冲进东门后，他们又用铡刀砍死两个，接着林九兰又与林九先推倒一堵围墙砸死了几个鬼子。王彦治杀伤三个鬼子后被十几个鬼子包围，他拉响腰间手榴弹与敌人同归于尽。当日军冲进炮楼时，林庆海把火绳向火药罐里一抛，“轰隆”一声火药爆炸，把三个鬼子烧成了“火人”。林凡义和三个队员趁机冲进炮楼，将鬼子逐个捅死。林家的男人个个都不怕牺牲，坚决与敌人拼杀到底，表现出大无畏的英雄主义精神。	被鬼子抓住用刺刀刺死后，抛进路边的大粪池、泼上汽油点着烧死。 **增援部队赶到，攻破日寇的围攻** 傍晚，八路军山东纵队第二旅第五团的一个连和沭水县武装闻讯赶来增援，在村外向敌人发起了进攻，日军在强大火力的围攻下纷纷撤退。板泉区委书记刘新区长冯干三在战斗中壮烈牺牲，沂水县委宣传部部长徐坦身负9处枪伤，经抢救脱险。这一天，渊子崖村民打死打伤日伪军百余人，村自卫队员和群众牺牲145人。
纪念烈士	1942年春，滨海区和沭水县党政机关为纪念战斗中英勇牺牲的自卫队员和群众，在村北的山岭上建起一座六角七级的烈士纪念塔，当地领导、八路军首长和县参议会在塔上题词纪念：“云山苍苍，沂水泱泱。烈士之风，山高水长。”新中国成立后，华东革命烈士陵园纪念堂里陈列着这次战斗的浮雕；山东省博物馆展出了战斗时用过的枪、刀、长矛等兵器；中国人民革命军事博物馆里还设置专门展区，介绍渊子崖抗击日寇的战斗①。		

① 崔维志，唐秀娥．沂蒙抗日战争史 [M]．北京：中国文史出版社，1991：279-282．

第六节　沂蒙三女子书写大仁、大义、大爱的千古颂歌

“沂蒙红嫂”的故事曾被作家刘知侠写成小说，又被许多人编成戏剧、电影搬上银幕，全国人民无人不知、无人不晓，更有那一首“红嫂之歌”将沂蒙妇女掩藏、救治八路军伤员的事迹传遍华夏大地。几十年来，“沂蒙红嫂”已成为沂蒙儿女为国、为党、为人民军队无私奉献的代名词，但是，“沂蒙红嫂”的现实人物是谁？很多人并不知道是哑女明德英。

一、“沂蒙红嫂”入选新中国成立60周年“百名英雄模范”

聋哑大嫂明德英，于1902年出生在沂南县岸堤村，父母是给地主种地的长工。明德英出生时是个漂亮的女娃，父母都很高兴有了这个女儿。但是，她三岁多了还不会说话，父母就为她是个哑巴感到很难过，但是家里也没有钱给她看病，好在她天性聪敏、动作伶俐，长到七八岁时也跟着父母给地主家干活，尽管她活计干得快又多，还是常常遭到地主婆的打骂。31岁那年，一家人逃荒来到横河村，明德英与穷苦农民李开田结婚。由于她心地善良且十分乐于助人，街坊邻居有事她马上到场帮忙，乡亲们都亲热地称呼她“英子嫂”。她虽然是又聋又哑的女子，却受沂蒙传统文化的滋养，像沂蒙古代女子郯城王氏——“女武训”那样深明大义、爱憎分明，想做什么事有股十头牛也拉不回的倔劲，也正是这种不怕苦累、敢于冒险的精神使她成为沂蒙地区抗日精英。

（一）心有大义的哑女用智慧骗过日寇、用乳汁救伤员

1941年，“英子嫂”所在村子成为八路军山东纵队指挥部和山东省总动员委员会的驻扎地，她整天高兴地前去帮忙干各种各样的活计。这时的“英子

嫂”已经目睹日本鬼子烧杀、奸淫、抢夺财物的种种恶行，看到八路军浴血奋战打击日本鬼子，且走到哪里都为百姓做好事、帮助解决吃穿上的困难，她心里非常清楚地知道八路军、共产党才是老百姓真正的大救星[①]。

1941年冬天的一个傍晚，“英子嫂”怀抱小孩坐在自家草屋前看看外面有什么情况，她刚刚在门口站定时，一个浑身是血的八路军朝她家的方向奔来。等这个年轻战士到了眼前，聪明的“英子嫂”抓住战士的胳膊往屋里拖拉。进屋后，“英子嫂”放下孩子扶伤员躺在床上。这时候战士的头脑还是清醒的，他怕连累她的名声，也怕敌人追来有危险，一次次想从床上爬起来，可“英子嫂”又一次次拉他躺下去，还拿过一床破棉被盖在战士的身上，随后她又抱着孩子来到了门外边四处看看动静。也就在这时，两个追击的日本鬼子来到她前的屋前向她问话，意思是问她看没看到有受伤的“八路”。“英子嫂”哇啦哇啦说着并用手指着西边表明是向村西边跑了，两个鬼子转身跑向路边向村西头追过去了。

日本鬼子走后，“英子嫂”抱着孩子返回屋内，见八路军伤员躺在床上一动不动，掀开被子一看，她大吃一惊，只见战士脸色苍白、嘴唇干裂、闭着双眼喘气，那样子快要昏死过去了。“英子嫂”赶快放下孩子，找来家中的布给伤员包扎肩膀上还在出血的伤口，勒紧了止血。但是，她不知道拿什么抢救这个伤员，就在她急得手足无措时，眼光落在孩子身上，忽然想起自己有能救命的奶水，就马上解开衣襟把乳头塞到了伤员的嘴边，然后用手使劲挤出一滴滴乳汁滴到伤员的嘴里。严重失血的伤员慢慢睁开眼睛，这是有活气的迹象，让“英子嫂”的脸上露出了微笑。

危急时刻，“英子嫂”用自己的乳汁抢救伤员虽然算不上是英雄壮举，但在封建思想很严重的沂蒙山区，女人还处在“不能与男人授受不亲”的环境里，她的这种机智果敢的行为无疑是突破封建思想禁锢的大义之举。也正是这一点，体现了仁爱至上、人命最重要的中华文化的实质。

① 宋玉良．沂蒙文化[M]．山东教育出版社，2014：109．

“英子嫂”的丈夫在战场支前回来后，两人一起将这名伤员隐蔽在地主家的一座空坟里。伤员的伤口感染化脓后脸色越来越黄，会一些土法治伤的“英子嫂”天天煮了盐水去为他清洗伤口上的脓水，还把家中仅有的两只母鸡杀了做成鸡汤，给渐渐好起来的伤员补养身体。这个八路军伤员在“英子嫂”和她丈夫的细心救护下，伤口痊愈后准备归队时，“英子嫂”的丈夫给他买上了路上吃的干粮。这位八路军战士感谢他们夫妻二人的救命之恩，流着感激的眼泪对他们夫妇拜了三拜，说一定要消灭更多的日本鬼子回报他们。

（二）丈夫救出“小八路”，妻子用心治伤传美名

说起“英子嫂”和丈夫救八路军伤员的事，那可是沂蒙地区有口皆碑。在当时的八路军山东纵队军医处第一所香炉分所有一位13岁的看护员名叫庄新民，在八路军一次反“扫荡”的激烈战斗中，这位少年战士在突围的队伍中转移伤员。战况紧急时，为了减少伤亡，部队领导决定让年纪较小的八路军战士换上百姓的衣服与根据地众多群众一起转移，但在快速奔跑的转移途中，庄新民掉队走散了，被紧随其后的日本鬼子抓住。这群被抓的百姓中，有未来得及转移的“英子嫂”丈夫，他看庄新民这个娃娃身上有伤，为了能更好地照顾他、掩护他，就让他称自己“老爹”。日本鬼子把这些百姓驱赶到一个工地做苦力，一个月后，这些吃不饱饭又受尽折磨的百姓已经干不了活了，日本鬼子将他们释放回乡。从泰安到沂南，李开田就一直背着他翻过一座座高山、蹚过一条条大河，回到了自己家。“英子嫂”见丈夫回来了还背着受伤的小八路，就马上把他安置在家里，想办法为庄新民熬草药治伤，虽然家里的生活非常困难，也尽可能给他做些好吃。为了不让日本鬼子发现，他们先后将庄新民藏在附近岩洞、村外沟壑相对安全的地方，经“英子嫂”和丈夫的悉心照料，庄新民闯过鬼门关，重新回到部队当了一名通信员。

（三）“沂蒙红嫂”英雄模范故事入影视，抗敌爱军的故事永流传

“英子嫂”是抗日战争中体现沂蒙地区人民英雄品格的典型的“红嫂”，但是，她的爱国、爱人民军队的“红心”没有因为战争结束而变色，新中国成立

后，“英子嫂”先后把儿子、女儿、孙子、孙女四人送到了部队。1995 年与世长辞，享年 84 岁。

1960 年，著名作家刘知侠在采访中得知了明德英的事迹，他怀着对这位沂蒙山区女性的崇敬心情创作了短篇小说《红嫂》。从此，“红嫂”这一称谓传遍了山东和全国。后来剧作家根据刘知侠的小说创作了京剧《红云岗》，舞蹈家创作了舞剧《沂蒙颂》，1997 年广西电影制片厂拍成在全国产生巨大反响的电影《红嫂》。

红嫂精神成为抗日战争年代沂蒙地区人民无私奉献、艰苦奋斗、爱国爱党爱军的崇高精神，成为对自由、正义、博爱永恒价值追求的最高象征。

2009 年 9 月 10 日，沂南人民心中善良美丽的“英子嫂”——明德英，在纪念新中国成立 60 周年时入选中央宣传部、组织部等 11 个部门组织评选的“100 位为新中国成立作出突出贡献的英雄模范人物”。沂蒙山区的伟大女性明德英不仅是时代楷模，也是中华妇女永远学习、效仿的精神偶像。

二、“沂蒙母亲”——半百老人王换于奋力抗战

电视剧《沂蒙》中的女主人公宝珍就是以王换于为原型创作的。王换于在 1888 年生于沂南县圈里村，19 岁嫁到东辛庄，被称作王氏。1938 年底入党后，在第二年春天被选为艾山乡副乡长、村妇救会长。当时已经 51 岁的王氏没有名字，干起工作来很不方便，于是起名王换于。王换于作为一名党员干部，积极地在自己居住的东辛庄及附近村庄做妇女工作，在孟良崮一带的许多村庄办起妇女识字班，建立起支持八路军和地方群众武装打游击战的妇救会。每当有支前任务下来，她都发动妇女为八路军做军鞋、军衣。王换于热情真诚、乐于助人的性格，使她不论走到哪里，有问题要解决的群众都愿意与同她交流、商量，自然而然地成了妇女的主心骨，成了广大群众的贴心人。

（一）年近半百的妇救会长，是战地孩子的好妈妈

1939 年夏季日军大“扫荡”时，从避免重大伤亡的考虑，中共山东分局、八路军第一纵队等领导机关转移到东辛庄。徐向前、罗荣桓等首长都住在这位能干的妇女主任家。当她家住的人较多时，为了能及时地让非常忙碌的八路军干部战士吃上饭，她一天也不离开锅灶，做七八顿饭是常事。

八路军指战员的孩子随部队也转移过来了，他们大的七八岁，小的刚出生，日军连续不断的大“扫荡”，使这些孩子的安全受到很大的威胁。王换于组织妇女同志成立“地下托儿所”，共同抚养这些孩子。她将没有断奶的婴幼儿安排有奶的妇女抚养；将稍大点的孩子送到党员和进步群众家里照料。随军队转移来的孩子一共 27 名，全部得到了安全又能正常食宿的安置。王换于抚养的烈士后代缺奶吃，她就抱给了正在哺乳期的二儿媳，说不能让八路军的烈士断了根。王换于儿子家两个孩子都相继死去，但是他们家抚养的八路军的几个孩子都一个个长大了，以最有成效的后勤工作支持了八路军。

王换于在忙于繁重妇女工作，也尽可能奔走在遥远乡路，每隔两三天总要去看望孩子。敌人多次来搜捕孩子，王换于为了安全，又把孩子集中起来和村民一起带着躲进了山洞。两个多月过去了，孩子们都很安全，没有受到日军的侵犯。新中国成立后，这些孩子没有忘记他们的沂蒙妈妈，经常写信问候或回到沂蒙故乡看望养育自己的亲人。

（二）用民间土办法救活八路军伤员

1941 年日军大“扫荡”时，抓捕了大众日报社的毕铁华，从他身上搜出了几张票子和单据，认定他是八路军的大官，用烧红的刺刀威逼他交出下属。毕铁华抗敌意志坚强，宁死不说，敌人将他全身烙得血肉模糊，见其昏死过去，弃之荒野，一位老大娘救下了他。当他爬到王换于家时，身上伤口腐烂的肉一块一块往下掉，只是口里还在喘出微弱的气息。王换于丈夫用火镰慢慢推开他的牙齿，女儿淑琴将米汤一点一点往里灌，将重伤的毕铁华救活了。可毕铁华浑身的伤无药可治，急坏了王换于。有一日，她从一位乡亲的口中听

说獾油拌头发灰能治重伤，就想方设法弄来了獾油再剪下自己的头发烧成灰，拌好后给毕铁华敷上，王换于希望能出现奇迹，可是几天下来一点起色没有。真就没有一点办法了吗？执着又坚韧的王换于相信天无绝人之路，她马上又打听到一个偏方，“老鼠油”特别有效。什么是“老鼠油”？就是把小老鼠浸在香油里制成一种含有特殊成分的油。这一招还真灵，涂了几次“老鼠油”，毕铁华全身结疤，不再流脓血了。

为了避日军的“清剿”，王换于把毕铁华藏在大山中的山洞里，每天给他送饭送水，怕煎饼凉了不好吃下，她把刚烙好的煎饼揣在怀里带去，毕铁华看了不忍心地说：“您这样还了得，当心烫着自己。”王换于幽默地说：“烫伤了，还有老鼠油呢。”两个人都笑了起来。经过 40 多天的养护和土方治疗后，毕铁华终于养好全身的伤，重返抗日前线。

（三）用智慧和爱心守护党的文件 38 年之久

王换于受沂蒙地区传统文化的滋养，性格上融合了沂蒙女人重情义、守承诺的特点。1940 年，山东省召开各界代表参加的联合大会，重要文件汇编成《山东省联合大会会刊》，但是受抗战时期的条件限制只能印很少几本，可见十分珍贵。日寇大“扫荡”时省机关转移前，山东省政府的一位领导把一本会刊交给王换于保存，告诉她全省抗日领导干部的名单都印在上面，一定不能落到日本鬼子手里。王换于感到这是关系到抗日干部生命的大事，把这本书当成心肝宝贝四处藏匿，总算没有落入敌人手中，也没有损坏。

1947 年，邻村的还乡团有人向国民党军队告密，说王换于藏有共产党机密文件。王换于得到信儿后急忙把书掖到棉裤腰里，想跑到山中密林中躲藏起来。可她刚出门就遇上前来搜查的敌人，富有斗争经验的王换于神态自若地应对。敌人进到她家屋内翻箱倒柜地翻了个遍，没找到书，就十分气恼地上前搜身，她灵机一动开口大骂敌人牲畜不如，恼怒的敌人上来就打她一枪托子，她痛得肚子一收，书下滑到了裤筒里。王换于暗自高兴，脚脖上系着绑腿带子书掉不出去。她急中生智大喊：“不用打，不用搜，我现在就脱衣服给你们看，哪个不看不算娘养的！”说完就解开夹袄的大襟露出半个肩膀子。这伙敌人断定书不会藏在她身上，便灰溜溜地走了。但是，让王换于焦心的是，她费尽心机藏着的这本书一直伴着他来到新中国成立，也没有山东省领导派人来取，但她仍然当成宝贝似的用心呵护着。

1978 年，90 岁的王换于将珍藏了 38 年之久的《山东省联合大会会刊》送交沂南县党委，后被山东省档案馆收藏。这是那时印刷的几本“会刊”唯一保存下来的孤本，为研究山东抗日根据地政权实际情况提供了非常重要的第一手资料。

王换于不论是战争年代还是在社会主义建设时期，都以赤胆忠心为党、为国家、为人民工作。她的英雄事迹至今仍在沂蒙地区和华夏大地传颂。1989 年，101 岁的王换于去世。

2003 年，“沂蒙母亲王换于纪念馆”在沂南县马牧池乡东辛庄落成。开馆仪式上，当年战地托儿所的孩子来到她的铜像前，叩拜这位沂蒙好妈妈。他们说，当年如果没有以王换于为代表的一个个“沂蒙妈妈”的养育和保护，他们就不能平安地活下来，沂蒙妈妈永远活在他们的心中。

三、“再生母亲”——祖玉兰千方百计救伤员

祖玉兰（又名祖秀莲），1891 年出生在沂水县院东头镇桃棵子村。这个小村与“山纵村庄”西墙峪村仅有几里路远。1939 年初，年近半百的祖玉兰参加了本村妇女救国联合会，她和妇女们一起磨军粮、做军鞋，救护战士和伤病员。

身负重伤的八路军战士郭伍士，是祖玉兰从死亡线上把他救了回来，郭伍士把她称为“再生母亲”。

（一）桃棵子村的大爱女子，救活奄奄一息的八路军伤员

1941 年秋的一天，祖玉兰正准备做晚饭，突然见一个血人扑进院子。祖玉兰一惊，手里端的淘米瓢立刻掉在了地上，她稍一定神就明白了，这是负伤的八路军战士。祖玉兰不由分说地冲过去扶他，血人郭伍士两腿一软倒在

了她的怀里，祖玉兰慌忙把他拖进屋中抢救。

郭伍士1937年参加八路军后随第一一五师进军沂蒙山区，是八路军山东纵队司令部的侦察员。当时，郭伍士从抗大山东第一分校毕业返回部队，遇上了日军的大“扫荡”，他与八路军的一个营在沂水县桃棵子村附近的西墙峪村被裹进日军扫荡包围圈。为了能使全营突围出去，营长派郭伍士先到桃颗子村进行实地侦察，希望能找到突破口。当郭伍士翻上一道山丘时，突然面前冒出几个鬼子，郭伍士还没来得及隐蔽就被鬼子开枪击中。在他倒下时，两个鬼子扑上来，端枪向他猛刺，郭伍士昏死过去，当他醒过来时是傍晚，脖子和肚子上的伤疼痛难忍，他看到肚子上的伤口处肠子往外翻着，就把肠子塞进肚子，脱下衣服把肚子扎紧，硬挺着三步一停、五步一歇地走到祖玉兰家，想躺在门口的柴堆上歇息一下要一碗水喝，他心里如火烧一般，却一句话也说不出来。

祖玉兰把郭伍士拖拉到屋里，他指指嘴意思是想喝水。祖玉兰即刻明白了他的意思，急忙倒上水往他嘴边送。这时，正因病躺在炕的祖玉兰丈夫说：“小同志流了血，水里要放盐。”祖玉兰忙又捏一撮盐放在水里。水倒在郭伍士嘴里，可他一点儿也没咽下去。祖玉兰仔细一看，原来子弹打穿了他的两腮，打断的几个门牙和血块把堵在了喉咙里。大娘用手把血块抠出来，他才将嘴里的水咽下去。

（二）用生活常识为伤员驱除伤口上涌动的蛆虫

郭伍士喝上了救命水，生命的气息回到了身上，一串串的眼泪滴到祖玉兰的怀里。这时，“扫荡”日军开进了桃颗子村，祖玉兰拖着郭伍士到附近的山洞藏了起来。浑身是伤的郭伍士控制不住自己的疼痛，又喊又叫，祖玉兰只好天天在山洞里守着他。由于没有治伤的药，山洞里又潮湿、阴暗、闷热，郭伍士的伤口感染化脓，身子一动也不能动了，伤口流出的脓血和屎尿混在一起，气味熏得郭伍士自己都受不了，而祖玉兰每次到来都一声不吭地用盐水给他擦洗伤口，为他打扫屎尿。

郭伍士因全身发烧再次陷入昏迷，再一次到了死亡线上。有一天，祖玉兰给他擦洗肚子上的伤口时突然吓得大叫一声，原来一条条长蛆正从郭伍士的肚子里往外爬。祖玉兰又给他清理了这些蛆，已经醒来的郭伍士感到自己真的死去了。这时的他不想再给祖玉兰来增添危险和麻烦，说不出话的他指指自己的伤口，又朝祖玉兰摆了摆手，意思是说事已至此，不要再为自己费心了。祖玉兰想了想后转身走出洞口。

祖玉兰想起菜缸里生了蛆放进几片芸豆叶后，蛆就会往外爬，他去地里采了些芸豆叶回来，想用芸豆叶的汁把他伤口里的蛆引出来。当祖玉兰把芸豆叶揉搓出的汁液滴进伤口里时，奇迹出现了，一条条的蛆慢慢蠕动着爬了出来。两眼含泪的郭伍士望着一言不发的祖玉兰，仿佛看到了已离开人世的亲娘，要是亲娘在自己的身边，能比这位老大娘多做些什么呢？她不就是自己的亲娘吗？祖玉兰驱虫成功，竟然激动得哭了起来。

（三）胜似母亲的大爱，受伤战士一生不忘

郭伍士在祖玉兰的倾心救护下从死亡线上挣扎出来，伤势慢慢地好转了。不久，八路军某部一个医院来到桃棵子村北边的中峪村，祖玉兰知道后，把郭伍士转到医院治疗。临分别时，祖玉兰对郭伍士千叮咛万嘱咐，好好养伤，以后还去打鬼子，你不管走到哪里一定给大娘捎个信来。

1947 年，郭伍士从部队复员，他没有回自己的家乡山西的小山村，而是千里迢迢来到了沂蒙山区，来到了给他第二次生命的有如亲生母的祖玉兰身旁，郭伍士和妻子认祖玉兰为母亲，孩子认她奶奶。祖玉兰也把郭伍士一家当成自己的亲人。

沂蒙地区抗日根据地的村庄都是坚强的战斗堡垒，明德英、王换于、祖玉兰等“沂蒙红嫂”，为抗战胜利作出了巨大贡献。

四、沂蒙女子抗日勇为的文化背景研究与军民关系深度解读

无论是“沂蒙红嫂”，还是“沂蒙母亲”，她们都在抗日战争做到了深明大

义、舍己救人，用自己高尚的行为绽放出人性的光辉，她们的奉献精神哪里来？在人民利益和个人安全之间的选择为什么做到了毫不犹豫、大义凛然？

马克思主义认为，人是社会关系的产物，人的思想意识来自文化的传承。通过梳理沂蒙地区的传统文化发展脉络得知，沂蒙地区无论是处于诸侯割据时期，还是相对平稳的发展时期，儒家文化都是这一地区的主流文化。孔子的道德观念和思想体系，是这个地区文化发展的基石。孔子的义利观深深扎根在沂蒙地区人民的心中，得以代代相传。

（一）传统文化谱写国难兴道之歌

在中国思想史上是孔子第一个自觉地意识到，“义”与“利”的关系在个人与他人、个人与社会关系中处于重要地位，主张重义轻利，先义后利[①]。“义”指社会层面倡导、人们要身体力行的正义、道义，也就是通常所言的行为正当性，包含最高的道德原则。“利”主要指通常意义上的利益。孔子说“君子喻于义，小人喻于利。”孔子的话告诉人们，当“义”与“利”相对立的时候，要弃利守“义”，因此，明德英为了救活八路军战士，能够舍出自己的乳汁，冲破封建思想的桎梏，冒着被敌人抓去的风险送水送饭；王换于为了抚育八路军的后代、救护伤员、保护秘密文件都竭尽全力；祖玉兰呵护、救治已经落入死亡边缘的伤员。她们所做的一切在现在看来都是无法想象的，但是，她们只是支援八路军抗日的千万妇女中的代表，整个沂蒙山区像她们一样舍小家为大家、舍利益筑大义之道的妇女数不胜数，这就是中华传统文化在沂蒙地区谱写的国难兴道之歌，爱国家、爱民族之歌。

（二）八路军与沂蒙群众的育乳关系解读

通常人们会用“鱼水情”形容军队与人民群众的关系。然而，从“沂蒙红嫂”明德英用乳汁来拯救八路军伤员的大义之为可以深入解读出，八路军与沂蒙人民群众的关系有如母亲哺育孩子一样：孩子（军人）出于母体（人民群众），母亲用生命的乳汁来养育孩子，共生共进，在国家有外寇入侵时齐心

① 秋雨．孔子义利观 [M]// 宋衍申，肖国良．孔子与儒学研究．长春：吉林教育出版社，1993：44.

抗敌，义无反顾。八路军官兵“捐躯赴国难，视死忽如归”，回报人民的养育之恩，还未来以国泰民安、华夏繁荣的美好乐园。对这个目标的期盼使八路军和沂蒙人民团结一心，形成巨大合力，这一点正如革命先烈邓中夏所言：“五人团结一只虎，十人团结一条龙，百人团结像泰山。”能够歼灭任何来犯之敌。

近代以来，中华民族多灾多难，但是泰山巍峨、永远屹立，九百六十多万平方公里的土地不容任何外敌践踏，中华民族不屈服于列强的欺压，抗争、拼搏、自强不息，是历史，也是现在，更是未来。因为历史积蓄了力量，现在开发了智慧，未来必然以超强力量雄起东方。

第七节　人民战争人民打——解放战争时期的沂蒙战歌

1945 年 8 月 15 日，日本天皇裕仁宣布无条件投降。从 8 月 29 日至 10 月 10 日，国共双方经过 43 天谈判，达成《政府与中共代表会谈纪要》，即《双十协定》，给中国人民带来了和平、民主、团结的希望和曙光。但是，1946 年，国民党当局撕毁《双十协定》。

国民党反动派发动内战后，蒋介石秘密向美国记者表示要坚决消灭共产党，集中百万大军，要把战火烧到关内，要求解放军退出，由解放军从日寇手中夺回的山东、山西两省及周边地区，如不退出就不执行停战协定。随后，国民党军队大举进攻湖北和河南解放军，发出全面内战的信号①。

从 1946 年 7 月开始，国民党反动统治在美国的支持下，以精良的美式装备向人民解放军发起疯狂进攻，人民解放军被迫处于战略防御阶段。国民党军队从 1947 年 1 月开始向鲁中、鲁西南的根据地大举进犯，中共中央、中央

① 廖盖隆．中国人民解放战争简史 [M]．北京：人民教育出版社，1953：25-27．

军委做出英明决定，一定要消灭来犯之敌。1947 年 5 月在沂蒙地区发生的孟良崮战役，军民共同奋战，取得了决定性的胜利。

一、孟良崮战役——华东野战军联合阻援部队杀敌

孟良崮战役是解放战争初期华东野战军打胜的一场有决定性意义的战役。1947 年 5 月，在蒙阴县东南孟良崮地区，陈毅、粟裕亲自指挥对国民党整编第七十四师展开的进攻战。后来有军事家认为，这场战役在类型上属于近代“山地运动歼灭战”，全歼国民党整编第七十四师、第八十三师共 1.3 万人，俘虏 1.9 万余人，歼灭援敌 6000 余人，总共消灭敌人 3.8 万余人。孟良崮战役对国民党重点进攻山东的战略布局予以摧毁性的打击，为中国人民解放军战略反攻发出了清晰、明确的信号①。

（一）华东野战军巧妙撤退，放虎进山

从 1947 年 3 月开始，国民党军队选择密集靠拢、加强纵深的战略战术向鲁中山区推进。企图兵分两路，一路占领沂水、坦埠一带后再以压倒性气势向北、向东进攻，逼迫中国人民解放军华东野战军主力展开一场具有导向作用的大决战；另一路在峄县、枣庄作为二线部队，配合主战场作战。

国民党主力部队占领鲁南解放区后，很快就企图以压倒性兵力展开鲁中山区进攻战。中共中央、中央军委对国民党军队的战略战术已经进行了深入研究，明白国民党军队以进攻山东作为两军角力点的目的。华东野战军集中兵力、积极寻找有利时机对敌人进行反击。但是，国民党军队吸取了解放军各个击破、定点歼灭的教训，改变了战法，使得华东野战军几次想反攻鲁南地区的计划均未能付诸实施。华东野战军司令员陈毅、副司令员粟裕作出调整军队部署的决定，分三个方向分布军力：一是将主力部队迅速后撤至莱芜、

① 中共山东省委党史资料研究委员会．中共山东党史大事迹（1921—1949）[M]．济南：山东人民出版社，1986：288．

新泰以东地区隐蔽起来养精蓄锐；二是将准备南下的部队隐蔽在莒县境内修整，而已经进入鲁南的部队隐蔽在平邑地区成为配合主力部队作战的策应军力；三是以地方民兵武装牵制敌人的援兵，并对临沂及临泰公路沿线敌军的后方进行袭扰与破坏。

华东野战军主力部队后撤，国民党军队将领以为是害怕其兵强马壮而无力应战，下令三个兵团向博山、沂水一带快速挺进，从桃墟、垛庄地区进攻坦埠，一举占领具有战略意义的交通要道，即沂水至蒙阴公路，为运送大部队和军需创造有利条件。

（二）随机应变，做出“猛虎掏心”的决策

陈毅、粟裕等获悉国民党先头部队向沂水进犯的情报后，准备首先歼灭这部分正在进攻的敌军并伺机歼灭正在赶赴在途的援军。作战命令下达后，又改变了作战计划，认为先歼灭全部美械装备、被称为“五大主力”之一的整编第七十四师更为有利。只要这支军队被歼灭，就可以灭敌士气、扬我军威。陈毅、粟裕决定采取“猛虎掏心”战法，以特种兵纵队和五个纵队的兵力担任主攻，四个纵队担任阻援；5 月 11 至 13 日，主力部队开始反攻作战，解放军先后占领杨家寨、佛山角、马牧池等地。晚上，国民党军队所控制的天马山、马牧池、磊石山等地失守，指挥将领预感到有被围歼的危险后仓促向孟良崮、垛庄方向撤退，华东野战军主力立即乘胜猛攻。在芦山、孟良崮地区形成了对敌军第七十四师的四面合围。这时敌军将领还盲目地认为该师装备精良且官兵的战斗力非常强，所处地形也对己方有利，必能坚守不破；左右再加速军力增援，就能很快形成与解放军华东野战军主力决战取胜的局面。华东野战军指挥部在认真分析作战局势时得出结论：蒋介石调动 10 个整编师的增援部队将到达孟良崮，解放军必须在短时间内歼灭整编第七十四师，否则就会像包饺子那样陷入敌军的包围之中。为此，下令主攻部队集中兵力猛攻并在援敌赶到之前歼灭整编第七十四师。各部队积极开展战场鼓动工作，官兵战斗情绪极为高昂，准备打大决战。

（三）华东野战军奋勇杀敌，群众冒着枪林弹雨支援前线

15日1时，华东野战军的各部队从四面八方多路展开猛烈突袭，但是，整编第七十四师果然是有战斗力的精锐部队，以强大的火力进行顽抗。战斗一直处于胶着状态，许多阵地得而复失、几次易手后才最后以强攻占领。激战至16日上午，在华东野战军猛烈攻击下，整编第七十四师所占领的主阵地全部丢失，在激战中击毙了师长张灵甫。下午，天阴得越来越重，能见度很差，华东野战军指战员挤满占领的各个山头，处于胜利之中的官兵以为第七十四师已被全歼，但是在核算俘虏人数时才发现相差1万余人。各部队随即严密搜索，终将敌军的残余部队全部歼灭。正如陈毅在《七律·孟良崮战役》所写："孟良崮上鬼神号，七十四师无地逃。信号飞飞星乱眼，照明处处火如潮。刀从扑去争山顶，血雨飘来湿战袍。喜见贼师精锐尽，我军个个是英豪。"①

在华东野战军主力围歼第七十四师作战过程中，鲁中、鲁南地区人民群众在敌军进攻时实行"空舍清野"的断供策略，使国民党军队无法得到粮草和真实的战地情报；当华东野战军开始大反攻时，沂蒙地区的百姓纷纷返回家乡，做饭烧水，支援前线，并且事先已经组织好的20万民工全部到战场送弹药、运伤员、修路、筑桥，为整个孟良崮战役的胜利作出了重要贡献。

二、沂蒙地区担架队在炮火硝烟中运伤员

尽管向前方抢送弹药、运输伤员和粮草以及修路、筑桥的每项支援工作都困难重重，但是，相比之下，送弹药、运伤员任务更艰难，危险性也极大。由于战场格局犬牙交错，敌我互相包围，经常短兵相接、面对面厮杀，形成了无所谓前方后方的混合战。孟良崮周围数百里各地区到处是枪声、炮声和滚滚硝烟。解放军与国民党军队的劲敌反复拼杀，每个山头、每道土丘都经过数次甚至几十次争夺，受伤的战士非常之多，消耗弹药的数量也非常之大。

① 张秀起．伟哉，孟良崮［J］．山东档案，1992(1)：77．

各地群众冒着天上地下无处不在的炮火把一批批弹药送到阵地上后再迅速地把一批批伤员抢运下来送到野战医院，大批群众在战火硝烟中舍生忘死地支援前线，及时保障了战斗物资的需要和伤员的救治。

（一）支前民工奋不顾身，人民解放军给予嘉奖

沂源县随军运输的民工崔京钦、周文目、宋成训等 9 人头上冒着敌人猛烈的炮火抢送弹药，使在火线冲锋杀敌的官兵及时得到补充。崔京钦有一次把弹药送上火线时，解放军官兵还未到达将要冲锋的山头，他就把子弹放在军队将要经过的路上。宋成训和几个身强力壮的男人穿越敌人火力猛烈的封锁线送弹药，有人建议说："我们从山沟里走，子弹不会拐弯，就不能打到我们。"这句机智的话放松了大家的紧张心情，也都认为这么做很有道理，专走荆棘遍布的沟洼地，保证了自身安全。民工周文目把弹药送上火线后，返还时抢救下一名重伤员，并把一口气把他送到了后方医院。有一次，王延宝送弹药后正逢战斗结束，天空下起了大暴雨，躺在阵地上的伤员都淹在雨中，王延宝跑着帮助担架连转运伤员。

解放军官兵特别敬佩这些支前的党员群众，向他们颁发了嘉奖令并奖给现金 2000 元，师部还奖给他们一面写着"支前优胜"四个大字的红旗。当时共产党山东省委有规定，"凡是抗敌防匪有功绩者"都给予奖励①。

（二）感恩共产党爱咱百姓，支前功臣频频立功

鲁南担架第一团共有 2500 余名队员。他们在孟良崮战役中冒着猛烈的炮火抢救伤员，涌现出 531 名功臣。平邑县民工组建的"陈毅担架队"的中队长高启文，在鲁南和泰蒙战役中均立过大功，这次孟良崮战役又荣获特等功。队员王昌银原与未婚妻订了五月的婚期，两家人也进行嫁娶的各种准备，但是这位准新郎毅然改变婚期奔赴前线。王昌银在方山阻击战中抬着伤员冲在最前面，敌人恶狠狠地喊："老乡，扔了他！"王昌银不予理会，他对抬担架的另一名队员说："有我们在，保证不丢下一个伤员。"王昌银的模范行动带

① 临沂地区人事局．临沂地区人物志[M]．北京：中国广播电视出版社，1992：612．

动全担架连圆满完成抢救伤员的任务。第三连许克信曾给地主做了27年长工，过着牛马不如的日子，开战前儿子病故、妻子生病，但他斩钉截铁地说："毛主席让咱老百姓有地种，过上了人日子，咱就要帮解放军打倒反动派！"许克信率领的担架排没有一个人贪生怕死、半路掉队，他们这个排荣获集体一等功。

（三）"人民江山人民守"，担架队以赤诚之心救护伤员

孟良崮战役，华东野战军与国民党整编第七十四师激战4天时间，将这支王牌部队全歼，当时华东野战军以"占领孟良崮，杀死张灵甫"作为战斗口号，沂蒙地区各县的干部群众以"人民江山人民守"为行动指针全力支前。诸城干部群众组成的第三批常备担架队共有4.8万人之多，跟随野战部队在地势复杂的沂蒙山区转战2000多公里，在孟良崮战役中完成五次伤员转运任务。竹庭县干部群众组成的第二、第五两支担架队，经五天长途急行军赶到蒙阴战场。担架队冲上火线抢运伤员时，敌军向他们连发40余枚炮弹，飞机不断地在头顶盘旋扫射，担架队抬的伤员怕他们被炮弹击中，要翻下担架让他们隐蔽起来，担架队员坚定地说："我们不怕牺牲，一定要把你们送下山！"他们就这样在炮弹掀起的阵阵硝烟中将53名伤员全部送到20里外的战地包扎所。

沂源县黄庄、大泉、文坦三区组成的担架连；蓬莱县组成的担架第三中队；莒县组成的第一大队等许多支担架队，他们在运送伤员的过程中，尽量给他们关心照顾，甚至用自己吃饭用的碗、瓢、茶缸、毛巾为伤员处理大小便，那份赤诚和爱心让解放军官兵感动得热泪盈眶，他们说一辈子也忘不了沂蒙老乡冒死相救的恩情。

（四）妇女不示弱，扛起"抬子"送伤员

在沂蒙地区民工组成的数十万支前的队伍中，还有许多是妇女识字班成员。沂南县土山区的一个妇女识字班分了8副担架，他们一天来回跑了十几公里的路，圆满完成了运送伤员任务。在佐泉庄阻击战中，一名解放军战士

负伤了，一时间找不到抬他的担架，城子区龙角庄妇女识字班全员出动，一起用木板做了个“抬子”，将伤员送往后方的战地包扎所。半路上遇到敌机轰炸，她们急忙藏到树林里并用树枝将放伤员的“抬子”伪装起来，敌机过去后，她们把伤员送到了包扎所。

民兵配合主力部队在后方作战，只要敌人所到之处，庄庄响枪，处处响地雷，不给他们一寸落脚之地。有战地记者曾写出了当时的情景，“大军连营七百里，村村灯火到天明”。① 孟良崮战役中，沂蒙地区男女老少60万人加入了担架队，成为解放战争的坚强后盾，不管是去前线的民工还是在后方的老人孩子，他们以解放区“人民江山人民守”的信念互相鼓舞，用自己的血肉之躯写下了可歌可泣的一页史诗。

三、壮女不输男——支前队伍中的奇女子董力生

支前的群众中有一位很有名的董大姐，名叫董力生。她出生于江苏省赣榆县（当时名为竹庭县）城头镇董青墩村，战乱使一家人的生活落入贫困，她靠一辆独轮小车运盐挣钱养家。董力生没裹小脚，经常跑劳动使她锻炼成膀宽腰圆的壮实女子，练就了粗放泼辣的性格。她白天与男人一起推车拉货，夜晚住店时，有的男人衣服破了，她还能帮着做些缝衣补袖的活计，成为当地的传奇式女子。但是，在当时的社会背景下常有人说她不守妇道，败坏了门风，成了人们诟病和排斥的女性。

（一）董力生说：“您为革命事业流血，俺女同志也要爱护您啊！”

抗战初期，八路军解放了董力生的家乡，党组织在竹庭县组织成立了妇救会，关心董力生和她家人的生活，表扬她劳动持家的坚强品格。董力生摆脱了精神压力，焕发出更大的劳动干劲，她积极参加识字班学文化，担任村里的妇救会长、农会会长。孟良崮战役打响后，董力生加入支前的队伍，推

① 沂蒙人民全力支援孟良崮战役 [EB/OL]. 蒙阴县人民政府网，2018-02-12.

着独轮车和身强力壮的男人为八路军运送粮弹、救护伤员。在运送伤员途中，身强力不亏的董力生不仅从未放下过担架，而且一直抬“闷杠”（在后面看不清道路者）。有一次，伤员发现抬担架的董力生是个女同志，说什么也要从担架上下来自己走。董力生劝慰他说：“您为革命事业流血，俺女同志也要爱护您啊！”说什么也没让这位伤员下来。董力思想进步、工作积极，多次受到各级党组织的表扬①。

1944 年，董力生作为全省劳动模范参加在全省劳模大会，胸前佩戴大红花登台和全体劳模站在一起。董力生从推小车“赶脚”女工到解放区的劳动模范，感觉共产党来了，真是天变了，地变了，人间也变了。是共产党建立的根据地给了她劳动的权利和至高的荣誉。那一刻，董力生发誓一定要为党的事业贡献全部力量。

（二）当上“全国劳动模范”，成为妇女解放的楷模

董力生参加支前队伍成为劳动模范的消息一经传出，各地的妇教会和妇女识字班都为出了这样一个女劳模引以为自豪，把她看成是妇女解放的榜样，召开大会欢迎董力生上台讲话，纷纷表示学习她的革命精神。董力生表现英勇，一直埋头苦干，在后来举办的万人庆功会上，她荣立大功，还并被评为钢铁担架队一等功臣。后来，董力生还跟随担架队参加淮海等战役，并到火线上抢救伤员。淮海战役后，被评为支前模范、全国劳动模范。

（三）经过战争洗礼后，成长为党的优秀干部

1949 年 2 月，董力生被选为出席全国第一次妇女代表大会的代表。3 月，受到毛泽东亲自接见，当时人称“董大姐”。新中国成立后，董力生是华东地区的第一位女拖拉机手②，曾担任历城县妇联副主任，济南轻骑摩托车总厂工会副主席。1990 年 1 月 3 日病逝。

① 崔维志，唐秀娥．沂蒙解放战争史 [M]．北京：解放军出版社，1992：359-360．

② 从赣榆走出的全国劳动模范董力生 [EB/OL]．江苏档案网，2020-04-27．

四、妇女和老人组成运输队，挑担、肩扛运军粮

在沂蒙地区，为孟良崮战役支前的感人故事俯拾皆是，几乎所有成年人都做到了有十分力就不做九分九的付出。沂源县一位叫齐登连的女干部，在战斗十分激烈的时候，她率领妇女和老年人组成了一支运输队。齐连登带领这支不像队伍的队伍，互相扶持着穿行在山中的羊肠小道，到 20 多公里外的村庄为解放军送牲口和抢运粮食。当他们到达目的地往回运粮时，能挑担就挑担，不能挑担的就用肩扛，把要运的粮食都带上了。齐登连以身作则，挑了 28 公斤，王付兰挑了 21 公斤。负责送牲口去的军属李英不愿空手回来，也背上了十几公斤的粮食。在妇女们的影响下，村里一位负责赶牲口的 63 岁老大爷，虽然已经老得腰弯背驼已经挑不动担子，也坚决要求扛上了 20 多公斤的粮食。孟良崮战役结束时，沂源县支前司令部发表通报，表扬了他们坚忍不拔的精神，并给齐登连等 9 人记了大功。

人民的力量能撼天动地，沂蒙百姓为革命战争的胜利立下了做出不朽的功绩。

五、永远的楷模——“沂蒙六姐妹”

孟良崮战役中，支援前线的“沂蒙六姐妹”的故事传遍了华夏大地。2009 年 9 月，由山东电影制片厂、中共临沂市委宣传部、北京今典影业有限公司、华夏电影发行有限责任公司联合出品的电影《沂蒙六姐妹》，讲述的就是六个姐妹支援前线而忘我拼搏的感人故事，而真实的故事比艺术化了的故事更感人。

（一）“六姐妹”自告奋勇组成村政领导班子

在解放战争时期就全国闻名的“沂蒙六姐妹”，生活在蒙阴县野店区烟庄村，她们是伊树英、张玉梅、伊廷珍、杨桂英、姬贞兰、公方莲[①]。六姐妹当中，有 4 人是从外村嫁入烟庄村的，她们的人生经历中都有着自幼年开始的

① 徐东升，孙海英．沂蒙精神大学生读本 [M]．济南：山东人民出版社，2016：75.

苦难遭遇。伊树英9岁逃荒到临朐后给人家当童养媳，因受不了夫家的虐待，又逃到了烟庄。张玉梅是新泰人，因没有饭吃四处逃荒，嫁到了烟庄。作为在共产党建立抗日根据地时翻了身的受苦人，张玉梅从心眼里感激共产党、热爱人民子弟兵，支援前线领了做军鞋的任务，她做得又多又好。六姐妹在比学赶帮的热潮中都成了支前工作积极分子，先后加入了共产党。当村里的干部和男同志全部随解放军上了前线时，六姐妹发挥比以前更大的支前积极性和主动性，六个不服输的女将自觉组成了新的村政领导班子，一向有主见的张玉梅自告奋勇当村长，善解人意的伊廷珍当副村长，伊树英、姬贞兰、杨桂英、公方莲按照自身的特长和在平时工作中表现出的能力差别分别担任文书、财粮委员、公安员等职务。这6个20岁左右的大姑娘和小媳妇承担起了领导村里人支前的工作任务。

（二）“六姐妹”带着小脚女人爬山越岭送军需

“六姐妹”刚组成了村委会，上级就安排了为部队征集草料的任务。当时全村八九十户人家都潜散在附近的几座山沟沟里，村子里空荡荡的，什么都没有。六姐妹只好扛着秤，拿着记账本，翻山越岭、挨家挨户地到每家去把谷草收集起来，然后把谷草都捆得结结实实的，到村民躲藏的山沟里，把大家叫来，往前线送一捆捆高过头顶的谷草。村里的姐妹们虽然人数不少，也都十分年轻有力量，但是有的人缠了小脚，有的人怀有身孕，挑着谷草爬山过河也都十分吃力。在翻过一座大岭时，身怀六甲、大腹便便的伊树英实在迈不动步子，就停下歇一歇。张玉梅知道她很疲惫，劝她说：“不行就回去，要是累倒了就难办了。”意志坚定的伊树英想了想说：“我对自己的身子心里有数。但是，解放军的马吃不上草料怎么能拉大炮？为了能有安生日子过，咱受点累算不了什么。”就这样，她一直跟大家一起，把谷草送到了前线。

（三）搬粮食、烙煎饼，两天内完成2500公斤的任务

大战打得正激烈，上级派的支前任务一个接着一个。“六姐妹”带领大家刚送完草料，马上又接到一个紧急通知，让她们组织人力到区里运粮2500公

斤，两天内加工成煎饼送往前线。这时全村成年妇女一共有 84 人，能烙煎饼的只有 70 多人，每人平均 30 多公斤。到区上运粮、推磨、摊烙都得费些功夫，烙完了还要打包送到前线。两天时间能完成任务吗？“六姐妹”心里有些没底，但是，当她们听到远处传来隆隆炮声，想到前线的官兵正在为了百姓过上好日子流血、拼命，决不能让他们饿着肚子作战。于是，“六姐妹”急忙分头去山沟沟里发动群众，号召大家都去运回粮食，再连夜支起煎饼鏊子赶烙出来。群众支前的热情非常高，不容分说都积极参加到运粮队中来。粮食运回来了，再把任务分配到每家每户，“六姐妹”除了要完成自己的任务外，还把十几户军属的任务也包了下来。张玉梅忙里忙外一天半没吃上一顿饭，晕倒在地上，大家赶紧把她扶起来，让她吃口饭，休息了一下；公方莲因疲劳过度，烙煎饼时打瞌睡，把手烙伤了。在六姐妹不怕苦累精神的带动下，全村妇女都异常忙碌，几乎都两天两夜未合眼，终于按时把煎饼送到前线战士的手中。电影《沂蒙六姐妹》里热气腾腾烙煎饼的镜头，就是当时情形的再现。“六姐妹”带领全村妇女刚完成烙煎饼的任务，村里就迎来了打了胜仗的解放军，全村充满喜气洋洋的景象，六姐妹稍微休息了一下，又就带领姐妹们为战士洗军衣、安放弹药……半个月时间内洗军服 800 多套，做军鞋 500 多双、运柴火 300 多公斤，许多轻伤战士在她们的照顾下伤势好转。孟良崮战役各个战场以及后来的淮海战役的胜利都有“六姐妹”和村中妇女的功劳。1947 年 6 月 10 日，《鲁中大众报》以《妇女支前拥军样样好》报道了六姐妹的故事。从此，“沂蒙六姐妹”的美名传遍沂蒙地区，也飞向了全国[①]。

六、“妇女人桥”，双手擎起胜利彩虹

电影《沂蒙六姐妹》中有女人们在黑暗中一个挨一个地站在水中撑着木板桥的情景……如果不知道这段历史，肯定会认为这是导演和编剧在做煽情的

① 宋玉良．沂蒙文化 [M]．济南：山东教育出版社，2014：111．

情节，试图在把电影推向一个脱离实际的高潮。哪知，这就是当时沂蒙女人们用门板搭桥，用自己的身体撑木板的真实写照！

（一）河水深冷、风大浪急，想尽办法造浮桥

沂蒙山区地理特点是山高林密，大河小溪纵横，日寇飞机狂轰滥炸后路毁桥断，沂蒙地区解放战争中有的战场后方部队和辎重运不上去，前方伤员运不下来，在决定战役胜负的关键时刻，沂蒙地区的人民自动组织起来，不怕牺牲，以车拉、人挑的方式运石块、土沙，很快修好一条条道路，架起一座座桥梁。沂南县临沂到蒙阴公路两侧的 1 万多名群众，在连绵阴雨的天气，苦战三个昼夜抢修被敌机炸毁的公路 50 多公里、桥梁 40 多座，战役打响的第二天，当一支部队被截在了一座断桥旁时，鲁南担架队和当地群众一起到林中挥刀砍树、摘下自家的门板拿去搭桥，连夜造了一座浮桥。河水很深、水流湍急，浮桥摇晃不稳，弹药无法前运、伤员无法后送。群众和担架队员纷纷跳入水中抱着桥桩、用双手撑着桥板，使一批批弹药送到对岸，一批批伤员及时运往后方。

（二）东坡池村的女人特别能战斗

战争胜利后，部队首长听到“以人架桥支援战争”的事迹，无不感动得热泪盈眶。最感人的还是沂南县艾山乡 32 名妇女搭人桥的事迹。

就在孟良崮战役打响的前一天傍晚，艾山乡东坡池村接到紧急通知，一支部队要从村子附近一条河过到对岸作战，需要在 5 个小时之内把被敌人炸毁的桥修好。这时村里的男人都去支前了，老幼残疾也都已转移到山沟里的安全地方了，东坡池村只剩下妇救会长李桂芳和几名女同志。李桂芳虽是一位二十出头、土生土长的妇女干部，却是经历过革命斗争考验的老党员，她曾身着军装随部队南征北战，在枪林弹雨奋勇杀敌，也曾女扮男装只身打入虎穴侦察敌情。可李桂芳面对架桥任务认真分析，觉得搭结实耐用的费工费时，在缺材料和人手的情况下肯定是来不及的，她和姐妹们聚在一起反复商量，认为又迅速又能解决问题的方法是搭木板桥。人手不够到附近村庄联络

增援，没有木板就摘家里的门板，桥墩建不完就用人擎着。天黑后，李桂芳带着 32 名青年妇女和 7 块门板聚集在河岸上。黑夜沉沉，河水滔滔，李桂芳不容分说就下河蹚水，一边测试深度，一边选择可以架桥的位置，指挥大家按照身高搭配成平齐的对子，4 个人抬一块门板依次排开，从这边排到对岸，“妇女人桥”搭成了。

（三）以钢铁意志撑起“妇女人桥”这道惊人的战地风景

晚上 9 点钟，解放军的一个团急行军向河边开来。官兵一看河面没有桥，感到很失望。李桂芳迎上前说：“同志，有桥，在这呢！”说话间一挥手大声喊道：“架桥喽——”刹那间，一座木桥出现在他们的眼前，团长上前一看发现全是女同志大为吃惊，拒绝说：“不！同志，这不行。我们蹚水过河！”李桂芳大声喊道：“同志们！为了消灭敌人，快快上桥！”团长激动地握住李桂芳的手说：“谢谢同志们！”马上告诉身边的官兵：“这是‘妇女人桥’，要轻踩、慢跑、走中间。”与敌人争分夺秒的干部战士屏心凝气，如蜻蜓点水一般走过了这座人桥。

深及胸口的河水寒意透骨，妇女们冻得牙响嘴颤，她们告诫自己要挺住，一定要挺住，不能让战士掉到河里。她们用手和肩擎着门板，擎着几百斤的重量。前边的官兵知道是“妇女人桥”步子迈得轻些、慢些，随着夜色加重，后面的官兵看不清前面是何种情况，也就不知道“桥情”如何，只管加紧步伐快速通过。一秒、两秒、三秒钟……一个人、两个人、三个人……几乎每过一秒钟，每过一个人，她们的肩和手都要忍着撞痛，每一分、每一秒都在考验这些妇女的意志。当姐妹们浸在河水中双腿开始抽筋时，力气实在挺不住了，李桂芳叫停了队伍，让姐妹们换了一次肩①。这时，后边的队伍这才又发现他们走的是“妇女人桥”，无不为这些沂蒙女人的钢铁意志所感动。

（四）历史的一页记录——《妇女支前拥军样样好》

一个多小时后，解放军的队伍终于过完了，这 32 名妇女全部累倒在沙滩

---

① 崔维志，唐秀娥．沂蒙解放战争史 [M]．北京：解放军出版社，1992：365．

上站不起来了。走在队伍最后面的军官问道:“你们的负责人是谁?”伙伴齐声回答:“李桂芳!”她们为有这样的妇救会长骄傲,也为自己是“人桥”的一分子感到骄傲。

几天后,国民党整编第七十四师被解放军全部消灭在孟良崮,军民沉浸在喜悦与欢呼中。解放军指战员说:“姐妹们架的人桥,是胜利之桥!”1947年6月10日《鲁中大众日报》中的这篇《妇女支前拥军样样好》报道了“沂蒙六姐妹”,也报道了李桂芳与32名妇女“搭人桥”的英雄事迹。

人民战争人民支援,正是在沂蒙地区广大人民群众不怕艰难险阻、奋勇支前的协助下,解放军才取得了孟良崮战役的伟大胜利。英国蒙哥马利元帅曾说:“中国战场像块海绵,它可以把水吸进去后再把水挤干净。”这句话准确地说出了共产党领导的人民战争如同汪洋大海,让装备精良的国民党军队全军覆灭。

第八节 淮海战役,沂蒙人“一切为了前线,一切为了战争胜利”

一、解放战争第二大战役——淮海战役

淮海战役是解放战争时期中国人民解放军第二、第三野战军联合发动的伟大战役,向集中在徐州地区的国民党军队精锐部队50个师(后增援到66个师)共50余万人发起进攻①。战役从1948年11月7日开始,战场以徐州为中兴,东起海连云港,西至商丘,北起枣庄市薛城,南达淮河,跨江苏、河南、山东等广大地区的进攻性战役,是打击国民党军队的战略性进攻战役。

① 廖盖隆. 中国人民解放战争简史 [M]. 北京:人民教育出版社,1953:88.

到 1949 年 1 月 10 日活捉国民党“剿共”副司令杜聿明，战役结束，国民党军队徐州“剿共”总司令刘峙指挥的 5 个兵团、22 个军、56 个师及一个绥靖区共 55.5 万人被消灭及改编，解放军总共伤亡 13.4 万人。淮海战役是解放军三大战役中牺牲最重、歼敌最多、战争样式最复杂、政治影响最大的战役。

二、支前！沂蒙人民用人力和物力谱写战争史诗

1948 年 10 月，中央军委制定了《关于淮海战役的作战方针》，并以徐州为中心进行战略部署：北起临城、南至淮河，东起海州、西至商丘，发起对解放战争胜利有决定性意义重大战役。这是一场大兵团集中、战区广阔的史无前例战役，后勤保障任务极其繁重。沂蒙地区的小推车、担架、军粮等军需为战役的胜利提供的有力保障，也发挥了人民战争人民打的规模化效应。

表 2–8 淮海战役沂蒙地区人民支前方针与规模效应[①]

	执行“全力以赴支前”方针	“一切为前线”具体目标的实施	规模效应的体现
支前过程	**建立强而有力的组织体系** 由于淮海战役的推进速度比原计划快，各地党委按中央发布的《关于淮海战役的作战方针》要求，下达了“进行全力支前动员”的重要指示，本着“兵马未动，粮草先行”的战争传统，大量支前民工已前往临沂。为加强支前工作的统一领导，10 月 18 日专门成立了临沂支援前线指挥部，张云榭任指挥、刘炬任副指挥兼政治	**制订支前的具体目标** 根据支前工作的总方针，临沂指挥部召开了各分区区委书记会议。要求全体干部树立革命整体观与长远支前思想。提出“一切为前线，一切为胜利”“要粮有粮，要人有人”具体目标，在进行上到下总动员后，沂蒙人民群情高昂，做出“队伍打到哪里我们就支援到哪里”的保证。 **建立物资保障的分系统** 11 月 7 日，淮海战役打响第一枪后，解放军先后有 7 个纵队到达临沂县境，成千上万民工和支前机关、后方医院等随主力部	**任重更显势强无敌** 随着淮海战役的进展，支前任务进入高潮。支前委员会接到上级调运 300 万斤粮食送台儿庄任务后，又接华东支前委员会来电改送到宿羊山、汴塘的指示，当即召开区长联席会议进行具体布置。各区粮站相互配合，很快动员民工 18400 人、小车 9200 辆进行装

① 中共临沂市委党史资料征集研究委员会．临沂革命斗争史稿 (1919—1949)[M]．济南：山东人民出版社，1991：290-294．

续 表

	执行“全力以赴支前”方针	“一切为前线”具体目标的实施	规模效应的体现
支前过程	部主任。全县13个区均设立支前工作站，由各区区长担任站长，各区支前工作站设专人负责人力和物资、交通等方面工作的协调安排，各村设立了生产备荒、拥军支前委员会。系统的体系建设为全面支前工作提供了上下一条线的高效机制。 **全方位的战役保障** 沂蒙地区广大人民积极投入支援淮海战役。临沂支援前线指挥部率领沂蒙人民以战斗姿态克服重重困难，完成军粮加工和调运，集中支前民工后按战场需要进行编队，将调运的小车、担架等也进行按人数分配，在保证道路交通方面也作了具体的安排。保证淮海战役整个过程中的后方支援及时高效。	队一起行动，参加支前的群众最多时竟有20余万人。开战后，摆在面前的紧迫任务是，一要保证部队和群众的食宿，二是要搞好转运工作。为此，支前指挥部发出紧急指示：“各区对粮食加工、调运和保证交通等问题，应以战斗姿态来完成。”县委组织部、县支前指挥部联合发出《建立民站工作指示》。由县、区派干部，采取民办公助等办法，沿途分5条线，每10公里左右设茶水站、民工工作站，城内设中心联络站。这一得力措施解决了过往人员的食宿问题。 **后方人力物力** 在非临战区，各地要担负起繁重的就地支前、临时转运任务。翻身后的沂蒙地区人民支前热情高涨，对共产党的感恩之情在他们身上发出照耀天地的光和热。全县每天有一批又一批民工支前，他们所使用的各种工具体现出前所未有的规模效应。为保证供鲁南医院救护伤员，群众拿出挑子1318付、小车486辆、大车55辆、担架65副。当时共有200万斤粮食在本县、区调动，130万斤小麦从城里运到乡下磨成面粉。在完成磨面任务中，有的全家出动；有的老大娘不顾年老体弱，套上木棍自己推磨，有的冒雨星夜将已磨好的面粉送往粮站。	运，昼夜转轴转，仅用十几天时间就全部赶运完毕。第二批2500吨军粮运转任务下达后，全县人民又组织起民工1.4万名、小车7000辆；陆续将军粮运往指定地点，准时完成了支前任务。 **关爱百姓，激奋斗志** 临沂县委、县政府以及各区委给全体支前的干部群众发了慰问信，表扬了支前民工的同时，帮助民工解决家中在生产上遇到难题。党和政府对全县人民的慰问和关怀激发了全体支前人员的斗志，增强了支援淮海战役取得胜利的决心，出现了人人支前的盛况。
备注	沂蒙人民在全力支援淮海战役，修筑公路10条，全长244公里，参加修路的人员5754人；修桥51座，参与群众共20138人，常备小车1069辆，加工粮食4035吨，赶做军鞋6000双。陈毅曾感叹地说：“淮海战役是人民群众用小车推出来的。”临沂人民齐心合力支援前线，为淮海战役的胜利作出了巨大的贡献。		

三、解放战争中沂蒙人民支前的精神动力与文化传承

沂蒙人民冒着战火奋力支前，其精神的来源主要有两个方面，对其进行认真分析、总结，有利于提高理论认识，并更好地继承和发扬。

（一）革故鼎新、不断进取，真理的光芒照耀大地

沂蒙人民的文化基因中就包含反对腐朽、推崇革故鼎新、坚定不移追求真理的“基因团”。战国时期的思想家荀子虽然不是沂蒙人，但是两度出任兰陵县令。因权力更迭被免官职以后，一直蛰居兰陵著书立说，收徒授业，死后也葬在了兰陵。荀子思想在沂蒙地区的影响有2200多年之久。荀子对真理进行论证说：“知之在人者谓之知，知有所合谓之智。智所以能之在人者谓之能，能有所合谓之能。”[①] 意思是人们的思想意识与客观实际相符合，就是“真知”；人的主观认识能力与客观实际相符合就是“真的认知”。“真知”与“真的认知”作为支配人的思想指南，就能焕发出强大的内心动力。沂蒙人民在革命实践和抗日战争14年的漫长历史进程中，已经认识到共产党是为劳苦大众奋斗的党，八路军、解放军是爱国、爱民、保卫家园的军队，跟党走、为打倒国民党反动派是党和军队的使命，也是自己的要肩负的责任和义务。跟党走、奋勇支前做得对、行得正，就是十头牛也拉不回。他们坚信，自己尽管会流血牺牲，但是革命胜利那一天一定会到来。

（二）人民与军队的同流血、共患难，无往而不胜

解放战争中，沂蒙山区支持解放军奋勇杀敌的精神动力，一方面来自传承沂蒙传统文化形成的对真理的认知，一方面来自他们经过土地革命、抗日战争的洗礼后已经明确认识到生存、生活的改变必须要靠共产党。只有共产党才真正为人民谋利益，解放军为人民的利益打天下，人民军队打了胜仗，老百姓才能真正翻身得解放，过上丰衣足食的好日子。日寇蹂躏我河山、抢

① 梁启雄．新编诸子集成续编•荀子简释 [M]．北京：中华书局，1983：310．

我财富、杀我人民，国民党军队大敌当前时，集团军总司令韩复榘率 10 万大军逃跑。临沂人民被日寇杀戮，血流成河，更有效忠日寇的伪军助纣为虐，联手烧杀掠抢、无恶不作。人民子弟兵爱人民，所到之处不但不拿群众一针一线，还把劳苦大众从被帝国主义、地主资产阶级奴役的生活中解放出来，改天地，换日月，不与这样的军队同甘共苦、同筑解放事业，还有何求、何欲?

人民的利益高于一切，中国共产党高举“为人民服务”服务的大旗，指导人民军队为人民流血牺牲，人民也回报最真诚的信赖和支持。回看抗日战争、解放战争中人民与军队的同流血、共患难，会使我们更加坚信马克思主义中国化道路是正确的道路，是一条勇往直前、无往而不胜的康庄大道。

第三章　新时代传承、实践、弘扬沂蒙红色文化研究

习近平总书记在“纪念孔子诞辰 2565 周年国际学术研讨会暨国际儒学联合会第五届会员大会开幕会上的讲话”中强调指出：“要坚持古为今用、以古鉴今，坚持有鉴别的对待、有扬弃的继承，而不能搞厚古薄今、以古非今，努力实现传统文化的创造性转化、创新性发展，使之与现实文化相融相通，共同服务以文化人的时代任务。”① 沂蒙红色文化正在民主革命时期和革命战争年代融入马克思主义，实现了“创造性转化、创新性发展”，在社会主义建设新时期更好地融入党和国家的主体指导思想与理论观点，形成了新样貌，在未来社会的快速发展进程中也必然与时俱进、创新路径，高奏新时代文化大美的浩歌。

第一节　新时代传承、实践、弘扬沂蒙红色文化须雷厉风行

沂蒙红色文化是沂蒙地区人民在长期历史发展进程中形成的一种具有地域特征的群体意识，集中体现了沂蒙人民的道德素养、幸福观和价值观。在社会上的各机构、各层次开展传承、实践与弘扬活动，会使越来越多的人了解、认识、推崇沂蒙红色文化的丰富内涵及其强大的生命力，成为推动社会

① 习近平．在纪念孔子诞辰 2565 周年国际学术研讨会上的讲话 [EB/OL]．共产党员网，2014-09-24．

主义建设新时代精神文明建设以及促进政治经济、教育科技等领域快速发展的强大动力。

第二节　新时代传承、实践、弘扬沂蒙红色文化问题分析

由于20世纪中期的社会形态使然，对传统文化的传承、实践、弘扬存在比较严重的错误认知，对整个意识形态产生了不良影响。进入21世纪以后，国际竞争更加剧烈，文化竞争所产生的作用越来越被各个国家和地区给予高度重视。中华文化更以超强的生命力突显其世界影响力，这就促使党、政高层将中华文化精髓的继承发扬提到了前所未有的高度，尤其是在党的十八大以后，国家出台了许多相关文件。为了将沂蒙地区特色文化的传承、实践、弘扬推向新高度，党政主管部门和文化机构要进行深刻的反思，对自身存在的问题有清醒的认识，并努力进行克服与改正。

一、厘清关于沂蒙红色文化的模糊认知

在国家经济发展形式逐步完成计划经济向市场经济转型后，随着国际上各种思潮的涌入，一部分人产生了沂蒙红色文化与时代风尚相脱节或不相适宜的错误认知。在他们看来，沂蒙地区百姓受传统文化影响有着忠厚老实、吃苦耐劳且甘于自觉奉献的品格，都是一种愚钝、不开化的旧时代风尚，已经不适合快速发展和高度竞争社会的需要，要从认知全球一体化发展的角度来个根本性改变，思想观念转换到以经济利益为中心的轨道上来。这种认知是短视的、错误的，也必须加以纠正，让存有这种观念的人提高对于所处地区文化的自我认知能力，为本地的事业发展聚积正能量的同时，也为促进新

时代文化建设做出更大的努力。

沂蒙红色文化有着来自远古的悠久渊源和多元化的历史背景，也有着极其超个体化且带有民族特点的复杂内容，更是中华民族灿烂文化最具体、最生动、最有影响的一种体现。历史发展的进程已经证明，沂蒙红色文化不仅仅是沂蒙地区人民的宝贵财富，也是中华民族五千年文明的宝贵财富。要从新时代教育发展和文化建设的高度，全面、准确地理解这种经过漫长历史岁月沉淀且有着超强生命力、感召力和凝聚力的文化。

在全球化竞争非常激烈的背景下，沂蒙红色文化不但没有过时，而且是在多元化的交流中越来越显示出促进经济发展和科技创新的支撑作用。无论从国家意识形态反文化渗透需要着眼，还是从国内意识形态建设需要着眼，沂蒙地区干部群众尤其是青年学生都要增强文化自我认知的能力，以实际行动传承、运用、弘扬沂蒙红色文化所具有的内生力，充分调动政治、经济建设与教育、科技发展的积极性与创造性。在社会高速发展、人民生活水平不断提高的社会背景下，沂蒙地区群众所具有的优秀品格、探索创新的素质和甘于无私奉献的精神品格，不仅不能被忽视和丢弃，还要进一步强化并不断发扬光大。

二、将传承、实践和弘扬沂蒙红色文化与社会发展有机融合

传承、实践和弘扬沂蒙红色文化必须把宣传、倡导与社会发展进行有机融合。沂蒙地区干部群众是应用沂蒙红色文化提高自我认知并将其应用于社会活动实践的主体。沂蒙红色文化在社会发展实践过程中需要群众坚持自我教育、主动提高认知能力和行为能力，以自身主观世界产生的强大动力促进改造客观世界取得应有的成效。

沂蒙红色文化是沂蒙地区人民在各个不同历史时期通过改造客观世界的活动不断积累、不断探索发展的精神产物；并且在近代、当代社会革命和建

设实践中体现出强大生命力又不断成熟的优秀文化。这种时间愈久光芒愈璀璨的文化虽然发源、传播于沂蒙地区人民之中，但是作为融入中华文化各种元素的群体意识又超越了地域性局限。尽管它存在、发展、创新于沂蒙地区人民中间，但并不是说作为个体的人或某一个单位就具备了这种文化所成就的道德文化素质。传承、实践、弘扬沂蒙红色文化的主旨及核心意涵，就是要使这种文化真正促进个体、群体以及集体和单位形成坚强意志、激发出巨大的凝聚力和创造力。也就是应用沂蒙红色文化中的思想观念、道德力量、探索精神唤醒新时代干部群众的自我认知意识，使其成为推动这一地区发展的强大精神动力。

三、沂蒙红色文化对地区发展所发挥的双重作用

新时代沂蒙红色文化的传承、实践与弘扬重在发挥两个方面的作用：一方面是在宏观空间环境，要坚定不移地和中华民族伟大复兴的任务要求保持思想观念上的一致性，发挥优秀沂蒙文化在贯彻、执行国家方针政策方面的重要作用；另一个方面是在微观空间环境，立足于沂蒙优秀文化在各行业发展、集体氛围、个体行为等方面与新时代具体要求统一起来，以创造力为支撑每个人干好本职工作、提高思想道德和文化素质水平的层级。政府部门干部、文化机构和基层群众，要从宏观、微观两个方面把握好本地区、本单位开展沂蒙红色文化的社会实践活动的进度和具体步骤，以传承和弘扬活动的开展作为主轴，坚持正面引导和自发行为相结合的方针，抓住文化兴业、创新发展的各种有利时机，开展形式多样、丰富多彩又让广大群众喜闻乐见的文化活动。使传承、实践和弘扬沂蒙红色文化在广大干部群众中形成时代潮流，以树立文化传承楷模和典型人物来形成带动、拉动、推动作用。并能够在社会实践中形成驱动社会发展和文化复兴巨大精神力量。把沂蒙红色文化注入全国新时代文化发展的洪流，成为建设更为先进的中华文化体系的一个

重要组成部分。

四、沂蒙红色文化的传承、实践和弘扬要与发展目标相结合

理解、解读、宣传沂蒙红色文化要在领悟文化实质与核心意涵上做足功课，干部群众要充分认识到在社会主义新时代背景下，将沂蒙红色文化社会实践相结合的现实意义和历史作用。注重把传承、弘扬沂蒙红色文化与传承、弘扬中华民族五千年文明的社会实践相结合。沂蒙地区干部群众要把这种由祖先创造、由后人不断创新发展的优秀文化作为新时代生存发展的一种精神支柱，充分认识到传承、实践、弘扬沂蒙红色文化是实现中华民族伟大复兴的重要一环。否则，沂蒙红色文化的传承、实践和弘扬就会因为失去总体目标而不能取得应有的成效。

沂蒙地区各级干部与群众要牢记这一点：传承、实践、弘扬沂蒙红色文化就是要勇敢地同损害人民利益、违背社会主义核心价值观以及危害国家安全与发展的行为做坚决的斗争，在言行上毫不妥协和退缩。要在干部和群众中特别是在青年学生中，将传承、实践、弘扬沂蒙红色文化与深入开展爱国主义、为实现共产主义而奋斗的思想观念教育相结合，培养沂蒙地区广大群众特别是青年学生树立爱党、爱国、爱集体、爱亲友、爱自己的崇高信仰，激发文化自信和民族自豪感，振奋自强不息、奋斗向前的精神，为加速沂蒙地区建设奉献全部的聪明才智。

五、强化传承、实践和弘扬沂蒙红色文化重在取得实效

在本地区社会活动和学校教育中开展宣传、继承、弘扬沂蒙红色文化的系统性实践，关键在于要与各行各业的生产经营活动、文化娱乐活动以及不同级别的学校教育相结合，防止各级干部在文件发布和会议上空喊口号和做

表面文章，以沂蒙地区人民特有的真诚、务实的做事品格落实在言行上和团体活动中，使沂蒙红色文化在本地区及全国传统文化、红色文化创新发展的基本面上产生深远影响。

（一）传承、实践和弘扬沂蒙红色文化的社会实践重在身体力行

沂蒙地区党员干部、文化机构工作人员以及各级学校教师要紧密联系自身的工作实际，突出解决与沂蒙红色文化传承、弘扬存在矛盾和冲突的重点问题。党政机关干部要以沂蒙红色文化中的甘于自觉奉献的精神为指针，树立牢固的公仆意识、服务社会意识以及为未来培养人才的责任感和使命意识，从根本上解决懒政问题、缺乏大局意识问题以及本位思想严重等问题，所体现的认知能力低和觉悟不高的问题，发扬沂蒙红色文化中的艰苦奋斗、实干兴业、开拓进取的精神品格，不断强化为人民服务的事业心、大局意识和爱党、爱国的使命感，强化脚踏实地干实事、不计个人得失的共产主义思想观念，以火热的激情为支撑、不辞辛苦地为广大群众办实事、办好事。

实践沂蒙红色文化特别要注意的一个方面是：凡处于党政工作“窗口”岗位的党员干部，要把不断落实党的便民利民的政策方针放在首要位置，树立“服务群众、幸福自己”的职业理念，引导广大群众根据自身的工作特点，在日复一日的工作和生活中体现沂蒙红色文化的基质，在一点一滴中突显沂蒙红色文化的光芒，一个单位、一个岗位都为沂蒙红色文化的旗帜在这片土地上高高飘扬作出应有的贡献。

（二）传承、实践和弘扬沂蒙红色文化要保持清正廉洁的作风

如前文所述，在沂蒙地区漫长的历史进程中有许多秉持儒学观念，“捧着一颗心来，不带半根草去”的政治家和不同级别的官员，他们创造性地建设、发展了清正廉洁官场文化，使之成为沂蒙红色文化形成过程中最重要的组成部分。当代沂蒙地区各级党政领导在传承、实践、弘扬沂蒙红色文化的社会实践时必须把立足点和路径建设放在落实党的清正廉洁作风建设方面，落实习近平总书记所强调的“反对腐败、建设廉洁政治，保持党的肌体健康，始终

是我们党一贯坚持的鲜明政治立场”① 的重要指示。党的十八大以来，党和国家在反腐倡廉方面加大了惩治的力度，运用法律武器拨乱反正，使全体党员、干部提高政治觉悟和自我教育能力。沂蒙地区党政干部在强化自身政治素质的同时，也提高了对沂蒙红色文化实质意涵的认识和理解，坚定了传承这一优秀文化的坚定信念和努力实践的自觉性。大部分党员干部能够做到自觉端正党风，在工作和生活中注意密切与百姓的联系，积极主动地解决他们在就业、发展和改善生活的难题，在行为文化层面努力做到给群众办实事、做好事，为广大群众传承、实践、弘扬沂蒙红色文化起到了表率和榜样的带头作用，使这一优秀文化在培养民族气质、民族精神方面体现出无可替代的软实力。

（三）传承、实践和弘扬沂蒙红色文化要实现“五结合”

党政干部和文化机构工作人员以及各级学校教师，要在传承、实践、弘扬沂蒙红色文化的社会实践活动中力争实现“五结合”：一是要与学习、宣传、实践习近平新时代中国特色社会主义思想相结合；二是要与传承、弘扬沂蒙红色文化相结合；三是要与每位个体所在行业和单位以及所从事的工作相结合；四是要与为人民服务的使命和人生价值实现相结合；五是要与努力提高道德修养和开拓创新的素质相结合。党员、干部和广大群众及青年学生要本着对社会负责的态度，置身传承、实践、弘扬沂蒙红色文化社会实践活动，努力做到这种具有全面性的“五结合”，就能够积极主动摆脱旧思想、旧观念对自身所形成的文化束缚，克服在市场经济条件下及各种错误思潮影响下对沂蒙红色文化产生的模糊认知，全面准确地理解、实践和弘扬这一具有地区特色的优秀文化，在多种多样的社会实践过程中充分体现爱党、爱国、关心他人且甘于自我奉献精神品格，主动追求社会主义新时代开拓进取的新目标、新方向，进一步提升不甘落后、敢为人先、奋力发展的思想境

① 习近平．紧紧围绕坚持和发展中国特色社会主义学习宣传贯彻党的十八大精神（2012 年 11 月 17 日）[M] // 十八大以来重要文献选编（上）．北京：中央文献出版社，2014：81．

界。沂蒙地区党政机关、文化单位及整个教育系统做到了这几个方面，传承、实践、弘扬沂蒙红色文化的社会实践就会起到令所在地区及全国瞩目的成就。

第三节　开展传承、实践和弘扬沂蒙红色文化社会实效性研究

文化力是一种持久、恒定、多元且有着很强控制作用的神奇力量，但不是显性的并容易固形的力量。因此，传承、实践、弘扬沂蒙红色文化所产生的效力也必然是以潜移默化、日久累积的方式形成。要使悠久的沂蒙红色文化深入人心且焕发出改革创新的行动，就必须在系统开展社会活动时具有明确的针对性和目的性。要做到这一点，无论在何种规模上开展传承、实践、弘扬沂蒙红色文化的社会活动时，要从内容到形式、从普遍性到纵深度以及到组织落实的具体步骤方面都具有新时代文化发展的特征，使这种社会实践活动能够保持常态化、多元化和制度化，将以下三个方面作为文化活动工作重点进行强调和落实。

一、传承、实践和弘扬沂蒙红色文化重在促进双文明建设

传承、实践、弘扬沂蒙红色文化要深化对这种本土文化的认知能力，明确文化在沂蒙地区历史发展、近现代革命斗争以及社会主义建设中所发挥的突出作用，使党员、干部和广大群众自觉学习、传播、弘扬这种有着持久生命力和开拓创新潜力的文化，以此消除市场经济出现的消极因素和全球化文化沉渣涌入的不利影响，提高沂蒙地区全体干部群众和青年学生的道德修养

以及创新、创造能力所需要的综合素质。社会活动要以各行业改革创新、各层级学校教育发展、红色精神传承“三位一体”的方式，促进这一地区新时代社会主义建设在物质文明和精神文明两个向度的快速发展。

二、传承、实践和弘扬沂蒙红色文化要各部门协调共进

沂蒙地区各级党政部门、学校和文化团体在传承、实践、弘扬沂蒙红色文化方面，要根据不同机构、不同单位群众的文化水平，建立党委宣传部门与老、中、青等群众团体相协调的组织架构，各自根据学习、工作、生活的特点同心协力、齐抓共进。在活动内容设计和形式策划方面要注重开拓、开发沂蒙红色文化学习、理解和传播的广度和深度，形成学习、宣传、实践、弘扬沂蒙红色文化的浓厚气氛。在整个传承和弘扬链条上最重要的环节是抓好广泛学习、深入理解、内化到自身行为中的过程效应。激发干部群众传承、实践、弘扬沂蒙红色文化的自觉性和使命担当，实现由外驱力激发到自动承袭、自觉实践的效能。外驱力激发最直接、最有成效的方法就是领导干部坚持正面引导、共同探索、认真领悟的原则。在文化活动内容设计和形式策划方面，以确定明确主题为引领进行系统性计划和实施，做到有步骤、有程序地由浅入深、由表及里地教育引导，做到制度文化层、物质文化层以及行为文化的有机结合，形成干部群众在文化创新发展上的共生共建与和谐共进。

党政机关一方面要结合哲学、社会学的理论学习研究，一方面要结合基本国情和党史学习教育，强化沂蒙红色文化本体认同感和自觉性，采用渗透、穿插、融合的方式方法激发广大干部群众爱党、爱国、爱家乡的热情，以党员干部的带头作用强化群众传承、实践、弘扬沂蒙红色文化积极性和主动性，为建设沂蒙地区成为共同富裕的美丽家园发挥文化软实力的重要作用。

三、传承、实践和弘扬沂蒙红色文化要强化示范效应

为了使传承、实践、弘扬沂蒙红色文化社会活动产生较强的吸引力、凝聚力和感召力，沂蒙地区党史政机关、学校和文化团体必须运用不同文化层次群众所喜闻乐见的方式方法开展各项活动，才能达到使沂蒙红色文化入目、入脑、入心并产生创新发展行为的目的。而这一目的的实现最重要的三点就是，发挥先进人物的引导作用、不断完善文化活动形式以及做到常态化和多元化。

（一）通过先进人物使沂蒙红色文化具象化和形象化

文化具有很高的抽象性和意向性特点，在沂蒙红色文化宣传推广方面，先进人物使这一地区文化具有具象化和形象化的特点。各级党政机关、学校和文化机构强化文化传播典型和模范人物的引领作用，使广大群众和青年学生做到远学高目标与近学低目标相结合，达到在文化认同的同时，内化为自身的文化素质。利用现代化的媒体将先进人物折射出的文化光彩进行高效传播，使沂蒙红色文化成为看得见、摸得着的客观存在，能起到增强感染力和影响力的重要作用。党政机构、学校和群众文化单位要注意挖掘和树立一批成就卓著的典型，让广大干部群众真切地看到沂蒙红色文化载体就在自己身边，并非不可学、不可仿、不可努力实现的一种存在。做到这一点，沂蒙红色文化的传承、应用和创新能够达到国家所要求的坚守文化责任、彰显文化力量的目的。

（二）沂蒙红色文化活动形式的不断完善

为了使传承、实践、弘扬沂蒙红色文化的社会活动形成良好氛围和舆论声势，并使之具有强大的历史穿透力超越时空局限，以新时代活力四射的方式得到可持续性发展并产生巨大的物质效能，就要特别注重日常文化活动与重大节日活动相结合，开展寓教于乐、寓事于理、激发心灵共鸣的活动，通过电视、网络等载体的传播感染广大群众，激发大家传承、应用、弘扬沂蒙

红色文化的主动性和自觉性，积极主动地助力中华民族从富起来到强起来的历史跨越。

（三）保持沂蒙红色文化活动常态化和内容连续性

传承、实践、弘扬沂蒙红色文化的社会活动的开展，需要沂蒙地区的党员干部、学校教师和文化工作者在全面、准确地理解沂蒙红色文化核心意涵的基础上，在学习、工作和生活中脚踏实地地实践沂蒙红色文化，各级党政机关和相关单位要持续高效地落实党在文化事业发展方面的政策措施，保持社会文化实践活动的常态化、多元化和内容的连续性。只有沂蒙地区党政机关、学校和群众文化单位等各级组织做到持之以恒，才能使传承、实践、弘扬沂蒙红色文化的社会活动不断深入并快速发展，为中华民族文化成为世界性的精神高地发挥永久作用力。

第四节 沂蒙红色文化之甘于自觉奉献精神的社会影响研究

在沂蒙特色文化形成的漫长历史进程中，从东夷文化开始就具有坚定信仰的强大力量。生活在沂蒙沃土上的祖先，从新石器时代开始就坚定不移地向未知世界探索、开拓，在天文研究、工具制造技术以及医药、酒业、文化娱乐等各方面处于领先地位。到春秋战国时期，随着儒家文化的兴起和发展，沂蒙地区这片神奇的土地就在仁、义、礼、智、信等儒学思想观念的滋润、哺育下形成了自身的特色文化。传统文化中的“忠义观”铸牢了沂蒙红色文化中甘于自觉奉献的思想根基，并使之成为学士、官员坚守不变的信念，由此演化成对国家绝对忠诚而置个人的生死于不顾的牺牲精神，即出身于沂南县的诸葛亮在《后出师表》所言明的“鞠躬尽瘁，死而后已”。

一、探源沂蒙红色文化中甘于自觉奉献精神的根基

甘于自觉奉献精神是沂蒙地区在历史进程中经过大浪淘沙般洗礼所成就的传统文化内核，正是这种“核心动力”形成了这一地区儿女为了国家和民族利益“鞠躬尽瘁，死而后已”高贵品质。在现代社会，沂蒙干部群众将甘于自觉奉献精神结合革命性、科学性形成了具有先进性的精神特质，使干部群众在行为文化层与祖国同行、为人民奉献，以实际行动书写新时代的自强不息、创新开拓的美丽华章。

（一）甘于自觉奉献的历史成就沂蒙红色文化精神坐标

临沂颜氏家族是孔子的弟子颜回的后代，儒家文化是颜氏家学的重要组成部分。唐朝时期自觉奉献牺牲的两个著名的政治家和军事家颜杲卿、颜真卿兄弟，为了国家宁死不屈，成为一代学人、书圣崇高的精神坐标。随着历史发展的进程，到了明清时期，在抗击倭寇的战争中出现了永垂青史的著名军事家戚继光，更有怒斩倭寇首领的将领李锡，宁为玉碎、不为瓦全的平民将军左宝贵，以及倾其家财组织沂蒙青年参军抗击倭寇的平民孙镗，他们在危急关头把国家和民族的利益放在首位，而从未顾及个人性命和家族的财产损失，这种自觉奉献的精神品格几乎是在“敌情即是命令”的关键时刻自行生发，而不是靠外力驱使而出，这是无比崇高的使命担当和可歌可泣的自我牺牲精神的真实写照。

沂蒙红色文化的传承以自身蓬勃的生命力推动民族精神的发展。到了土地革命时期，沂蒙大地有了以中共一大代表王尽美和一批最早为追求真理而从事革命活动的党员，更有“泺口九烈士”以青春的热血染红了沂蒙大地，成为信仰马克思主义、为民族解放而献身的英烈。在抗日战争时期，沂蒙人民在八路军的带领下与日寇浴血奋战，为了守护八路军的文件、战马，不惜献出了生命，“红嫂”明德英、沂蒙母亲王换于和祖玉兰等沂蒙地区平凡无奇的弱女子，却在保卫家园的战斗中冒着生命危险支持八路军抗击入侵的日寇，

她们倾其家中所有、自觉奉献“乳汁”救伤员，为国家尽献拳拳忠心，以双肩扛起民族解放的责任义务。解放战争时期，沂蒙地区的数万民工组成的担架队在炮火中运送物资、抢救伤员，“沂蒙六姐妹”用肩膀擎起战斗胜利的彩虹桥，妇女识字班带领村中的留守老人送军马、运军粮，一幕幕自觉奉献的画面刻印着我们这个民族自强不息、不怕牺牲的文化符号，让后来者永远铭记、继承和弘扬。

（二）“忠义”是世界大变局中增强民族战斗力的精神武器

“忠”与“仁、义、礼、智、信”一道贯穿于中华伦理发展的脉络，成为中华民族从古至今公认的价值标准。正如孙中山所言，我们做一件事，总要始终不渝，做到成功；如果做不成功，就是拿性命去牺牲，亦在所不惜。这便是忠[①]。一个不忠、不义的人在国家、民族处于危难进刻怎么可能有自觉奉献、不怕牺牲的勇为？忠义更是我们这个民族生生不息、奉为至高无上品德的精神支柱。每个华夏儿女忠于国家和民族大业在所不辞，但是在“地球村”的背景下有人往往把忠义行为扣上“愚忠”的帽子，为个人主义至上者的背信弃义行为找借口。有的人到了西方国家后融入反华阵营，还有人身在国内却是崇洋媚外的“精日”分子，毫不掩饰地为日本帝国主义的侵略行为洗白。在国际环境日益复杂、打压中国的西方国家拉帮结伙，唯恐中国越来越强大使他们失去霸权地位的背景下，中华民族必须团结一心，以忠于国家、信守道义的民族传统文化为支撑，树起不畏列强、不怕牺牲、英勇战斗的旗帜，为国家的富强和民族复兴自觉奉献自己的才智，为捍卫国家安全和民族尊严不惜付出生命代价。

（三）沂蒙红色文化中甘于自觉奉献的精神体现民族大义

习近平总书记指出：“古人所说的‘先天下之忧而忧，后天下之乐而乐’的政治抱负，‘位卑未敢忘忧国’‘苟利国家生死以，岂因祸福避趋之’的报国情怀，‘富贵不能淫，贫贱不能移，威武不能屈’的浩然正气，‘人生自古谁

① 杨扬，方堃．论忠义观下良性政治生态的构建与治理 [J]．科技创业，2015(12)：101．

无死，留取丹心照汗青’‘鞠躬尽瘁，死而后已’的献身精神等，都体现了中华民族的优秀传统文化和民族精神，我们都应该继承和发扬。”① 这段话明确了中华传统文化中一切以国家利益和民族大义为重的核心意涵的新时代意义。沂蒙地区党政机关、企事业单位、学校及群众文化团体要在传承、实践、弘扬沂蒙特色文化的进程中将以“忠义观”为根基的自觉奉献、不怕牺牲的精神品格放在最重要、最突出的位置，在行为文化建设上强化每个人都在本职岗位上做“螺丝钉”“老黄牛”意识，做雷锋那样有理想人格、处处助人为乐的道德典范，在实践、传承传统文化的进程中推动中华文明向更高的层级迈进。

二、甘于自觉奉献精神是沂蒙干部群众价值追求的有力支撑

从自觉奉献精神品格形成的角度理解沂蒙干部群众的价值追求，是传承、实践、弘扬沂蒙红色文化的必要前提。

（一）个体甘于自觉奉献精神与社会价值的共生共建

每个人的价值追求是用自身世界观去观察、处理、挑战人生各种问题的评定标准。因此，与每个个体对社会的贡献和索取的实质性关系密切相关。通俗地讲，就是每个个体如何对待人生的目的和意义问题。从沂蒙地区传统文化形成与发展梳理、研究的历程中可以看出，任何时代的精英或伟大人物都不以自身占有多少物质财富或取得多高的优越地位为价值追求，而是将自身在所从事的领域能多大程度地服务他人，即以对集体和社会的所作的贡献的多少为价值追求。

无论哪个历史阶段，作为个体的人向他人、集体、社会的索取大于贡献，他的生命价值不仅无从体现，也可能因走向反面，遭到所在社会及历史进程的抛弃。如果作为个体的人能够把自觉奉献作为价值观的重要支撑，他必然

① 习近平在中央党校建校80周年庆祝大会暨2013年春季学期开学典礼上的讲话（2013年3月1日）[EB/OL]. 中国共产党新闻网，2013-03-04.

在一生中对他人和社会的贡献大于自身利益的索取。历史上沂蒙地区的精英人物将个体的人生价值融入社会价值，从而以自觉奉献的品格提升了人生价值和生命意义。

（二）发扬甘于自觉奉献精神重在克己奉公

党员干部作为个体的人对共产主义目标、对社会进步、对人民利益怀有高度的责任感和使命感，本身就有了行为文化层意义上的自觉奉献的意识，就能够在工作和生活中以服务社会、全心全意为人民服务的标准要求自己。针对这个问题，《人民日报》曾发表题为《让奉献担当成为习惯》的文章："做共产党员，不是一时一地，而是一生一世；做合格共产党员，重在日常，贵在有恒，成在自觉奉献与担当。"①

合格的党员干部在处理个体与他人，即集体、社会的关系时，必然要将个体利益放在次要位置。党员干部个体依据共产主义人生观和创造更大社会效益的价值观形成自觉奉献的精神品格，在日常工作中能够像老一代沂蒙人那样做到以人民的利益为出发点、甘于自奉献，就能积极主动地以克己奉公的态度把困难留给自己，把人民的利益和民族复兴当作最高的人生目标，当个体的得失与集体、社会利益发生冲突时能毫不犹豫地牺牲个体利益，带领群众一起维护集体利益和社会效益。倘若一个民族不将甘于自觉奉献的精神品格作为主体意识，这个民族就不会拥有光辉灿烂的未来。党员干部必须牢记这一点，并在行为文化主导下身体力行。

（三）甘于自觉奉献精神鼓舞干部群众力争上游

沂蒙特色文化发源于70万年以前就有沂源猿人栖息的这片土地，在历史长河的洪流中沂蒙文化聚沙成塔，成为这一地区人们自强不息、昂扬奋进的精神品格，无论哪朝哪代都焕发出勇于拼搏的强大力量，并且在华夏大地上发出不断创新儒家思想的响亮回音。

自改革开放以来，全球化交流的频次、领域、深度都不断加大，各种文

① 王维新．让奉献担当成为习惯［EB/OL］．人民网，2017-06-06．

化思潮涌进来对中华传统文化形成不小的冲击，但是沂蒙地区以儒家思想为根基形成的良好文化传统没有发生根本性改变。沂蒙山巍峨耸立、沂河水奔流向前，这片土地展现出独特风光之时也坚定了沂蒙人实践特色文化的坚定信念。

在改革开放越来越深入的进程中，沂蒙地区干部群众努力发掘各行各业的潜力，继续以坚韧不拔、发愤图强、甘于自觉奉献的拼搏精神建设美好家园。在国家改革开放将迎来40周年的日子里，临沂市为了彰模范人物和先进集体，评出“40年40人40事”，在40人评选中入选的有：献身使命的忠诚卫士——武警临沂支队直属一大队原班长张楠，他在执行驻索马里大使馆警卫任务时遭受炸弹袭击时壮烈牺牲，以生命唱出了一曲忠诚卫士的英雄赞歌；奉献乡村农牧业的科技工作者、获国家21项专利的谭善杰；新时代拥军模范群体“沂蒙新红嫂”等典型①。他们以朴实、勤恳、执着、无私的品格为社会主义建设和国际和平奉献了自己的才智乃至生命，体现了沂蒙红色文化之行为文化层的灿烂光芒。

三、甘于自觉奉献精神使干部群众坚定马克思主义信仰

在马克思主义传入中国后，进步知识分子就树立了为全人类的解放而奋斗的共产主义人生观，他们敢于冒流血牺牲的风险到广大群众中去宣传无产阶级革命的理论，联合沂蒙人民一起反封建、反帝国主义。也正是由于沂蒙地区这些革命先驱者有了这种崇高的共产主义信仰，把拯救劳苦大众于水深火热的斗争中当作自身的责任和使命，在王尽美、刘少奇、陈毅、罗荣桓、徐向前、罗炳辉等人的率领下，与沂蒙地区广大人民风雨同舟、团结战斗，经过长达20多年的浴血奋战，终于和全国人民一起推翻了压在头上的三座大山，取得了与封建势力、与日本侵略者、与反动派斗争的全面胜利。社会主

① 临沂改革开放40年40人40事评选揭晓（附名单）[EB/OL]．齐鲁网 2018-12-28．

义建设时期的沂蒙干部群众仍然牢记几万先烈的热血洒在本地区这片热土的牺牲与奉献，并从行为文化、物质文化两个向度继承他们的遗志，为实现共产主义事业而贡献青春、智慧和毕生精力。

（一）共产党一切为了人民，人民甘于为党、为国家自觉奉献

沂蒙地区最早的共产党员就把奉献牺牲作为生命的终极价值，他们所做的一切都是为了使人民尽快翻身得解放，过上快乐安康、甜蜜幸福的生活，行为文化层的各种活动都以符合人民群众的意愿为出发点，为创建新中国、为民族屹立世界东方英勇战斗。沂蒙地区人民在党的领导下投身到马克思主义实践中，进步知识分子和有识之士以高昂的热情踊跃参军、参战及宣传鼓动活动。抗日战争时期党在沂南县创建了抗日根据地后，群众纷纷成立多支地方武装以配合八路军开展游击战；解放战争时期在临沂战役、淮海战役等战役中用粮食、担架、军鞋等物资支援解放军，千千万万的沂蒙人推着小车、抬着担架、冒着枪林弹雨支前……在长达十几年的战争岁月中，共有3万多沂蒙优秀儿女前赴后继并献出他们宝贵的生命。新中国成立初期，沂蒙地区各相关县区为解决洪水之灾和灌溉难题，人民群众在党的英明领导下，以高昂的热情投入到大会战中修建水库，拆除一座座房屋、搬离家园也在所不在所不辞。沂蒙地区人民甘于自觉奉献，解决了百废待兴时期的一个个难题，从物质文化层和行为文化层取得双层共建的巨大成就，让全国人民看到沂蒙红色文化产生的强大力量，坚决了走社会主义现代化的信心和勇气。

（二）甘于自觉奉献的精神与共产主义理想相结合是力量源泉

社会主义建设步入新时期以后，改革开放使国家的经济建设取得了前无古人的巨大成就，让全世界看到了中国人创造了人类发展史上奇迹。2019年国家的改革开放走过40年的光辉历程，2021年中国共产党开启了第二个百年新征程。在一切都展现蓬勃生机、奋勇前进的气势更加强劲之际，也必须看到中华民族伟大复兴的战略目标的实现正面临日益复杂多变的国际环境，霸权国家打压、阻挠的手段更加恶毒，需要全国各族人民认清形势的严峻，紧

密地团结在党中央周围，有准备地、有预案地应对一切突发事件，做到不向任何外部势力妥协、屈服并能战胜一切来犯之敌。中华民族未来的目标无比高远、前景更加广阔，甘于自觉奉献的精神必然发挥越来越大的支撑作用，在开拓进取的征程中凝心强势、激发智慧并使之成为不竭的力量源泉。

沂蒙地区党员干部将在文化传承中已经融入血脉的甘于自觉奉献的精神品格，与共产主义思想和民族复兴的目标相结合，形成独具特色的现代化科学思想体系。这是用来观察、研究、处理、解决社会政治经济、科技教育发展所遇到的各种问题的不二法门，重器在手，必然能够激励沂蒙地区人民从一个高峰走向另一个更高的高峰。

沂蒙红色文化融入共产主义思想，能够在沂蒙地区的干部群众建设家园、实现民族复兴的进程中体现不可战胜的决心和意志，展现新时代沂蒙人民的政治本色和特有的精神风貌，自然会成为这一地区兴旺发达、强大久远的力量源泉。

（三）甘于自觉奉献的精神要求在高速发展的社会正本清源

人的思想观念虽然属于主观世界范畴，但是也同样服从于运动、变化的客观规律。在经济转型的过程中也必然会在一些群体中出现私欲占上风的现象。有一部分党员干部精神支柱错位，为共产主义而奋斗终身的理想信念崩塌，把领导干部位置看成是当官做老爷的宝座，贪图物质享受，以违法乱纪的手段追求个人私利，给党和国家造成了政治上和经济上的巨大损失。但是，“人间正道是沧桑”这个历史发展的规律必然发挥清本正源的作用。中国共产党是具有自我净化能力的先进组织，从上到下的反腐败斗争不断取得重大进展，尤其是在党的十八大后，惩治了数以万计的腐败分子，树立起一心为民、竭诚奉献的张桂梅、郭明义等人的高大形象。先进模范人物以社会大众看得见的付出，坚守共产党先锋队的理想信念，践行把国家建设成富强、民主国家的伟大使命。事实证明，甘于自觉奉献的精神是共产党固有的政治本色，也是履行自己的历史使命的力量源泉。只有发扬甘于自觉奉献的精神，才能在复杂的国际环境中和遭遇突发事件时经受住严峻的考验，使我们这个历史悠久的民族永远立于不败之地。

（四）甘于自觉奉献的精神结合为人民服务思想取得脱贫致富硕果

无论是革命战争时期还是社会主义建设时期，中国共产党都把为人民群众谋利益作为最高目标，革命先辈率领广大党员不为名、不为利，只为国家和民族的兴旺发达鞠躬尽瘁、死而后已。尤其新中国成立后的社会主义建设时期，沂蒙地区广大党员干部在平凡的工作岗位，兢兢业业、勤勤恳恳，发挥甘于自觉奉献的精神，用实践沂蒙红色文化谱写了经济发展和人民生活水平达到小康水平的凯歌。从百年来国家发生的巨大变化可以发现，由中华传统文化尤其是儒家“忠义观”起重要作用派生的甘于自觉奉献的精神，在融入共产主义思想和为人民服务的信念后，沂蒙地区干部群众更加明确了人生价值与社会价值的关系，也正是由于甘于自觉奉献的精神与党的为人民服务思想同源共理，才有了大家同心同德、共同奋斗改变落后面貌的力量。

全国实施精准扶贫战略以后，沂蒙地区扶贫干部深入到脱贫攻坚第一线、吃住在责任村，融合多种资源与群众一起发展高附加值的产业，到2018年时取得了贫困发生率为零的成效，全地区1275个贫困村按计划全部脱贫摘帽。2021年2月，在北京举行的全国脱贫攻坚总结表彰大会上，沂蒙地区有两个扶贫先进集体和五名脱贫攻坚先进个人获得全国表彰荣誉。两个集体是临沂市扶贫开发领导小组办公室、临沂市关心下一代工作委员会孤贫儿童心理辅导志愿者服务团。五名个人是生前任沂水县四十里铺镇洪沟村第一书记、临沂矿业集团有限责任公司扶贫办副主任的刘建光，兰陵县卞庄街道代村党委书记、村委会主任王传喜，莒南县委书记、临沂临港经济开发区党工委书记张佃虎；平邑县凯凯服饰有限公司经理刘加芹（女）；费县薛庄镇中心小学党总支书记、校长张贵州。沂蒙地区党员干部在脱贫攻坚的战斗中发挥甘于自觉奉献的精神品格，带领贫困村群众走出一条帮扶措施多重覆盖、集体个人多方受益的路子，取得了沂蒙地区农村贫困人口减少45.1万人的巨大成就。

（五）甘于自觉奉献精神谱写新时代沂蒙最美篇章

甘于自觉奉献的精神使沂蒙地区干部群众在革命战争时期坚定了与敌人血拼到底的信念和决心，他们的革命热情、为正义事业拼到最后一口气的精神创造了光辉的历史。走过社会主义建设初期的峥嵘岁月来到21世纪，在积累了前期改革开放丰富经验的基础上步入社会主义建设新时代，面对中华民族伟大复兴光荣而艰巨的任务，沂蒙地区新一代干部群众更加坚定政治信仰、坚守甘于自觉奉献的精神作品格，争做有理想、讲道德、践行优秀传统文化的新人，向着国家越来越繁荣强大的宏伟目标迈进。沂蒙地区每一位党员干部都将按照党中央要求，不断增强四个意识、坚定四个自信、推进三个创新，以沂蒙人自古以来敢于战天斗地真性情，推进中国特色社会主义伟大事业快速发展并取得前无古人的辉煌成就。

第五节　沂蒙红色文化之女性甘于自觉奉献精神品格研究

沂蒙地区女性甘于自觉奉献的精神品格是沂蒙红色文化的重要组成部分，集中体现了生活在这块儒学文化基础深厚的女性所具有的任劳任怨、坚忍不拔、爱国爱民的高尚品德。沂蒙地区女性与其他地区女性最为不同的特点是，作为革命老区人，她们受共产主义教育更早，对其精神实质领会也更加深入。因此，她们的精神品格中更具有甘于自觉奉献的豪情壮志。毫无疑问，沂蒙女性精神品格为沂蒙红色文化增加了百年时代光彩。

一、沂蒙女性精神品格中承袭丰厚儒家文化底蕴

儒家文化最重要的贡献就是从人类进入文明社会之初就培养了中华民族

的精神气质，如爱国主义、集体主义、义利观、发展观等，如果没有这些思想观点为基础支撑中华民族文化大厦，我们这个国家就不会永远挺立在世界的东方。特别重要的一点是，从春秋时期开始一直到近代社会，沂蒙地区始终是儒家文化的传播、研究、发展的重要地区，无论古代中国社会制度如何改变，儒家文化一直经风历雨保持这一地区的主流文化的地位。体现儒家核心思想的“仁义礼智信”一直深深地扎根在这一片沃土，爱国、爱民、深明大义一直是沂蒙地区百姓的精神支柱。从古至今，沂蒙大地上涌现出了无数仁人志士，其中也有许许多多的优秀女性，成为不同时期沂蒙女性精英学习、效仿的杰出代表。

（一）沂蒙奇女子、政治家君王后治国有方的影响力

人类社会从母系社会的最初形态过渡而来，女性一直在社会发展中处于“半边天”的地位，尽管封建社会女性的地位不高，但是叱咤风云的政治精英也用她们的真诚和智慧书写了世代传诵的历史功绩。

在战国时期，沂蒙地区归齐国管辖。齐国太史敫的女儿就是一位智慧超群的奇女子，在战乱中她收留了落难的齐闵王之子田法章，两人日久天长相处，情投意合，感情也越来越深。后来，田法章被拥立为齐襄王，迎娶这位有远见又十分仗义的女子为王后。齐襄王去世后，其子建成为国王，母亲以太后的名义听政于朝廷。这期间，齐王后对外讲诚信于诸侯各国，对内想尽各种办法发展农牧业生产，使齐国增强了经济实力，国家治理也井井有条，做到了十余年未遭战乱之苦。史家将“君王后”誉为杰出的政治家，她关爱百姓、仁义治国的风范对沂蒙女性产生了深远影响。

（二）乡村女子“漆室女”胸怀天下，传承忧国忧民之风

现在的兰陵县战国时曾属于鲁国管辖，被称为“漆室邑”。由于战国时期战乱频生，有识之士都时刻担心国家的生死存亡，但是在“漆室邑”这个地方有个生活在小乡村且没有文化的年轻女子，因胸怀远大青史留名。西汉文学家刘向所著《列女传》中，有一篇标题为《鲁漆室女》著名散文，专门记载了

这位奇女子的故事。

这位生活在乡村年轻女子，在战乱时代岁数一年年地增大，但是始终没有出嫁，她整天在家中唉声叹气地不开心。有位好心的邻居见她可怜，有一天就来到她的面前说："你如果特别想把自己嫁出去，我可以帮你介绍男人。"不料这话一出口，就令这位姑娘十分气恼，她恨恨地说："我一直认为你是个有见识的人，没想到你这样目光短浅，不能理解我的心。我并非因没有如意郎君而发愁。"对方很是不解地问："那你为什么整天忧心忡忡的啊？"姑娘长叹一声后说："我愁的是国君年老、太子少稚，而朝廷的官员却欺上瞒下，不把国家的安危放在心上。这样下去，鲁国不久就会大祸将临啊！"这个姑娘的一番话说得邻居羞愧难当，他没有想到她能有如此胸怀——"身无半亩，心忧天下"。

果不其然，三年后鲁国发生战乱，生灵涂炭、民不聊生。如此有远见的"漆室女"真是个奇人，有史学家认为。"知我者，谓我心忧；不知我者，谓我何求。"这首诗说的就是这位忧国忧民的"漆室女"。由此可见，沂蒙地区女性爱国家、爱家园的精神品格，就是这样一代代地传承了3000年。

（三）"花木兰"式的女军事家杨妙真尽显英雄气质

人人皆知的《木兰辞》是南北朝时期的一首乐府民歌，描绘了代父从军的木兰姑娘的故事。后来有人认为木兰姓花，所以将这位驰骋沙场的女子称为"花木兰"。虽然她到底是否姓花史学界还有争议，但她是中华民族女英雄的代表，这一点无可否认，千百年来以"花木兰"为主人公的文学艺术作品层出不穷。沂蒙地区历史上也有一位如同"花木兰"一样叱咤风云的女英雄，她是南宋时期的奋力抗金的"红袄军"首领杨妙真。

起义军"红袄军"早期的首领是杨妙真的哥哥，杨妙真辅佐哥哥对军队进行训练并参加作战。不幸的是，哥哥在一次战斗中被敌军杀死，杨妙真责无旁贷地成为"红袄军"的首领。她曾率领数十万起义军转战于沂蒙山区，为阻击金兵南侵奋勇战斗，取得了赫赫有名的战绩。有史学家称她为治军有方的军事家。明代著名军事家戚继光在《纪效新书》中对杨妙真的枪法有很高评价，并在书中绘出了讲解图，将她的枪法写入了这本作为训练用的教科书，可见其枪法之高实属罕见。杨妙真的故事在沂蒙地区广为流传，成为想干大事业女性的精神偶像。

（四）沂蒙地区才华横溢女诗人和助学义女名留青史

明清时期，随着文明程度的提高，女才子不断增多。沂蒙地区宫廷女诗人夏云英虽英年早逝，因作品清纯唯美而著称于沂蒙地区并广为流传；明末清初的女诗人纪映淮虽然经历了战乱丧夫之苦，其作品的文学魅力颇受赞誉；清朝时期更有出资助学的“女武训”王氏受到清廷的嘉奖。

各个不同历史时期，生活在沂蒙地区这些优秀女性，为政治、军事、文学艺术和教育发展作出巨大贡献，有着忠义、勇敢、爱国、爱民的精神品格，为历朝历代沂蒙地区女性树立了可学习、效仿的典范。

二、甘于自觉奉献是沂蒙女性“教科书级”的精神品格

当人类步入近代社会，沂蒙女性为民族解放，同他们的父兄、子弟一道英勇地投入波澜壮阔的革命洪流，她们不断加强文化知识学习，努力提高自己的政治思想水平和革命觉悟，不仅跟随共产党史很快实现了自身的翻身得解放，也为革命斗争的胜利作出了重大贡献和牺牲，“沂蒙红嫂”“沂蒙母亲”“沂蒙六姐妹”是名留青史的典型的代表。

在那刀光剑影、血与火交织的战斗岁月里，沂蒙地区的广大女性“母亲送儿子上战场，妻子送丈夫打东洋”；为了支援前线，她们昼夜奔忙在公路上运军粮，回到家中纺线织布做军装、军鞋；为了支持人民军队渡河杀敌，她们站在刺骨的河水中用肩膀扛着门板搭起通往胜利的彩虹桥……尽管她们不为名、不为利，但她们作为中华民族的优秀女性的代表，为共和国的成立立下了可记入史册的汗马功劳，为巍峨沂蒙山、滚滚沂河水写下了最美的诗篇。

沂蒙地区女性在社会主义建设初期，为了摆脱穷困的落后面貌同男性一起流下辛勤的汗水，成为建设沂蒙、发展沂蒙、振兴沂蒙的主力军，在各行各业涌现出了众多的优秀党员和先进模范人物，成为社会主义建设初期沂蒙女性精神品格的典型标志。像全国劳动模范卢翠秀、被誉为“老黄牛”的女工戴文霞、支持丈夫献身国防事业的韩玉秀、“新时期红嫂”、全国“双优”模范李秀莲，等等。许多沂蒙地区的优秀女性成为精英群体的重要成员展现出奋斗者的飒爽英姿。

受儒家文化浸润的沂蒙女子爱自己的家园、爱自己的亲人，但是，一旦党和国家需要时，她们舍得付出一切所有甚至牺牲自己或亲人的生命。在对越自卫反击战中，沂蒙地区的母亲们失去了101个优秀的儿子。她们一心只图报国，不求任何回报，更没有向国家索取任何利益，无论作出多大奉献和牺牲，她们依然在这块祖祖辈辈耕耘的土地上辛勤劳作。蒙山不老，沂水长流。沂蒙女性对党和国家的爱是永恒的，甘于自觉奉献的精神品格至高无上。

三、沂蒙女性甘于自觉奉献精神彰显重要现实价值

沂蒙地区女性甘于自觉奉献的精神品格代表了中华女性自立、进取、奋斗不息的高尚情操。传承和发扬沂蒙女性的精神品格对于振奋民族文化自信心具有深远的历史意义和现实价值。

其历史意义在于勤劳勇敢、开拓进取、无私奉献的精神是中华民族的道德血脉。在五千年中华的文明进程中培育了奋发向上、自强不息的民族文化之魂，成为中华民族开辟美好未来的精神支柱和不竭动力，在社会主义建设时期又为民族文化增添了新的内容，具有强大生命力的民族文化，与伟大的共产主义理想相结合，便为整个民族增强了克敌制胜、战天斗地的强大力量。从古代的四大发明到现代原子弹、氢弹、世界最大射电天文望远镜、宇宙飞船、空间站等先进技术，无不闪耀着中华民族悠久历史文化的光芒。在新的

历史时期中华民族伟大创造力、强大生命力、巨大凝聚力使国家一步步走向强大。

在这样的时代背景下，以承袭儒家思想为标志的沂蒙女性的精神品格，融入共产主义思想后，必然能够将沂蒙红色文化发挥到极致，并成为中华民族文化精华的重要组成部分。数十年来，千千万万的沂蒙女性以独立自主、艰苦奋斗的精神参加社会主义现代化建设，以骄傲自豪的姿态展示了她们所取得的突出成就，在中华大地绽放出传统美德、集体主义、爱国主义及共产主义相结合的璀璨光芒。

（一）沂蒙女性甘于自觉奉献的精神释放建设者潜能

新中国成立初期和社会主义建设时期，沂蒙地区女性继续发挥艰苦奋斗、敢于挑战自我的精神，成为各个行业的精英人物。解放战争时期的支前模范董力生是出席全国第一次妇女代表大会的代表。1949 年 3 月，受到毛泽东主席亲自接见，后来受到斯大林、金日成等领袖的接见，并收到了领袖们赠送的珍贵礼物：斯大林赠送给董力生一件黄呢军服、金日成馈赠她送一部留声机。这些礼物不仅对董力生的革命精神的嘉奖，更是对中华女性优秀品格的赞美。新中国成立后，在战争年代成长起来的董力生积极投入社会主义建设，成为华东地区的第一位女拖拉机手，后来担任历城县妇联副主任、济南轻骑摩托车总厂工会副主席等职务。

值得称道的是，在 1956 年全国先进生产者代表会议上，平邑县常山区供销社出纳员姚方华被授予全国劳动模范；在 1959 年举行的全国工业、交通运输、基本建设、财贸方面社会主义建设先进集体和先进生产者代表大会上，姚方华再次被授予全国先进生产者称号，成为新中国成立初期的优秀女性代表。

沂蒙地区的山山水水因为有了这些女性的身影更加多彩绚丽，社会主义建设事业的发展更加充满勃勃生机。

（二）新时代沂蒙女性精英人物展现时代风采

新时代沂蒙地区女性在党的改革开放政策指引下，继承甘于自觉奉献的精神品格艰苦创业，大力发展工农业生产和商品经济，将自己的汗水和智慧融入沂蒙美好家园的建设，为建设社会主义新沂蒙而默默耕耘。她们是社会主义建设新时代，汇集了高尚的道德情操和时代风采的“沂蒙红嫂”“沂蒙母亲”“沂蒙六姐妹”，成为社会主义现代化建设的榜样和典范，激发沂蒙地区干部群众以必胜的信心和勇气走向更加美好的未来。

表 3–1　新时代沂蒙女性精英风采

	2022 冬奥火炬手蒙阴牛庆花	郯城最美警花杜金环	临沂优秀女教师张淑琴
人物简介	牛庆花，女，生于 1983 年 10 月，中共党员，初中学历。蒙阴县野店镇农民、电商。现任蒙阴县晏婴故里果品专业合作社理事长。被称为沂蒙地区的“网红劳模”“电商玫瑰”，2020 年被评为全国劳动模范。	杜金环，生于 1980 年 3 月，大学学历，中共党员。胜利派出所所长、三级警督警衔。2021 年获全国公安系统二级英雄模范荣誉称号。2021 年 4 月，获全国五一巾帼奖章。全国第十二届妇代会代表。	张淑琴，女，汉族，生于 1968 年 10 月，江苏邳州人，在职大学学历，中共党员。山东省临沂北城小学校长。2004 年被推选为全国优秀教师，2015 年被评为全国先进工作者。第十三届全国人民代表大会代表。
主要事迹	**冬奥火炬手的光荣** 2022 年 2 月 3 日，北京冬奥会火炬在延庆世界葡萄博览园传递，牛庆花是第 11 棒火炬手。牛庆花说：“赶上好时代了。咱们普通人也能走出去、被看见。劳动能创造幸福。沂蒙山人用劳动创造了财富、改变了生活、过上了好日子、创造了奇迹，有了出彩的这一天。希望通过这次活动，让更多的人关注到我的家乡沂蒙山。” **脱贫带头人** 牛庆花结婚后在家养了 10 多年的猪。2015 年底，当时养猪种地的她偶然一个机会，参加了北晏子村组织的电商扶贫培训。对于一直从事农活的牛庆花来说，这次	**留守儿童垢“警察妈妈”** 从警 20 多年，杜金环先后参与侦破各类治安、刑事案件 2600 多起，抓获各类违法犯罪嫌疑人 1200 多名，挽回经济损失 900 多万元，持续 14 年救助失去母亲的“三胞胎”儿童。帮扶辖区孤儿媛媛考入大学，关爱辖区留守儿童健康成长，被誉为“警察妈妈”。她的事迹先后被《沂蒙晚报》、山东《警察》杂志、山东电视台、《人民公安报》、中国警察网等关注报道。	**入职显身手** 张淑琴临沂师范学校毕业后，以讲课比赛第一名的成绩分配到临沂第一实验小学。踏入教师这个光荣的行列的第三年，代表学校参加全市数学讲课比赛，获得第二名。 **困难面前挺身而出** 1995 年后，她先后五次代表临沂参加山东省和全国的数学、科学和现代科技三个学科的讲课比赛，承担了教育部、科技部重点实验课题研究，执教省、市、区各级公开课近百节。2013 年，按照“名校进北城”的指示，将岔河村办小学发展为一小的分校，需派教干到分校

续　表

	2022冬奥火炬手蒙阴牛庆花	郯城最美警花杜金环	临沂优秀女教师张淑琴
主要事迹	培训给她打开了一扇大门，开始了“电商人生”。她创办了网店“孟良崮果园”，蜜桃销售旺季月销10万余公斤。她在自己致富的同时，带动全村16户贫困户脱贫，达到人均收入8000余元。通过线下吸收贫困户及其子女和当地农家妇女近50人就业。免费举办电子商务培训，被乡亲们称作新时代“沂蒙红嫂”。	**荣誉满身** 杜金环先后3次荣立个人三等功，被授予临沂市三八红旗手、全市善行义举四德榜“榜上有名”先模人物、全省公安机关学雷锋活动先进个人、全省人民满意的公务员、山东青年五四奖章、齐鲁最美警察、全省十大法治人物提名奖、全国“最美基层民警”提名奖等。临沂市第十五届政协委员。	工作。面对距离总校10公里、办学条件最弱、六个年级仅有148名学生的村小，谁去呢？作为副校长她在困难和责任面前，她第一个站了出来。 从那以后，她每天六点多骑自行车或坐公交车去上班，搞协调、抓管理。在各级领导的支持下，学校的硬件和软件环境大为改善，第三年新招学生比原来多8倍。扎实履职，让她6次受邀列席全国人大常委会会议、省人大常委会会议、省人民代表大会。
备注	新中国成立以来，截至2020年，沂蒙地区女性共有16人次获得全国劳模称号。牛庆花与曹淑云、于学艳、林西臻、刘加芹、王洋一起，被称为新时期“沂蒙扶贫六姐妹”。		

（三）新时代“扶贫六姐妹”传承红色沂蒙精神

2018年11月28日，《中国妇女报》发表题为《新时代沂蒙扶贫六姐妹传承红嫂精神》的文章，以浓墨重彩的文笔介绍沂蒙地区六位年龄不同的女性带领乡亲们创业、脱贫的事迹。文章一经发表，全国各大网站都纷纷转载。一时间，这六位战斗在沂蒙地区小山村里的女性家喻户晓。“沂蒙扶贫六姐妹”除了年龄最小的大学生村官王洋，其他五位都是学历不高、没有所谓“背景”、更不是有什么家庭背景雄厚的“富二代”，而是蒙阴县野店镇北晏子村留守妇女牛庆花、沂水县女企业家曹淑云、莒南县临港产业园莫家龙头村于学艳、临港区坪上镇林西臻、平邑县武台镇咸家庄村残疾女子刘加芹。这六位女性与抗日战争时的沂蒙红嫂明德英、沂蒙母亲王换于和祖玉兰，解放战争时期的沂蒙六姐妹和董力生一样，都是最朴实憨厚的普通女性，也许正是因为普通她们才具有最本真的性格，身上带有原汁原味的沂蒙红色文化血脉——只要是对的就一定不惜一切干到底，她们蛮得可敬、憨得崇高，所以成为最典型、最有影响力的扶贫模范而备受赞誉。

表 3–2　新时代“沂蒙扶贫六姐妹”

	伊淑英与 80 后牛庆花两代“六姐妹”精神的直传	新时代女大学生的文化视野	“先富不忘带后富”的女性典范
扶贫事迹	**牛庆花心中一团火** 牛庆花与解放战争时期“沂蒙六姐妹”之一的伊淑英同一个乡镇。伊淑英在85岁高龄时说：“没有共产党就没有新中国，这句话被历史反复证明是无比正确的。要让子子孙孙都听党的话，跟着党走。”红色文化的耳濡目染，80后牛庆花心里始终燃烧着爱党、爱家乡的一团热火。当第一书记引导她走上电商之路后，她就扛起了全村扶贫的重任，带领16个贫困户成功脱贫。她说：“家乡的土地把我养大，家乡的特产让我致富，所以我就想做点事儿回馈家乡的父老乡亲。” **于学艳用小网兜打开致富大门** 于学艳在莒南县临港产业园莫家龙头村开办的西瓜网袋加工厂在2015年进入快速发展期，目前已辐射带动鲁南苏北地区6个乡镇、2000余名农村剩余劳动力，其中不少都是贫困户。西瓜网袋编织方法简单，老人妇女都可制作，是农村剩余劳动力理想的增收项目。同村朱新花的丈夫车祸身亡，女儿也已出嫁，一个人孤苦伶仃地生活，除了种一亩薄地再无其他收入。于学艳主动	**王洋扶贫乡村的“芹菜西施”** 王洋是城里人，大学毕业放弃了在城里就业的机会，来到了条件艰苦的朱村。王洋结合专业优势发展电商业务，与快递公司联合建起了“快递＋电商”村级服务站。村中的张田英是个双腿有残疾的女性，一个人带着儿子生活。王洋了解情况后到有关部门为她的儿子申请了助学金，还帮她找了一份柳编工作。有一年，朱村扶贫产业大棚芹菜出现滞销，王洋联系学校食堂、超市等销售场所，经常早出晚归就连母亲节当天，她还和自己的母亲一起在大街上卖芹菜。她的行动感动了许多人，在临沂爱心企业和爱心人士的帮助下，两周内便销售1万多公斤芹菜。村民亲切地称她“芹菜西施”。 **义工林西臻投身公益传爱心** 林西臻，是临沂市临港区坪上镇安琪儿幼儿园的创办人，也是一名热心公益的义工。她说：“我小时候父母出车祸，上学的费用是陌生人资助的。现在我有能力了，就要尽自	**曹淑云“扶贫车间”喜结硕果** 曹淑云是六姐妹中的大姐大，她将服装厂办得红红火火后，将目光转向了沂水县贫困的山沟，租房建厂、购买机器、培训工人……在沂水县夏蔚镇、诸葛镇开办3个扶贫车间，让146名贫困群众在家门口打工。夏天遇难暴雨，有个扶贫车间被水淹了，她带领职工打着赤脚从水里抢搬机器，仅用了两天时间完成重建后开工生产。扶贫车间职工月收入在3000元左右，入职贫困群众全都实现脱贫。 **2021 年获“全国脱贫攻坚先进个人”荣誉称号的刘加芹** 刘加芹是肢体三级残疾的女性，做心脏搭桥手术的8万元是乡亲们给凑的。身残志坚的刘加芹在扶贫政策的支持下创办了服装加工厂。自己赚到钱后，她牢记“先富不忘带后富”的原则，办了起了服装加工培训班，手把手耐心教姐妹们学技术；有些残疾程度较重的人没法上班，

续　表

	伊淑英与80后牛庆花两代“六姐妹”精神的直传	新时代女大学生的文化视野	“先富不忘带后富”的女性典范
扶贫事迹	把西瓜网袋原材料送到她家中，并教会了她编织技术。她说：“靠这门手艺，我坐在家里就能一个月挣七八百元，日子过得滋有味的。靠自己劳动致富，没有给政府添麻烦，想想心里就特高兴。”	己所能回报社会，把爱传递给更多需要的人。”事业有成后，她一直帮助贫困孤寡老人和儿童、困难大学生，用志愿服务温暖了众多贫困家庭。她用自己的实际行动吸引身边越来越多的人加入扶贫义工队伍，很快发展到近百人。她被评为“新时代沂蒙扶贫六姐妹”后，采访的媒体记者给她带来灵感，启动“安琪儿”圆梦助学计划。她和志愿者伙伴们对困难儿童进行定点帮扶，确定十几个位孩子为帮扶对象，每学期都向孩子捐赠学习物品，探索“一对一帮扶”新模式，开辟定点高效帮扶新路径。	刘加芹就给他们家里送设备、上门教技术。她还定了个规矩，残疾人每做一件衣服比常人多给加工费，提供免费伙食。同村的赵治美因病截肢，丈夫常年患病，两个孩子上学，日子十分困难。她说：“刘姐是教会了我裁剪、缝制手艺，让我每月不出门就能拿上1000多元，我家再也不用为生活发愁了。”
影响	2018年2月，新华网发表《新时代沂蒙扶贫“六姐妹”凝聚“中国扶贫精神”磅礴力量》。山东广播电视台摄制的纪录片《沂蒙扶贫六姐妹》，2022年1月在中国电视艺术家协会举办的第十五届小康电视节目推选活动中，荣获建党百年主题对农专题节目最佳作品。		

四、传承、发扬沂蒙女性精神品格，增强新时代“四个自信”

传承、发扬沂蒙地区女性的精神品格是广大女性解决为什么活着、为谁而活这个根本问题的需要；是在新时代和未来培养社会主义接班人的需要；是激励广大女性树立正确的世界观、人生观和价值观的需要。纵然，沂蒙女性的精神品格与一般的女权主义所包含的内容不同，它以沂蒙红色文化中为国家、为民族甘于自我奉献的精神为主旨，以革命战争中诸多“沂蒙红嫂”“沂蒙母亲”“沂蒙六姐妹”为实体偶像，以马克思主义和毛泽东思想为行动指南，以科学的世界观和方法论为解决现实问题的根本方法。这些元素要求沂蒙女性在生活和工作中摆正个人与集体、利益与道义、艰苦奋斗与物质享受之间的关系，树立起坚定不移地为和谐社会作贡献的人生价值观。传承、发扬沂蒙地区女性的精神品格就能不断从人民创造历史的活动中汲取智慧和力量，充分发挥女性敢于开拓进取的自身潜能，为国家强大、人民生活幸福而奋斗不息。

传承、发扬沂蒙女性精神品格要做到热爱我们伟大的祖国，坚持社会主义核心价值观，以“四个意识”“四个自信”武装自己，做到“富贵不能淫、贫贱不能移、威武不能屈”。女性党员干部一定要在工作和生活中廉洁奉公、吃苦在前、享受在后，谦虚、谨慎、戒骄、戒躁，使自身成为具有完美人格、崇高信仰的新时代女性。

第六节　沂蒙红色文化之经济理念促进地区发展作用研究

解读沂蒙红色文化对地区经济发展的推动作用最根本的路径，就要明确其经济文化内涵的历史性成因。沂蒙特色经济文化内涵主要来自古代先贤的经济思想与马克思主义经济思想相结合，形成了具有地区特色并能对干部群众产生激发作用的长效文化。因此，对沂蒙地区生产经营、商业贸易的发展起到了强大的推动作用。正如崔妍博士在论文中所写：“文化通过情感、规范和目标等途径，使劳动力、企业、社会之间产生认同、吸引，形成共同的价值意识，从而增强劳动力内部聚合力和向心力，推进经济发展和社会进步。”①

① 崔妍．中国经济发展的文化动力探源 [D]．长春：吉林大学（博士论文），2013：13．

进入社会主义建设新时代，在全国出现了“南有温州，北有临沂”之说，可见沂蒙地区的生产经营、商业贸易在全国乃至全球的影响力之大。

一、古代先贤经济思想对沂蒙地区经济发展的影响

中国古代的经济学思想体系建立发源于战国时期的著名哲学家荀子。荀子提出的“以义制利”所确立经济观逐渐发展为“以义主利”“以义统利”，成为国家经济治理的主导意识。由于荀子长期在兰陵为官、讲学，死后也葬在了兰陵，其哲学思想在沂蒙地区影响不仅具有一定的宽度也具有相当的深度。荀子经济观和利义观作为其哲学思想的重要组成部分，不仅开创了儒学经济理论研究的先河，也在古代相当长的历史时期对沂蒙地区的经济发展产生了惊人的影响作用。正是古代沂蒙地区在经济上的发达催生教育的发展，使这一地区出现了历史上的诸多的政治家、军事家和文化名人，使他们在哲学、社会学、文学艺术、科学技术、经济理论研究方面取得巨大成就。

钱穆先生认为，汉代以后的儒学中有关经济发展的见解基本上来自荀子，最为著名的“欲民说”成为历代社会稳定、经济发展的主要支柱。“裕民，则民富。民富，则田肥以易；田肥以易，则出实百倍。”荀子这句言简意赅的话揭示了经济可持续发展的规律。而荀子关于物质分配提出的“度量分界说”，是根据社会等级和尊幼来分配生产、生活资料，在当时的社会以及后来的社会治理中发挥了稳定社会治理结构的作用，起到了调解欲望和物质需要之间的矛盾，使“礼治”在物质文化层的效应得以突显。荀子较为艰深的论断“使欲必不穷乎物，物必不屈于欲，两者相持而长”，主要是指社会治理者要平衡人的欲望与所获物质的合理性的关系达到社会的有序发展。这一论断即便是在物质文明达到较高水平的现代社会，也具有深入理论研究的和创新应用的重要价值。

二、传统义利观构筑“文化承古融今，经济探索创新”新理念

荀子精辟地论述了经济发展与国家治理的辩证关系，让中国古代的人们非常受益。其中“不利而利之，不如利而后利之之利也”这段话指明，最高领导者归利于民，才能使社会稳定、得到良好发展。“义与利者，人之所两有也。虽尧、舜不能去民之欲利，然而能使其欲利不克其好义也。”荀子认为，义与利存在矛盾的关系，也是共存的关系，但是何重何轻却有着明确指归，即重“义”是利于他人、利于社会的道德属性。人的自然属性与社会属性并存，要做到以义制利，就必须“先义而后利者荣；先利而后义者辱”“义胜者为治世，利克义者为乱世”。“人有气、有生、有知亦且有义，故最为天下贵也。”① 在荀子看来，他所说人的欲望是自然的；而“有义”又是人动物区别的标志，是克服欲望的道德追求。

传统义利观蕴含着很深刻的物质文化层的“利他”意识，只有“利他”行为被更多的人感知得到才能繁荣经济，逐渐形成行为文化层的主导意识，并转化为经济特色文化的主流意识，对经济发展的推动作用显现得更为突出。“文化通过对经济主体内在道德自律的规范，可以有效提高经济主体的精神境界和职业责任感，使经济行为更加有序，为经济发展营造良好的环境。”② 沂蒙地区特色经济文化推动了制度文化的创新发展，使得地区经济总量迅猛发展并与山东省各地协同共进，使这个有着齐鲁文化根基的省份登上占据国家经济总量的前五省的高位。研究发现，这是沂蒙地区传统经济观念融入马克思主义经济学形成“文化承古融今、经济探索创新”的经济理念所取得的巨大成就。随着相关研究的深入，这一理念的意义与作用将会得到学术界的高度关注并继续取得更多的研究成果。

（一）“文化承古融今，经济探索创新”理念在沂蒙红色文化中的重要性

① 石世奇．论荀子的经济思想 [C] // 集雨窨文丛——中国经济思想史学会成立 20 周年纪念文集 (2000 年)．北京：北京大学出版社，2000：176．

② 崔妍．中国经济发展的文化动力探源 [D]．长春：吉林大学博士论文，2013：14．

沂蒙地区干部群众秉承“文化承古融今，经济探索创新”理念，吸收了沂蒙老区人民在革命战争年代发展经济形成的“自力更生、革故鼎新；发展经济、支援军队”的红色精神，不但使沂蒙经济文化内容更加浩大广远，而且所产生的力量也更加宏大无比。在沂蒙经济文化的深刻含义里，无处不蕴含着通过创业、兴业发展工业生产和商品贸易的含义。当年形成沂蒙红色精神中重要组成部分，即“立场坚定，爱党爱军”包含着发展壮大经济的实质性内涵。在充分理解红色精神的经济发展内涵的基础上，传承古代圣贤的经济观念、吸收马克思主义经济学理论，以具有地方特色的“文化承古融今，经济探索创新”理念为指导，发展本地区工业生产、商品贸易，为实现全面社会主义现代化作出了物质文化层的重要贡献。

沂蒙地区干部群众在经济发展中所表现的“艰苦创业，甘于自觉奉献”的精神品格，与社会主义新时代沂蒙特色经济文化的相辅相成，不仅推动了本地区及周边地区的工业生产和商品贸易，在脱贫攻坚和乡村产业振兴方面的作用也非常之大。在面对全面社会主义现代化建设之未来经济目标实现方面，沂蒙地区干部群众坚韧不拔、开拓进取和为国家民族利益不怕牺牲的价值认定与坚守，也必然在经济发展中焕发越来越大的内生动力，助力国家通过发展经济实现强国伟大目标的过程中，使百姓生活更加富足美满。所以，“文化承古融今，经济探索创新”不但是沂蒙红色文化的重要内容，也是沂蒙特色经济文化的灵魂。

（二）马克思主义经济学在沂蒙经济文化中的支撑作用

马克思主义经济学会让很多人感到深奥难懂，但是只要从马克思主义政治经学的视角进行研究，不难发现有较为通俗易懂的四个方面：第一个方面是劳动创造价值，价值量是由劳动量来决定的；第二个方面是剩余价值是由劳动者的劳动所创造，必要劳动创造出工资，剩余劳动创造出剩余价值；第三个方面是资本主义私有制与社会化大生产的矛盾必然导致社会主义公有制的出现；第四个方面是社会主义的基本特征是生产资料公有制，劳动所创造的价值分配模式分为两个阶段，低级阶段是按劳动分配，高级阶段是按需分配。随着近几年关于马克思主义经济学理论研究的不断深入，在中国化方面形成了能够支撑经济发展的理论体系。张宇教授认为，中国化马克思主义经济学的主要内容是，“个人自由全面发展的理论、有计划发展理论、生产资料公有制理论、按劳分配理论、消除三大差别理论，是社会主义革命和社会主义建设的重要指南”①。在实践中发展马克思主义经济学不仅是新时代经济学研究的重要内容，也曾为革命战争时期根据地的经济发展提供了纲领性指导。

沂蒙地区干部群众按照马克思《资本论》和《共产党宣言》所阐述的政治经济学思想指导生产实践取得了令全国瞩目的成功。人民群众紧紧团结在党组织周围，克服重重困难开展生产自救、努力恢复当地经济运营，为八路军和解放军提供大量的军需，比如粮食、战马、军衣军鞋、医疗用品等，以大量的人力和物力支持党领导的人民军队赢得了战争的胜利。特别是在解放战争时期，沂蒙老区人民遵照解放军和当地党政领导提出的“发展经济，保障供给”的目标要求，根据地方资源形态和经济结构的特点积极发展生产，以优于其他地区的物资条件支持了抗日根据地和解放区的扩大与巩固。

在社会主义建设初期，沂蒙地区干部群众探索经济发展的新模式，为本地区特色经济文化形成打下了良好基础，积累了非常可贵的实践经验。沂蒙特色经济文化与马克思主义经济学理论相结合、与沂蒙红色精神相结合，广大干部群众改山造田、治理落后面貌，使生产力水平得到很大的提高，人民群众的物质生活和精神文明水平发生了巨大的变化，同时也促使沂蒙特色经济文化融入自力更生、改革创新、开拓进取的精神内涵，具有了与时俱进、在变化中发展的样貌。由此可见，“文化承古融今、经济探索创新”理念发挥出文化资本的强大生命力，促进了沂蒙地区以经济发展为引领的教育科技、文化艺术等各个方面的迅猛发展。

---

① 张宇．论马克思主义经济学的本质与理论框架 [J]．学习与探索，2012(3)：92.

（三）“文化承古融今，经济探索创新”理念促进“共同富裕”

改革开放前，沂蒙地区与南方经济发展较快的地区相比有相当大的差距，因为所处的自然环境条件形成了交通不便、信息不够畅通的特点，加之小农意识比较强、商品观念淡薄等内陆地区认知局限阻碍了社会大生产的发展。

党的十一届三中全会吹响了改革开放的进军号，激发沂蒙地区干部群众不断转变观念，增强经济意识和开放意识，伴随着国家改革开放脚步加快这一地区经济展现出蓬勃发展的态势。到了1990年，沂蒙地区农民的经济收入与改革开放前相比翻了两番，工业生产突破了小规模企业构成的格局，很快大型或较大型企业就发展到2500多家之多，在规模经济的带动下，城镇居民收也大幅度提高了。

经济的快速发展促使“文化承古融今、经济探索创新”的新理念在沂蒙干部群众经济观念中更加具体化。深化改革、搞活经济、面向全国以及全世界，以农业生产为基础，工业生产为主导，协同商品贸易求发展、增活力的气势越来越强，走出了独具地方特色的强农、重工、兴商的立体化经济发展之路。在农村经济多向度发展，取得了粮食总产量的稳步增长，与林业、畜牧业齐头并进的喜人景象，扶贫工作坚持“扶志、扶本、扶智”，对于相对贫困地区采取治穷、治愚相结合的政策措施；在工业生产、商品贸易发展方面走技术创新与物流整合的新路子，实现“先富、后富、共同富”的目标，整个沂蒙地区各项社会事业面貌出现整体改观的大好局面，生活在沂山沭水的人们为中国特色社会主义道路唱出坚定的时代强音。

（四）“文化承古融今，经济探索创新”体现文化资本的力量

沂蒙红色文化之“文化承古融今，经济探索创新”理念不但凝结了沂蒙人民的智慧和力量，具有群众精神信仰的坚实基础，而且体现了通过艰苦创业、执着守业实现了这一地区经济繁荣昌盛的内在要求。可见，沂蒙红色文化的经济内含容量浩大，且体现了文化资本的力量。

沂蒙红色文化经济发展理念作为沂蒙地区人民的群体意识，就在于突显了中华民族经济发展理论的丰富性和代表性。而沂蒙红色文化之经济发展理念，作为沂蒙地区干部群众的“文化资本”所具有的奋发图强、振兴家乡的本生力量，推动着这一地区社会生产和商品经营的进步与发展。

沂蒙红色文化曾呼唤沂蒙地区人民跟着共产党历尽艰难困苦、走过硝烟滚滚的战争岁月，伴随革命的胜利踏上社会主义建设的康庄大道。沂蒙地区干部群众在社会主义建设时期继续保持一腔激情、继承甘于自觉奉献的精神，大家团结一心，改造不利于经济快速深发展的山区自然环境，使这一地区渐渐成为全国农业发展较快的先进地区，涌现出许多爱国、爱家乡的模范个人和先进集体。事实证明，沂蒙红色文化融入马克思主义经济学和沂蒙老区的红色精神后，充分发挥“文化资本”所具有的强大推动力，使在漫长的历史进程中积累、传承并不断吸收先进理念的精神财富转变为的现实世界的物质财富，进而表现出各行各业的发展具有较强的内因和复杂的外在推力，促进了沂蒙地区城乡经济快速、高效发展。

纵观改革开放以来的经济理论研究不难发展，各级党组织和经济学家以马克思主义经济学理论为指导，结合改革开放实践的具体情况和政治经济发展的时代特征，“创立了中国特色社会主义理论。从经济方面看，这一理论包括以人为本、全面协调可持续发展的科学发展观；以公有制为主体、多种所有制经济共同发展的社会主义初级阶段的基本经济制度；社会主义基本制度与市场经济相结合的社会主义市场经济体制；以按劳分配为主体、多种分配方式并存和公平与效率统一的收入分配制度等重要内容”①。沂蒙地区的经济、科技、教育在“文化资本”有力支撑下与中华民族同一个历史节拍、同一种时代律动、同一面战旗高扬、同一种步伐向前，创造了让世界瞩目的奇迹。

---

① 张宇．论马克思主义经济学的本质与理论框架 [J]．学习与探索，2012(3)：92．

三、新时代沂蒙经济文化融入全国经济发展战略

2021 年第 13 期《经济参考》杂志发表《2020 年马克思主义经济学及其中国化研究新进展及未来研究方向》的文章，在讲解全面建设社会主义现代化的国家战略时写道："习近平总书记基于 21 世纪国际格局的新世情、中国社会经济发展的新历史方位和社会主要矛盾转化的新国情，从体系结构、战略范畴目标、战略步骤三方面发展完善了关于全面建设社会主义现代化理论。"[①] 这成为世界政治经济多变背景下的中国经济发展指导方针，使中国经济面对西方国家打压和新冠疫情等诸多挑战时，能够以逆袭的态势表现出乘风破浪前进的中国特色，正是党中央和国家确定的这一思想政治基础构筑了沂蒙地区和全国经济发展战略格局。

以沂蒙红色文化的积累吸收、传承创新推动"文化资本"形成强大社会生产力，促进经济规模化、现代化发展的战略实施。不但要在基本面上深化"文化承古融今、经济探索创新"理念，提高经济实体的科技能力和水平，还要从战略高度增强对国家方针、政策和规定的理解、实施，形成具有新时代特色的指导细则、措施、规范等，并将其贯彻应用于社会生产力的各个因素中，助力沂蒙特色经济文化发挥出巨大潜能，将精神财富通过沂蒙人民的辛勤劳动转化为社会物质财富 。

新华社总编辑傅华在《经济日报》发表《认真理解习近平经济思想的五大鲜明特征——"美、实、效、协、共"》，深度解读了习近平总书记的经济思想。"美"，构建人民群众的幸福美；"实"，为民族复兴奠定强大物质基础；"效"，构建高效率的新时代社会主义市场经济；"共"，构建共同富裕、天下大同的社会；"协"，构建太平和谐发展的社会[②]。这种共同富裕、共建共享、命

① 黄泰岩，刘宇楷，王言文．2020 年马克思主义经济学及其中国化研究新进展及未来研究方向 [J]．经济研究参考，2021(13)：9．

② 傅华．认真理解习近平经济思想的五大鲜明特征——"美、实、效、协、共" [N]．经济日报 2021-12-26(1)．

运与共的思想深化了马克思主义经济学的核心意涵。沂蒙地区党政干部只有认真学习、深刻领会习近平总书记的经济思想，将其落实在经济活动的各个程序和各类细节中，才能为全面建设社会主义现代化增强精神动力，并取得客观上的巨大成就。沂蒙地区党政干部也充分认识到了这一点，组织专学、学者和科研人员深入理解、认真研究，向基层单位进行宣传讲解、贯彻落实，以促使制造业和商贸经营在开启党的第二个百年的历史时刻再上一层楼，再创新辉煌。

第七节　沂蒙红色文化之物流文化对地区经济发展的影响

在中华民族五千年文明历史进程中，每一个发展阶段都能看到物流文化的独特灵光以及给世界文明留下的鲜明印迹，最有说服力实证是古丝绸之路，曾以中华商贸文化为支撑谱写中华物流伟大工程的辉煌历史，充分展现了古代中国人领先世界的制造、运输智慧，为全球物流理论和物流技术的发展奠定了深厚物质文化基础，也为当代社会发展物流文化提供了良好借鉴、打下快速推进的坚实基础。

一、商贸经济繁荣创造性地发展了沂蒙红色文化

随着国家经济发展模式向市场经济转型成功沂蒙地区商贸交流日益繁荣，临沂商城规模不断扩大、商品交易批发的种类越来越多，数量也越来越大，在全国形成了有“南有义乌，北有临沂”物流经济地位，临沂商城的商户在与全国各类企业交往的过程中，他们自身所具有的沂蒙红色文化中所承载的重

义、诚信、热情、达观的特质，持续不断地为他们赢得了赞誉，同时也以开放的姿态和周到的服务形成了自身的物流文化品牌。

加入临沂商城的各商家和从业人员具有善于学习的优良品质，不断吸收南方沿海地区尤其是江浙地区的物流文化精髓，展现出包容、创新、甘于自觉奉献的新时期物流文化风貌，以别开生面的沂蒙物流文化创造性地发展了沂蒙红色文化，而物流文化所发挥的辐射带动作用激活了沂蒙地区百姓的生产经济细胞，改变这一方古老大地重农轻商的思想，使原生资源在市场经济的潮流中焕发了勃勃生机，带动了相对落后县、区的经济发展和生活面貌的大幅度改观。

二、以沂蒙红色文化为支撑的物流文化特点鲜明

临沂物流文化有三个特别鲜明的特点：一是政府统筹施策，充分利用物流资源走规模化发展道路。投资建设大规模物流所需要的仓储、运输能力降低单位成本，全面提升物流种类、数量、服务、技术及人员文化素质等水平，在利润的支持下实现了沂蒙地区物流业的跨越发展。二是以沂蒙经济文化为支撑强化物流服务信用。临沂市委、市政府针对种类繁多的物流企业，强化传承、实践、弘扬沂蒙红色文化中的义利观和诚信教育。物流业属于涉及企业种类复杂的服务行业，广大从业员工充分认识到，“物流企业讲究诚信，在企业交往中以诚相见，公平交易的物流活动才称得上诚信物流”[①]。从业人员守信用、重契约、服务热情周到，才能最大限度地降低交易成本，在利益共享的条件下因占据主导地位实现规模效益的可持续性发展。尤其是在互联网越来越发达的社会背景下，从事物流经营的企业或员工失信的行为往往会在短时间内被数倍放大，并使负面消息广泛传播并愈演愈烈，想要挽回损失不仅成本高也难以取得实效。因此，与其他行业相比物流从业人员诚信的作用比天大，充分发挥沂蒙红色文化的感化、影响和教育作用推动了物流业的快

① 李薇辉．创新我国的物流文化 [J]．上海师范大学学报（哲学社会科学版），2006(6)：77．

速发展。三是在临沂市政府的主导下，相关管理机构在进行充分调查研究后，组织专业人员“制定物流业管理法规，明确物流市场的规划、物流市场的准入条件、经营资格和经营范围，实现商贸物流市场的规范化发展”①。也正是法规和一系列管理办法的制订和执行保证了整个体系的秩序化和高效率。四是加快向绿色物流转型的步伐。临沂市政府及相关机构在人力、物力方面不断加大投入，在绿色物流基础建设方面优化资源配置、节能减排、仓储布局科学化、控制包装物环境污染以及废弃物物流处理场所升级等多个方面做出了具体安排，以物流文化的创新发展推动物流业向规模化发展的同时，向绿色物流转型升级。

三、物流文化助推物流业产生规模化发展效应

2021 年，在全球新冠疫情严重、国内基本得到有效控制的环境下，临沂实现生产总值 5465.5 亿元，按可比价格计算，比 2020 年增长 8.7%，两年平均增长 6.3%。沂蒙地区仍然做到了将“国际商城、数字商城、绿色商城、制造商城”四个商城建设的快速推进，全面实现了商贸物流的转型升级，物流业主体商户达 130.8 万家；临沂商城全年实现物流总额 8065.7 亿元，进出口总额 1766.8 亿元，取得了非常瞩目的经济发展成效②。

（一）沂蒙早期物流“车顶装货、车厢载客”的粗放模式

沂蒙地区物流业发展始于 20 世纪 90 年代初，临沂市“西郊大棚底”和各类专业批发市场兴起，来这里拉货、送货的车辆越来越多，由此发展起来了热热闹闹的货运业务，形成了早期物流“车顶装货、车厢载客”的粗放模式。两年以后，临沂市第一家专业货运配载市场以临沂汽车站为中心建立起来，周边来来往往的商户们腰上缠着装满现金的长筒袜，坐在十分拥挤的客车

① 夏玉宏．临沂物流业发展的成功经验及启示 [J]．中国商贸，2012(14)：141．

② 2021 年临沂市经济社会发展统计公报 [EB/OL]．临沂市统计局网，2022-01-29．

上，而车顶上用绳子横七竖八地捆着纸箱、编织袋等货物，汽车摇摇晃晃地向前行驶，成为那个时代特殊的风景。21世纪初，临沂天源货运市场建成并因场地宽阔，业务量越来越大，使这里成了天然的货运集散地。不久后，场地周围建起一排排的活动板房，每间板房里“一个人、一部电话”实现了物流业的“信息配载”新样态，这时“前面客车跑，后面货车跟”成为沂蒙地区的主要景观。

（二）临沂“中国现代商贸物流城”体现洼地效应

2005年，临沂市委、市政府顺应形势发展，推出建设“中国现代商贸物流城”战略，规划建设了三大仓储物流园，物流业迅速支撑起沂蒙地区商品贸易的半壁江山。临沂市委、政府在实施物流发展战略的同时，从制度管理和物流文化建设两方面强化物流服务信用等级建设，很快以“物流之都”品牌为本地区聚集经济发展资源并形成了洼地效应。几年后，沂蒙地区以“物流成本低，运输速度快”享誉全国，随之建起了2000多条配载线路，覆盖全国所有县级以上城市、所有港口和口岸，日均发送货物达可达30多万吨。物流业的发展充分展现了“文化承古融今，经济探索创新”沂蒙经济理念的推动作用，也使百姓的生活出现了从未有过的巨大变化，临沂的许多商家由“一个人、一部电话”的个体户发展成为大型物流公司。随着全国经济的快速发展和百姓生活水平的不断提高，临沂物流业也与时俱进地发挥整个供应链的拉动功能，实现货物运输的安全性、快捷性以及高标准仓储体系建设方面整体更新换代，从而巩固了临沂作为全国物流集散中心的重要地位。

（三）沂蒙精神使“中国物流之都”美誉传遍欧亚大陆

沂蒙地区以物流业带动工农业生产和商品贸易快速发展的经济模式，让全国人民看到了革命老区人民的时代风采，也使临沂市及各区县成为内地具有经济发展特色的标志性地区。2013年11月，习近平总书记在山东考察时指出：“沂蒙精神与延安精神、井冈山精神、西柏坡精神一样，是党和国家的宝贵精神财富，要不断结合新的时代条件发扬光大。”① 习近平总书记到临沂视察并发表重要讲话，给沂蒙地区干部群众带来更大信心和动力。在临沂市党委和政府的正确领导、统筹规划、充分调动资源的主导和支持下，使“互联网+物流”的商业模式成功运作，完成了公路、铁路、航空和临港物流“三位一体”新式物流体系重构。现如今，沂蒙地区已经成为东部地区商流、物流、资金流、信息流聚集中心，链接了本地及周边地区工农业生产和商品贸易的协同发展，成就了无愧于沂蒙经济文化、无愧于新时代社会主义建设的“中国物流之都”美誉。2021 年，临沂海关监管、放行出口“齐鲁号”欧亚班列 137 列、货值 42.3 亿元人民币，分别同比增长 48.9%、307%②。“临沂——中国物流之都美誉传向欧亚大陆”实至名归。

四、生态经济发展使物流文化展现出新时代风貌

通常意义上的物流文化是指在商贸物流范围内具有特殊内容和表现手段的文化样态，是人们在各种经济活动中依赖物流技术、物流资源、物流信用为支点的活动所创造的物质财富和精神财富的总和。现代物流文化发展正在迈向以绿色物流促进绿色经济发展的人性化道路，不仅要实施绿色运输、建立废弃物循环物流，还要在整个物流体系中实施绿色设计、环保化的包装、标识、配送、信息处理等更高级的物流活动，降低物流对环境污染产生影响的策略等。临沂是整个东部物流业非常发达的地区，在沂蒙特色经济文化的支撑下形成了带有这一地区人文特点的物流文化，为沂蒙地区经济的发展发挥了具有支撑意义的联动作用。随着经济快速发展国家把生态文明建设提高到前所未有的高度，沂蒙地区的物流文化正在以探索、创新的样态跨入发展绿色物流的新阶段。

---

① “弘扬沂蒙精神与践行群众路线”理论研讨会在山东临沂召开 [EB/OL]．共产党员网，2014-04-27．

② 临沂海关监管放行出口“齐鲁号”欧亚班列 137 列 [EB/OL]．齐鲁网，2022-01-27．

第八节 传承、实践、弘扬沂蒙红色文化，展现创新兴业新局面

求变拓新思想是中华传统文化的重要主组部分。《易经》中所强调的“唯变所适”潜含着人必须适应社会动态发展规律的观念；宋代理学家朱熹所言“常则守经，变则行权”讲出了守常理与求变拓新的辩证关系。中华民族五千年文明形成了突破朽规、求变拓新的精神主旨。沂蒙地区在长期社会发展中形成的特色文化，继承了莒县理论家刘勰在《文心雕龙》中提出的“变则其久，通则不乏”的发展观，使沂蒙红色文化保持了革故鼎新、开拓发展的本色。

一、从唯物主义视角分析群体意识与创新兴业之间的关系

一个国家或地区的人在长期的生存与发展中所形成的具有符号性的群体意识，是特定环境中社会意识的重要组成部分，是这个国家或地区人群集合体本身与特定的环境相适应后开展生产活动以及与整个社会生活建立关系的反映。马克思主义哲学中所定义的群体意识，是指这种意识对这一群体内部的人具有的两方面的重要功能。一方面，这种符号性的群体意识能全面深入地反映了这一社会群体的长期生产、生活实践活动样态；另一个方面，这种群体意识在维护、协调这一社会群体的生产生活实践活动方面发挥重要作用，并且决定这个社会群体具有总体性的价值取向。群体意识这两个方面的重要功能引导人们通过创新兴业实现群体价值，创立崭新的社会发展模式。

从人类社会发展的进程分析不难发现，特定群体所具有的创新兴业功能与社会发展的目标存在直接关系。如果一个国家或地区的群体意识中缺少创

新兴业功能，这个群体的社会实践活动就会变为消极的、机械的、盲目的行为，从而阻碍社会向更加文明、更加进步的高级形态迈进。从这个意义上讲，弘扬沂蒙红色文化实质上就是激发沂蒙地区干部群众所具有的创新、创造基因，利用沂蒙红色文化对这一地区人们的生产、生活实践的引领作用，集中地区群体的智慧创造更高层次、更具代表性的物质文明和精神文明。

二、沂蒙红色文化推动创新兴业与“顶层设计”相协同

遵循马克思主义辩证唯物主义的观点分析，现实社会中个体的人通过社会关系这个纽带的组合与联结形成具有地域特征的群体。属于某个国家或地区的一个群体中的个体通过群体活动的独特性，使这个群体意识集中反映了集体、团队或个人所从事的实践活动的性质，在社会活动中的探索与实践行为形成群体意识中的新思想、新观念、新方法，然后利用这些新思想、新观念、新方法来扩大和加深这一特定群体的认知能力和改造客观世界的能力，因而使这个群体实现具有突破意义的创新兴业。

某一国家或地区社会群体意识的创新兴业活动，首先需要这个特定群体在思想意识方面具有创新兴业的内因，以内因驱动调动外因相协同或者是因某种外因的强力作用触发内因潜在的作用力，从而使创新兴业意识变成改变客观世界的行为。沂蒙地区从古至今都是孕育和发展新文化的沃土。新时代沂蒙红色文化是在传统文化的基础上融入共产主义思想和特色社会主义理论实现了沂蒙人民理想信念的升华，造就了沂蒙地区干部群众不同于以往任何历史时期的精神风貌。

沂蒙红色文化中的创新兴业理念是沂蒙地区这个特殊群体在意识形态上的创新。新时代沂蒙红色文化作为沂蒙地区干部群众在共产党的领导下全新的价值取向，转过来又会要求沂蒙地区群体意识在构成形式上发生变化，使得表现方式或意识向更高层次发展。

沂蒙地区干部群众在“顶层设计”的大政方针下，通过有组织、有领导的创新兴业活动，在实现全面社会主义现代化的进程中体现沂蒙地区群体的自身价值，并通过这种自身价值的实现使人这个主体对客观环境的改造形成新的群体意识、量化价值都能够与整个国家的发展相协调、相促进。

三、沂蒙红色文化发挥“文化资本”的创新兴业功能

党的十一届三中全会后，临沂市委和市政府将沂蒙红色文化进行了科学总结，融入改革、创新、发展的新理念，使沂蒙红色文化有了具体、成熟的客观标志。通过多种活动使沂蒙红色文化获得了广泛的宣传和学习，使弘扬沂蒙红色文化经常化、形象化、社会化。干部群众积极向旧的传统观念发起挑战，向旧的经济体制发起冲击，在向工农业生产的广度和深度进军的同时大力发展商品经济，为市场经济走向成熟和快速发展发挥出“文化资本”的巨大潜力。

平邑县九间棚村党支部率领群众自力更生、齐心合力改变环境条件，架电线、铺公路、修水利，在海拔600米的山顶上的小山庄全部实现水利化，走出了农业生产和商品经济共同发展的新路子；临沂市罗庄镇经济、文化两手抓，在改革开放初期成为“山东第一镇”……进入21世纪以来，沂蒙地区的园区经济展现蓬勃生机。革命老区沂水县人民曾在革命战争时期作出巨大贡献，全县人民发扬创新兴业的精神，投资千亿元打造了工业园区，形成了世界500强企业、上市公司的聚集洼地，构建起机械电子、高端食品、能源与高分子、现代物流四大主导产业。“沂水县以‘飞地经济’为基础，通过科学规划，调整产业布局，坚持招大引强选优，提高发展质效，园区经济发展取得较好成效。”① 郯城县根据本地环境、资源特色，坚持把园区建设作为新旧动能转换的主阵地，成功打造经济开发区、高科技电子产业园、医药产业

① 徐炜．临沂创新园区经济　发展县域经济 [EB/OL]．琅琊新闻网，2014-11-19．

园三大园区产业发展平台。特别是经济开发区形成了聚集 20 多家化工产业集群。临沂市和所辖区县的创新兴业体现了沂蒙红色文化开拓创新功能的新时代要求，也体现了“文化资本”所蕴含的巨大潜能。

四、沂蒙地区创新兴业的典范——兰陵县代村国家农业公园

伴随国家跨入社会主义新时代而创建的兰陵县代村国家农业公园，经过三年苦战于 2015 年建成，经过 6 年时间发展，在无土种植、乡村旅游、农业技术输出等方面都取得了很大的成功，2021 年村集体生产总值高达 38 亿元、纯收入 1.6 亿元，村民人均纯收入 7.2 万元，成为全国最典型的“家在公园中，人人有工资，户户有分红”的幸福村。先后获得全国生态园富民行动村、中国美丽乡村创建示范村、国家 4A 级旅游景区、全国十佳休闲农庄等多项荣誉。

（一）沂蒙经济文化与红色精神相融合，代村人建立新时期发展观

沂蒙地区广袤的八百里山川，风景秀丽、英才辈出，兰陵县从春秋战国开始就是文化名家的诞生地和儒学传播地，左丘明、荀子、萧望之、匡衡、鲍照、萧道成、王鼎钧等，是闪耀着旷世之光的思想、文化、文学名家。中国古代经济学的鼻祖荀子的经济思想对这一地区的影响一直持续了2000多年，其著名的“义利观”使兰陵人从民族大义、社会利益看待本地的经济发展。

革命战争时期，代村是一片红色的热土，在中华民族面临生死存亡的抗日战争时期，村中男女老少就树立起跟着共产党打击日本侵略者的坚定信念，投身于民族解放大业。代村党支部书记王传喜在向媒体介绍代村历史时说，代村在革命战争时期就是沂蒙红色堡垒村，抗日战争时期就成立了党支部，支援八路军打游击战；解放战争时期，英雄的“戴家村连”以村里的小汶河为天然屏障，以不足百人的连队阻击敌第二十六师一个整编团十几个小时。那时老一辈的代村人不怕苦，不怕死，民兵连积极参加战斗，妇救会踊跃支前，

践行了“水乳交融、生死与共”的沂蒙精神①。代村人将传统经济观中的“义利观”与红色精神相融合，形成了如今代村人站得高、看得高的大视野，“干，就干在创新；活，就活出精彩”，在党支部、村委会的带领下，他们用高科技创造了21世纪乡村发展的奇迹。

（二）代村人明白“青，出于蓝而青于蓝”——干事情就要做到最好

村两委办公室的书柜里陈列着一排排200多个写满字迹的笔记本。这是村支书王传喜带领党员干部外出参观、考察和安排工作的记事本。一字一句都记录下了代村走出集体经济发展困境的印痕。王传喜面对采访的记者说，为了走出一条新路子，我们四处去全国先进村镇和科研单位学习、取经，为了节省费用经常背着煎饼卷，在包里塞上几块咸菜就出发了。有一次，在去中国农科院参观时，王传喜和村干部接触到了无土栽培，那一行行、绿油油的有机蔬菜让王传喜他们大开了眼界。按着传统农耕方式，村民们面朝黄土背朝天种植有限的土地，无论怎么干效益都不会再增加，地就是那么多，一年两季种出花来也形不成规模经济，而无土种植一年可以种十茬，这在数量上就是巨大的升级。王传喜立刻意识到，必须用高科技必须改变一家一户的分散经营形式，把代村的土地整合起来，打造集技术推广和旅游观光于一体的无土种植示范园，用现代农业的理念助推村集体的经济发展。他说：“干任何事情走在前面才能做到最好，当农民也要当有新时代面貌的新农民。”

村集体的发展方向确定后，开始具体的项目实施还要得到广大村民的支持。有小农经济思想的村民觉得无土种植会带来风险，“种菜不用土能长出菜来吗？”“如果菜没种出来又背上一身债务怎么办？”农民赚钱不容易，做投入时也必然要瞻前顾后。虽然有许多人存在疑虑，但是有六户人家凭着兰陵人创新兴业的闯劲率先开始了无土种植实验，毕竟闯出新路子的前景还是非常诱人的。他们深信荀子在《劝学篇》所言的“青，取之于蓝而青于蓝”的创新理念，一定会让他们获得成功。

---

① 兰陵代村．用沂蒙精神铸牢村庄发展之魂 [EB/OL]．临沂文明网，2022-02-10．

（三）代村人立志创新兴业，村民放下锄头搞实验

正如任何一种实验都需要探索和总结。代村开展无土种植最初阶段也是经历了失败，因施肥的量没有掌握好标准就出现了死苗现象，还有些种子质量不好，发芽率低都造成了损失。从传统的土地种植到新方法的无土种植，老经验还真是不好用了。为了解决实验中出现的各种问题，村领导决定请中国农科院的专家来现场指导。大家知道了无土种植对环境湿度、温度、营养液配制要遵守严格的规范。不能在任何一个方面、一个数据有所疏忽或失误，他们又重拾信心开始新的实验。为了在寒冷的冬季能保证室温的恒定，村民们轮流着日夜守候着烧锅炉，即便是年三十也不回家。有了村民们严守规程的操作，代村的无土蔬菜种植终于取得了成功。

2015 年，村里决定在农业公园里修建兰花馆，请专家来指导村民培育幼苗，过去和土地打交道的村民放下锄头穿上白大褂，走进实验室的做起了精密的技术活，女村民拿起解剖刀和小镊子，像做外科手术那样学习兰花组培技术。他们要闯的第一关是学习配置培养基，需要细致地处理以毫克为单位的微量元素。这对习惯了干粗活的农村妇女可是个不小的挑战，如果原料用多了不仅会实验失败，还会造成不小的浪费，她们从家里拿来面粉一次次地进行称重、配比练习，就在大家觉得一切都很顺利的时候，她们用作育苗实验的 300 多个培养瓶，因为细菌感染全都报废了，一次损失了十几万元，一向节俭的她们受到这样的打击难过得哭了起来。但是，开弓没有回头箭，她们又开始从头再来。2016 年自己组配的种苗获得成功，每年组培兰花苗 300 多万支，村民们感学会了先进技术，做了高科技的工作，这令她们感到非常自豪。兰花馆的卖花收益每年有 2000 多万元。

代村无土种植长出的蔬菜菜品相和口感都非常好，一棵生菜可卖出普通生菜两倍的价钱，一年种 10 茬，种植效益实现了大幅提升。代村引进的优质蔬菜品种达 100 多个，普遍应用生物防治技术，许多操作由机器人完成，保证了蔬菜种植的安全性性要求。

（四）代村党支部书记王传喜，做传承红色精神的领头雁

新中国成立后，因当时代村的自然环境限制农作物产量不高，需要国家补助一部分救济粮维持全村人的生活。1964 年，村民们利用农闲时间轮番上阵平整土地、兴修水利，男女村民顶着寒风加油干，车的车、抬的抬、夯的夯，经过三年的奋战，终于把杂草丛生的荒地改造成了水稻和小麦联种的高产田，粮食不仅能自给自足，还能给国家上交 100 万斤的“公粮”，一辆辆的马车浩浩荡荡地去送粮，场面非常壮观。1969 年，代村成为全县第一个通电的村庄，电灯光照亮了乡村的夜晚，也给村里的百姓带来了新希望。改革开放后，村里购买了农业机械、村民盖起了新房，生活更加红火了。

1. 代村集体经济发展在困境中起步

到了 20 世纪 90 年代中期，代村探索着走一条发展村办企业的路子，办起果品市场、加油站等企业，可是由于缺乏管理经验企业，经营没有走上正轨，很快就都陆续倒闭了，年轻人外出打工，留守的村民年收入不到 1000 元。原来的先进村变成了落后村，村集体经济的发展陷入困境。

1999 年 3 月，31 岁的王传喜经过村民民主选举担任村党史支部书记。当时村集体负债近 400 万元，他肩上的工作担子非常沉重，心理压力也非常之大，毕竟一村老少几百人的生产发展和生活改善都指望他所带领的党支部和村委会。当时的王传喜虽然有满腔的雄心壮志，但也难挡债务缠身。他上任村支书第三天就收到了法院的传票，需要去应对债主的起诉，在以后的一年多时间时，他因村里的债务出庭百余次。为了摆脱村集体的资金困境，王传喜一方面加强村集体的经济收入，一方面和村两委制订了分期分批还款计划，再以诚恳的态度和债权方解释说明，双方的矛盾总算缓解，按照轻重缓急安排资金，用两年多时间把欠账还清了。

2. 艰难时期党员干部必须起带头作用

在王传喜看来，“人是决定性因素”，要想把村里的事情要搞好，首先要解决因村集体企业经营失败、多数人外出打工形成的“人心散，村风差”的

问题。解决这个问题的关键是什么？当然要靠传承、弘扬传统文化和红色精神——村里的共产党员要起到模范作用，关心群众的切身利益，形成凝聚力和向心力。

王传喜在党支部会议上提议建立一项新制度，党员干部没有休息日；坚持每天清晨 6 点开早会；无论发生什么情况都要风雨无阻地接访值班。最重要的是，要在制度执行方面雷打不动。每位党员干部必须做到先集体后个体、先大家后小家，为村民树立勤奋工作、甘于自觉奉献的榜样。王传喜每次开会都把“代村文化底蕴在精神滋养”当成重点内容，教育党员干部提高对传承沂蒙红色精神的重要性的认识。以自身踏实肯干、艰苦奋斗的实际行动带动大家的创业热情，推进代村快发展、快致富、快振兴的步伐。事实上，发扬党员干部起模范带头作用的这项光荣传统，也确实起了“人心聚、转村风”的作用。

3. 在集体经济转好时迎来跨越发展的好时机

王传喜带领代村人从旧村改造入手，以“返租倒包”形式流转土地。不卖出一块耕地，不乱划一处宅基地，开始由大户、企业和村集体流转①。通过土地连片来搞农田水利设施建设，将农业种植、家禽养殖、农副产品加工等项目联动起来，改散户经营为集约经营。利用该村处在城乡接合部的地理位置，开办可链接数千商户的代村商城、建筑公司、运输公司等企业，发展壮大了村集体经济，村民也因各尽所能、各得其所，甩掉了生活贫困的帽子。村经济走上正轨后，代村人迎来了好时机。2008 年国家发布建立 100 个国家农业公园的规划，随后发布了《中国农业公园创建指标体系》。代村在兰陵县和临沂市党委、政府的支持下开始农业公园项目建设，2013 年获得国家验收合格，从此以后真正走上了发展现代化生态农业的道路。代村人的生活是芝麻开花节节高，只旅游门票收入一年就达到 2000 多万元。

---

① 冼秀丽，汤菲，王琳．发展现代农业 建设美丽乡村——山东省兰陵县代村发展纪实（上）[J]．农业知识，2018(29)：42．

当然，代村国家农业公园创建所取得的成功，是国家以及临沂市委和市政府在人力和物力支持下取得的，最为突出的新时代老区乡村建设成效。进入社会主义新时代后，临沂市“要求各级各相关部门积极转变政府职能，优化对企业的服务，降低商务成本，加快推进诚信体系建设，打造良好的营商环境，努力把优越环境打造成临沂市最大的软实力、最响亮的城市名片，让环境成为创新的软动力”[①]。正是王传喜这位有开拓精神的带头人率领全村人发扬拼搏精神，撸起袖子加油干，实现了小共同富裕的梦想。

王传喜带领代村干部群众用20年的时间将一个负债村变成了亿元村，代村和王传喜个人都获得了国家的多次表彰。2017年6月，王传喜当选为中共十九大代表。2018年6月，王传喜被中共中央宣传部授予“时代楷模”荣誉称号。2021年2月，在北京召开的全国脱贫攻坚总结表彰大会上，王传喜获先进个人荣誉，并受到国家领导人的接见。

（五）返乡大学生设计出现代化的“植物工厂”

当代村的农民从事现代化的植物种植后，“农民”就成为这里的时尚职业，在外打工的人、村中毕业的大学生就回乡就业、创业。代村的村两委为了吸引高科技人才回村，设立了“归业平台”，最近几年已经有200多位高校毕业生回到村里成为新时代的新农民，

大学毕业回乡的刘雁滨是代村国家农业公园企划设计师，接手的第一个项目是负责农业科技馆的设计，他把科技馆长出绿色植物当作设计的主导思路，将立体化种植模式、无土栽培以及光伏、物联网、人工智能等现代科技的诸多元素纳入总体设计，秉持“干，就干在创新；活，就活出精彩”理念，闯出父辈没有走过的新路。但是，任何天马行空的创意变成现实都不是件容易的事。科技馆建成时的壮观的空间造型，并不代表取得了真正的成功。馆内设计的管道式无土种植，水压高了，底部的蔬菜根部会损坏，水压低了会造成顶部的蔬菜的营养不良，一个月的实验用损失掉了数万棵菜苗，但是，

① 刘雁．临沂以创新驱动打造经济升级版 [EB/OL]．大众网，2015-10-16．

功夫不负有心人，经过四五个月的调试和改进，现代化的植物工厂终于建成了，10 层的管道栽培，一亩地变成了 10 亩地，种植产量又翻了 10 倍。

（六）大学生创业团队为雪龙号建造“移动植物工厂”

一项新技术只在小范围内获得成功，所产生的价值是有限的，而技术输出产生的价值和影响力才是巨大的。如果有人在极地科考雪龙船上看到长满了绿色蔬菜的方盒子，肯定会为冰天雪地中的这一特别的景致感到兴高采烈。不仅要问，这是哪来的，蔬菜是怎么在冰天雪地中长出来的？殊不知，这是代村大学生专门为雪龙船创建“移动植物工厂”。

事情起因于 2017 年雪龙号科考船的队员来到代村参观。当这些进行极地研究的科技工作者，看到农业科技馆里满眼的绿色蔬菜时别提有多高兴了，一支黄瓜分为 200 多份的情形，使他们对绿色新鲜蔬菜的感受不是一般人能想象得到的。

原来这些科考队员跟随雪龙号到南极、北极考察时，中间有三个月的时间无法获得外界的补给，对于船上 200 多名科考队员而言，新鲜的绿色蔬菜成为实实在在的奢侈品。有几位队员曾在温度比较高的发动机室养活了一根黄瓜苗，还非常可喜地结了一根黄瓜。当这根黄瓜长到足够大时，厨师小心翼翼地将这根黄瓜切成了如同面膜一样的 200 多片，每人分到了一片，清香从口入心，使他们体会到了地上人间的快乐。

刘雁宾通过这件事知道了科考队员生活的艰苦，对于他们对新鲜绿色蔬菜的渴望也感同身受，他决定要研发出能安放在科考船上的植物工厂。刘雁滨的这个想法一经说出，大家不仅赞成，还很快提出了设计方案。他们把代村的无土种植设施放到集装箱里，采用光伏技术为集装箱提供植物生长所需的能量，其他的技术稍做调整就能够满足科考船的环境条件。很快他们就把设计制造完成的新一代“移动植物工厂”交付给雪龙号。这套设施每个月能生产 150 公斤新鲜蔬菜，为队员们增加了蔬菜供应，再也不用吃面膜样的黄瓜片了。

代村大学生创业团队经常走访附近的村庄，把成熟的新技术和经济发展新理念传播给附近的村庄，带动周边3万多农民走上了共同富裕的道路。

五、新时代沂蒙红色文化充分发挥创新兴业潜能

新时代沂蒙红色文化中蕴含巨大的创新兴业潜能，传承、弘扬、实践沂蒙红色文化能够把沂蒙地区1100万人的力量凝聚起来，把干部群众的积极性更加充分地调动起来，使之成为推动沂蒙地区政治经济、教育科技发展的强大动力，为实现全面社会主义现代化国家奋斗目标进行长期的艰苦奋斗，不屈不挠、革故鼎新，与全国人民上下一条心，吃苦流汗、扎实奋斗，用勤劳的双手建设美丽家园、创造更加美好的明天。

马克思主义思想的代表性观点是，人类意识的社会功能在于使人们认识和改造世界，而充分地认识世界的目的还是为了充分改造世界。从马克思主义创新发展的意义而言，新时代沂蒙红色文化对沂蒙地区创新新业所发挥的作用，以其瞩目的成就成为社会进步的一个主要标志。突出新时代沂蒙红色文化所具有的创新兴业的潜能激发作用，是沂蒙地区政治经济、教育科技创新发展的需要，也是凝聚沂蒙地区广大干部群众强大精神力量的需要，更是实现第二个百年奋斗目标的内在要求。新时代沂蒙红色文化紧随时代需要开展深入实践的新热潮，体现了中华民族的时代风骨，显示出强大的精神力量。正如理论研究者所言：“在经济全球化加速、国际竞争激烈的今天，更需要文化发挥经济发展依靠力量的凝聚功能，增强劳动力的民族情感和民族凝聚力，共同推进经济更好更快发展。”①

传承、弘扬、实践沂蒙红色文化，增强民族自信和自豪感，在社会主义建设新时代发挥了先进作用。沂蒙地区在创新、发展政治经济、科技教育的进程中，利用广大群众喜闻乐见的各种文学艺术形式，开展宣传教育和文化普及活动，使沂蒙红色文化进一步融入企业生产和个体生活实践，团结、激

① 崔妍．中国经济发展的文化动力探源[D]．长春：吉林大学（博士论文），2013：13-14．

励广大干部群众不断地研究新情况、发现新问题、探索新路径、找到新方法、总结新经验，促进这一地区改革开放进一步深入，为“全面建设社会主义现代化国家”作出更大、更突出的贡献。

第九节　新时代高等教育强化沂蒙红色文化传承与弘扬

中华传统文化是提升全国人民增强“四个自信”、推动全面实现社会主义现代化建设的精神财富。党的十八大以后，针对传统文化精髓的传承与弘扬，党和国家的相关部门发布了指导性意见。2017 年 1 月 25 日，中共中央办公厅、国务院办公厅印发《关于实施中华优秀传统文化传承发展工程的意见》，2021 年 4 月 25 日，由国家发展改革委、中央宣传部发布《文化保护传承利用工程实施方案》。在一系列政策措施的指导下，高校、研究机构和文化传播单位在传统文化及相关学科的研究方面取得了诸多成果，传统文化对于政治经济、教育科技的发展所起的支撑作用，得到从未有过的高度重视。

2014 年 12 月，习近平总书记考察澳门大学横琴书院时，正逢该院举办中华传统文化与当代青年文化沙龙。习近平在听取学生们的发言后指出：“中华文化源远流长、博大精深，如同一座宝藏，一旦探秘其中，就会终生受用。我们要取其精华、去其糟粕，赋予中华传统文化以新的时代内涵，使之成为我们的精神追求和行为准则。”[①]2017 年 1 月 25 日，中共中央办公厅、国务院办公厅印发《关于实施中华优秀传统文化传承发展工程的意见》(2017 第 6 号)强调，“文化是民族的血脉，是人民的精神家园。文化自信是更基本、更深层、更持久的力量”。在党和政府的指导下，各高校针对传统文化的教学与相

① 习近平谈中华民族传统文化 [BE/OL]．中国共产党新闻网，2021-06-13．

关活动都开展得更加深入，以丰富多彩的文化认同、文化自信教育提高了大学生综合素质和道德水平，将高校的教育内容和教学方法推进到了一个新高度，为推进中华优秀传统文化的传承、实践、弘扬、创新发挥了高等教育的重要作用。

一、高校强化沂蒙红色文化教育系统性研究

沂蒙地区高校承担着传承、实践、弘扬、创新沂蒙红色文化的责任和使命，必须注重系统性、规范化、多样性的教育体系建设。如果高校管理者认为这只是某个部门或某个专业的重点内容，不能从教育体系建设的高度与学科教学、校园活动紧密结合起来施教，必然因为这种文化所具有的内化性功能不能得到很好发挥而影响人才培养目标的实现。

（一）高校领导要重视沂蒙红色文化传承与弘扬的体系建设

高校肩负着传承、实践、弘扬、创新优秀传统文化的重要使命，必须要将文化经典教学和相关内容融入教育、教学体系中开展。但是，从中国高等教育起步阶段开始后的相当一个时期，高校都把侧重点放在了西方教育模式承袭、教学内容的设置方面，将中华传统文化的教育、教学、研究都放在了次要位置。近代教育上的全盘西化所形成的水土不服、生搬硬套，阻碍了中国文明发展的进程。这种认知只有在我们回望历史时，才能够加深理解并试图进行大幅度的改变。中国当代教育与科技发展的事实证明，高校领导重视优秀传统文化教育与世界先进文化教相结合，才能更好地发挥高等教育功能，以适应时代要求的教育理念和教学模式实现创新人才和综合性人才的培养目标。

（二）沂蒙地区高校需要加大传统文化教育、教学资源配置

华侨大学原校长邱进在谈到一些大学领导不重视传统文化教育时说："将传统文化的继承、教育和研究看成是简单的普及性工作，有的甚至将此种极

为重要的文明成果与当代科学技术对立起来，在投入和办学资源的分配上，明显地重理工轻文史，其结果是，中国传统的东西在大学被淡化、轻边缘化，学生的历史文化基础面越来越浅薄，造成许多文化观、价值观甚至道德观方面的缺失。”① 这段话明确指出了高等教育在优秀传统文化教育方面的缺失以及对人才知识结构的影响，引起了高等教育界以及党和政府教育管理部门的高度重视。

中国传统文化是世界文明发展史上的优秀文化，历史悠久的哲学思想、治国方略、教育理论、技术创新观点等形成了中华文明最重要的载体，这个文化体系不仅包含了各地区、各民族弥足珍贵的文明成果，而且在不同的历史时期对经济文化、军事科技的发展都显示出强大的生命力。事实证明，忽视对中华优秀文化遗产的传承和弘扬会使民族失去向心力和凝聚力，也会因失去战斗力使国家受到外来势力的侵犯。党和国家已经充分认识到了中华文化在五千年历史进程中所发挥的支撑性作用，制定适合各层级教育的相关政策和措施，不断强化传承和弘扬优秀传统文化的宣传、引导和创新功能，使独特的中华文化焕发出社会主义建设新时代的蓬勃生命力和全球影响力。

（三）要以传统文化教育推动创新型人才和文化旅游产业人才培养

沂蒙地区的各级党政领导和相关文化机构采取了很多措施，大力落实党和国家在传承和弘扬优秀文化方面的政策要求，推动优秀传统文化研究、传承、实践、弘扬工作不断向前发展，在文化交流、拉动地方旅游产业、助推创新、创意产业方面都发挥了文化资本的驱动力。沂蒙地区高校在本地区优秀传统文化教育、教学方面也取得了初步成效，但是仍然没有被高等教育决策者和高校管理者提高到与国家要求相一致的高度。在教师师资配置、教学内容选择、校园活动组织以及沂蒙红色文化深入研究等多个方面，还需要配备大量资源，下大力气，使高校成为传承、弘扬、研究、他新优秀传统文化

① 邱进．大学校长要有强烈的传统文化意识 [J]．教育与职业，2014(22)：50．

的重要阵地，以此推动教育、教学成效的提升，促进大学生综合素质的强化，实现向社会输送大量创新型人才和文化旅游产业人才的目的。

二、新时代地区高校沂蒙红色文化教育水平优化

沂蒙地区高校在红色文化教育教学内容设置和教学活动开展方面要向地区外的高校学习成型经验。不仅要开设传承、创新沂蒙红色文化的课堂课程，还要根据现代化教学设施的配备开设红色文化网络共享课。在红色文化教育方面，沂蒙地区高校发展很不平衡，目前只有临沂大学在沂蒙红色文化教育设置、沂蒙精神课程安排、红色文化研究等方面开展了一系列工作，走在了前列。在这方面，还需要向北京大学等高校学习相关做法。北京大学在全国高校中率先开设通识传统戏剧课程，尤其是在“互联网 +”的教育背景下逐步开发新型传统文化通识课的内容和形式。沂蒙地区高校要借鉴北京大学的办法和措施，通过社团活动和校际、高校与社会团体之间的交流活动形成传承、实践、弘扬、创新红色文化的浓厚氛围。通过思政课、文学选修课等内容的开发和教学方法的创新，引导大学生学习吸收中华古代经典著作中的精华，使广大学生尤其是理科学生通过研习经典而热爱经典著作精髓，深化沂蒙红色文化的根基意识和认知能力。

沂蒙地区高校传承、实践、弘扬、创新发展沂蒙红色文化要兼顾教学、转化、创新三个向度的并重。正如著名教育家冯友兰所倡导的，中华优秀传统文化教育不仅要以“照着讲”方式开展教学，更要强调“接着讲”的系统性和重要性，冯友兰认为“接着讲”就是注重教学、转化和创新性发展，在继承中华传统文化精神实质的基础上实现超越。沂蒙地区高校要从哲学、经济学、美学、书画艺术、民间艺术教学方面体现沂蒙历史文化、沂蒙精神及社会主义核心价值观的沂蒙特色，哲学、经济学、美学、书画艺术等文化传承和弘扬的核心内容教学要进行理论创新和方法创新相结合，提炼出具有强大支撑

作用的概念和命题，形成具有逻辑性、连续性、系统性的理论构架和核心观点。这就要求高校教学管理部门及相关学科对沂蒙红色文化进行深入、系统的研究并能够在此基础上实现创造性的实践和转化。

三、强化思政课教师针对沂蒙红色文化教学能力水平

沂蒙地区及山东省高校思政课专业教师在努力提高沂蒙红色文化教学水平方面有着得天独厚的优势。一方面，沂蒙红色文化的长期传播对高校教师产生了潜移默化、润物无声的影响，已经形成了一定的认知、理解和深入研究基础，这给本地高校开展传统文化教学活动奠定了良好基础；另一个方面，又因为山东省和国家其他相关社会科学研究机构培养了许多研究、实践、弘扬沂蒙红色文化的学者、专家和相关专业人员，高校可聘请他们对思政课教师进行培训并开展学术交流及课题研究工作，从而更系统、更深入、更有针对性地提高思政课教师的教学能力和水平。

沂蒙地区及山东省高校充分发掘所在地的文化资源，使思政课教师在传承、实践、弘扬、创新沂蒙红色文化方面做足功课，便能实现传统文化在社会环境营造和高校教育教学水平两方面的共建共赢。

（一）高校须加强从事沂蒙红色文化教学的师资队伍建设

沂蒙地区及山东省高校将沂蒙红色文化教学贯串新时代创新人才培养过程中的各个环节，离不开对思政专业从事这一学科教学的教师能力水平的提高。当前有些高校存在红色文化专业教师人员不足和专业水平不高的情况，为了解决提高教学质量所面对的这一最关键的问题，就要加强从事红色文化教学的思政课教师队伍的现代化建设，只有教师的人员结构和能力水平不断提高，才能有强化教学成果的根本性保障，才能使这一特定文化，在传承、实践、弘扬、创新等方面的教育效能得到良好发挥。最关键的一点是，沂蒙地区及山东省高校管理者和教学部门要对沂蒙红色文化教学重视起来，推动

师资队伍人员结构建设和能力水平两个向度的提高，制订符合沂蒙地区及山东省高校实际情况的师资队伍建设规划及实施方案，使组织机构从上至下、从教师专业水平到教学质量控制形成制度化和体系化，以现代高等教育管理理念促进传统文化教育、教学取得更突出的成效。

（二）高校需提高从事沂蒙红色文化教学教师的能力水平

沂蒙地区及山东省高校管理层在制订促进从事沂蒙红色文化教学教师成长政策的基础上，为思政课教师在红色文化教学内容扩展方面提供更多的培训机会，在绩效考核和升职资格考评方面给予一定的可量化的倾斜。同时，还要鼓励其他专业教师努力提高沂蒙红色文化相关领域的知识素养，能够在本专业课程教学过程中将沂蒙红色文化元素贯串大学生专业学习的过程。此外，高校还可以充分利用所在地区红色文化研究机构的人力资源，补足高校在相关专业师资人员不足和能力水平上的短板。比如，从地方党史研究单位聘请负责本地区党史研究专家到高校讲解阐释沂蒙精神的新内涵以及沂蒙红色文化传承的重要作用，使大学生系统深入地了解沂蒙红色文化的深厚底蕴和沂蒙精神的丰富内涵，确保沂蒙红色文化教育教学保持地区本色，提高大学生对所在地区文化的认知能力和学术探究兴趣，激励他们提高文化修养、激发创新、创造能力。

（三）高校要构建沂蒙红色文化教学研究团队

沂蒙红色文化经历了形成、传承过程。在社会主义现代化建设新时代和未来社会发展中也必然要传承和弘扬，高等教育必然要推动沂蒙红色文化不断地改进和创新，这就要求沂蒙地区及山东省高校建立一支从事沂蒙红色文化、沂蒙精神理论研究与教学研究的专业化教师团队。

四、高校思政课要强化沂蒙红色文化教学的内容与形式

高校将沂蒙红色文化教学与思政课相融合，主要是通过思政课的课堂教

学平台传承、实践弘扬沂蒙红色文化，发挥其在人才培养课中的教育功能，使大学生在学习、领悟沂蒙红色文化的过程中完善道德品质、弘扬红色革命精神，提升政治素养。

（一）沂蒙红色文化融入高校思政课需建立优化的内容体系

沂蒙红色文化融入高校思政课体系建设的改进与创新，前提是要深入挖掘沂蒙红色文化资源和优秀传统文化资源。常言说，“鲁南古城秀，琅琊圣贤多”。百年考古在沂蒙地区发现了许多新石器时代文化遗迹、古老的东夷文化和进入文明社会的五千年文化，不仅种类繁多且呈现丰富、绚丽的样貌，在近现代又结合马克思主义思想形成了地区性红色文化特色，特别是在这一地区诞生了以“党群同心、军民情深、水乳交融、生死与共”为主要内涵的伟大的沂蒙精神。但是在高等教育教学中并没有在内容开发方面得到足够的重视，更没有在教学上形成体系性内容。迫切需要对沂蒙红色文化和沂蒙精神作出梳理、分析、研究，将含有红色文化底蕴、具有重要人文价值且与当代大学生思想政治教育相适应的红色文化精华融入思政课教学内容体系，创建大学生喜闻乐见的教学内容和全新的教学形式。采取继承与发扬并重、理论与实践相结合的原则，同时兼顾当代青年学生接受的层次性、实践性、创新性原则，才能将传统文化教育、红色文化教育与社会主义核心价值观相结合建构优化的内容体系，为沂蒙红色文化融入思政课开展体系性教学打下基础。

（二）沂蒙红色文化融入高校思政课需创新教学方法

创新高等教育中关于沂蒙红色文化的教学方法就要从红色文化教学内容和大学生成才需要所涉及的多个方面来考虑：一是需要重视沂蒙红色文化的独特性来创新教学方法。沂蒙红色文化特点之一是具有丰富的哲学、经济学、美学等多方面内涵，教师在教学方法选择上要善于利用沂蒙红色文化的这种独特魅力来吸引青年学生，使他们对这一地区优秀的红色文化产生浓厚兴趣。二是需要运用沂蒙红色文化的可借鉴性来创新教学方法。沂蒙红色文化蕴含了一整套具有自身特色且行之有效的思想道德教化的作用。教师要利用这一点为高校思政课的教学内容提供方法论方面的借鉴作用，使之成为提高教学效果的有效路径。三是要注意大学生的个体多样性来创新教学方法。在对教育目标的追求上，寻找对不同类学生个体行之有效的教学方法，根据不同专业学生文化素质的差别采用不同的教学方法。四是要区分大学生和研究生的层次性来创新教育方法。在教学过程中，要因学生个体的知识结构和思维能力区别对待。首先在教学方面要因为分层次、分对象而进行不同的内容设计，再根据不同层次的对象的特点和个性有针对性地选用不同的教学方法，以有的放矢的策略实现整体成效的提高。

（三）沂蒙红色文化融入高校思政课须选择科学的教学路径

高校教学管理机构和思政课教师要积极探索、研究沂蒙红色文化融入思政课的最佳教学路径。只有从教师单纯讲授的那种“填鸭式教学”模式里突破出来，采用互动式、研讨式、线上线下相结合的具有时代特色的教学路径，才能提高学生对沂蒙红色文化的认知度和感受力并引发学习兴趣，才能取得将这一特色文化内化自身认知体系中的良好教学成效。具体做法须强化四个方面：

1. 教学计划中要进一步完善沂蒙红色文化教学路径设计

高校思政课教师要结合社会主义核心价值观教育将沂蒙红色文化融入大学生的思想政治教育过程，更大范围内传播这一地区沂蒙红色文化的精神实质与核心思想，引导更多大学生形成对沂蒙红色文化的认同感，通过建立文化自信，提高文化鉴别能力和应用能力。高校通过开设沂蒙红色文化选修课，满足大学生深入学习、研究红色文化的心理需求，作为与主修思政课相配套选修内容，拓展沂蒙红色文化融入思政课教学的多种渠道。

将沂蒙红色文化的重点内容作为文科学生专业必修课程，培养更多传承、弘扬、创新红色文化的人才。同时，指导更多大学生在学习、实践、研究沂蒙红色文化的过程中，获取多种向度的传统文化知识，提高自身的道德修养、红色精神、创新思维等综合素质。

2. 改革创新沂蒙红色文化课程的教学方法

高校思政课关于红色文化内容的教学路径设计，要将理论与实践相结合的教学方法作为达成沂蒙红色文化教学目的的主要路径。要在理论教学中创新传统教学方式，采用互动式、问题讨论式教学和课后活动相结合的方法，并注重运用沂蒙红色文化的价值理念、核心命题等来解读文化传承原理和古代哲学家、经济学家、教育家的思想观点，通过创新教学路径强化思政课教学中沂蒙红色文化教学的体量和权重，使大学生增强对马克思主义中国化与沂蒙红色文化相结合的科学性和现实性意义的理解。

3. 将实践教学的意义、作用、效果提高到全新的高度

强化实践教学效果是高校思政专业开展沂蒙红色文化教学行之有效的路径。实践教学不能简单理解为课堂学习的延伸和补充，它是课堂教学过程构建的体系性的要求，也是创新、拓宽学生创新思维最直接有效的办法。

思政课教师要根据实践课内容要求设计相关问题、课题和论文结构，然后带领大学生走进沂蒙红色文化的现实场景，如大青山战役纪念馆、沂蒙红嫂纪念馆等文化单位进行实地考察、分析、讨论、研究教师设定的问题或学生自己需要解决的问题，大学生发挥自身的理解力、创造力分析问题、解决问题本身就锻炼了他们的创新思维和整体把握课题的能力。在这种具有现实场景激发、碰撞、触动的活动中理解红色文化、解决自身存在的疑问并通过写出相关论文提高自身的认知能力，是教育效果整体提高的最佳路径。可以通过沂蒙红色文化教学所具有的驱动力达成人才培养目标的实现。

4. 利用社会资源构建沂蒙红色文化教学的新模式

高校思政课的教师仅仅依靠所在高校和自身所具有的文化资源不足以满足沂蒙红色文化教学需要，因此，必须借助于社会研究机构、各专业的专家学者、红色文化团体等到高校开设讲座、论坛、展会、表演等交流活动，采取线下和线下互动的方式，让课程的教学过程更具有科学性和系统性，让大学生在与相关专业专家和教授的讨论、研讨的过程中提高自身的认知能力、红色革命精神和成为创新人才所需要的综合素质。

积极构建沂蒙红色文化融入高校思政课教学的内容体系、探索多种路径、创新教学模式，其最终目的是提升沂蒙红色文化教学成效，为现代化人才培养发挥更大的文化驱动力。高校思政课教师通过增强沂蒙红色文化在课程教学中的多元支撑，寻找到提高教学效果的关键点，配合教学管理部门编写突出沂蒙红色文化的教材或读物，在思政课网络平台建设中增加传统文化权重，上线具有广泛影响力的网络传播内容，开发具有新时代特色且适合互联网、手机等新兴媒体传播的文化精品，就一定能够把传承、实践、弘扬、创新沂蒙红色文化推向前所未有的新高度。

附　录

临沂大学沂蒙红色文化研究的主要成果

一、学术著作

姓名	成果名称	出版社	时间
徐东升 费聿辉	沂蒙精神与社会主义核心价值体系研究	中央文献出版社	2012
汲广运	临沂文化通览	山东人民出版社	2012
韩延明 汲广运 徐东升	红色文化与社会主义核心价值体系建设研究	人民出版社	2013
白海若 孙海英	《红色文化与沂蒙精神》课程研究	团结出版社	2013
徐东升 费聿辉	沂蒙精神研究	中央文献出版社	2013
魏本权 汲广运	沂蒙红色文化资源研究	山东人民出版社	2014
徐东升	中华民族精神研究	山东人民出版社	2014
汲广运等	沂蒙精神代代传——党史国史青少年教育简明读本	教育科学出版社	2014

续 表

姓名	成果名称	出版社	时间
徐东升等	基于沂蒙精神育人的社会主义核心价值观教育研究	山东人民出版社	2015
徐东升 孙海英	高校思想政治理论课教学案例集——沂蒙精神代代传	高等教育出版社	2015
曲文军 李宏彦	沂蒙革命诗词选注	山东人民出版社	2015
徐东升 孙海英	沂蒙精神大学生读本	山东人民出版社	2016
王厚香	沂蒙精神故事读本	江西人民出版社	2016
徐东升 孙海英	中国共产党革命精神研究	山东人民出版社	2017
徐东升 汲广运	沂蒙精神研究	山东人民出版社	2017
苑朋欣	沂蒙精神溯源研究	山东人民出版社	2017
孙海英 陈永莲	沂蒙精神与临沂革命老区跨越式发展研究	山东人民出版社	2017
汲广运 王厚香	沂蒙精神的地域文化渊源研究	山东人民出版社	2017
徐东升 费聿辉	沂蒙精神与群众路线研究	山东人民出版社	2017
徐东升 费聿辉	沂蒙精神与社会主义核心价值体系建设研究	山东人民出版社	2017
徐东升 费聿辉	沂蒙精神与中国共产党革命精神研究	山东人民出版社	2017
张业蕾	“立体交互式”大学生核心价值观教育模式研究——以沂蒙精神融入大学生社会主义核心价值观教育为例	中国矿业大学出版社	2018

续 表

姓名	成果名称	出版社	时间
费聿辉 徐东升	沂蒙精神	中共党史出版社	2018
徐东升 孙海英等	沂蒙精神故事选	济南出版社	2018
王春梅 方　艳	沂蒙红嫂故事选	济南出版社	2018
汲广运	弘扬沂蒙精神　助推消防临沂模式	山东人民出版社	2018
李高东	沂蒙精神与全面从严治党研究	山东人民出版社	2019
徐东升 赵长芬	三山一坡革命精神研究	济南出版社	2019
孙海英 张光远	高校沂蒙精神育人的理论与实践	山东人民出版社	2019
徐东升 汲广运等	马克思主义群众观视域下的沂蒙精神研究	人民出版社	2019
费聿辉 刘　涛	红色基因传承研究	济南出版社	2019
徐东升 孙海英	沂蒙精神大学生读本	山东人民出版社	2020
徐东升 刘　慧 张光远等	沂蒙精神简明读本	山东人民出版社	2020
徐东升 路胜利 朱立营 朱鹏程	党的革命精神简明读本	山东人民出版社	2020
徐东升 孙海英	沂蒙红色文化符号	九州出版社	2021

续 表

姓名	成果名称	出版社	时间
孙海英 侯婷婷	沂蒙精神融入高校思想政治理论课教学研究	中国矿业大学出版社	2021
许汝贞 张立华 魏　鹏	抗日民主政权在临沂革命根据地的法治建设	济南出版社	2021
徐东升 汲广运	沂蒙精神与党的建设丛书	山东人民出版社	2022
李高东 徐东升	沂蒙精神与党的政治建设	山东人民出版社	2022
刘　慧 王晓阳	沂蒙精神与党的思想建设	山东人民出版社	2022
陈三营 邢　璐	沂蒙精神与党的组织建设	山东人民出版社	2022
张学强 刘　涛	沂蒙精神与党的作风建设	山东人民出版社	2022
汲梦喆 汲广运	沂蒙精神与党的纪律建设	山东人民出版社	2022

二、学术论文

作者	刊物名称	论文题目	时间
韩延明	高校辅导员	沂蒙精神的血脉与真谛	2011
苑朋欣	临沂大学学报	沂蒙精神与社会主义荣辱观	2012
白海若 徐东升	临沂大学学报	弘扬沂蒙精神，推进社会主义核心价值体系建设	2012
苑朋欣	农产品加工	中华一绝——沂蒙煎饼	2012

续 表

作者	刊物名称	论文题目	时间
白海若	大家	试论红色文化及其发生	2012
徐东升	临沂大学学报	沂蒙精神与中华民族精神	2012
陈永莲	《山东社科论坛·2013》	中国共产党的群众工作与沂蒙精神的形成	2013
魏本权	中共党史研究	革命与互助：沂蒙抗日根据地的生产动员与劳动互助	2013
李纪岩	《山东社科论坛·2013》	马克思主义群众观视域中的沂蒙精神研究论纲	2013
汲广运	临沂大学学报	沂蒙精神的人民性及其在马克思主义群众路线教育中的作用	2013
李纪岩	临沂大学学报	马克思主义群众观视域中的沂蒙精神研究论纲	2013
王春梅	沧桑	1942 年刘少奇在山东践行群众路线的当代启示	2013
徐东升	临沂大学学报	社会主义核心价值体系视域中的沂蒙精神	2013
方　艳	黑河学刊	以红色文化促进大学生核心价值观建设	2014
费聿辉	临沂大学学报	关于沂蒙精神的哲学思考	2015
王春梅	临沂大学学报	构建沂蒙精神融入社会主义核心价值观教育长效机制	2015
刘　涛	临沂大学学报	沂蒙精神与中国精神的内在逻辑	2015
陈永莲	临沂大学学报	沂蒙精神进课堂对大学生理想信念教育的影响——《红色文化与沂蒙精神》课程研究	2015
汲广运	临沂大学学报	论沂蒙精神与党建的互动及启示	2015
李纪岩	临沂大学学报	沂蒙精神的生成基础、内涵体系与弘扬路径	2015
苑朋欣	临沂大学学报	沂蒙抗日根据地的减租减息运动	2015

续 表

作者	刊物名称	论文题目	时间
徐东升 刘 涛	江西科技师范大学学报	沂蒙精神与中国精神的内在逻辑	2015
苑朋欣	史志学刊	山东抗日民主政权的发展历程	2015
苑朋欣	山东农业工程学院学报	山东抗日根据地农业劳动互助组织的建立及其成效	2015
李 喆	临沂大学学报	贯彻落实习近平总书记重要讲话 结合新的时代条件发扬光大沂蒙精神——纪念习近平总书记沂蒙精神讲话两周年	2015
李 喆	光明日报	用“五个融入”传承弘扬沂蒙精神	2015
李高东	理论建设	延安精神视域下执政党建设研究	2016
苑朋欣	理论学刊	抗战时期渤海区的减租减息与农村社会变迁	2016
张红云	中共党史研究	沂蒙解放区的支前人力工作——基于乡村动员中矛盾冲突与利益调适的策略分析	2016
孙海英	临沂大学学报	论沂蒙精神的价值取向与当代大学生的价值选择	2016
陈永莲	临沂大学学报	沂蒙精神与井冈山精神、延安精神、西柏坡精神之比较	2016
赵长芬	临沂大学学报	弘扬沂蒙精神 建构凝聚群众长效机制	2016
刘 涛	临沂大学学报	沂蒙精神融入大学生创新创业教育论析	2016
张爱辉	临沂大学学报	简论沂蒙红色文化资源在社会主义核心价值观大众化中的应用	2016
岳 峰	临沂大学学报	论沂蒙精神融入大学生思想政治教育的路径	2016
徐东升	临沂大学学报	新时期沂蒙精神的传承与弘扬	2016
蔡玉卿	临沂大学学报	沂蒙精神的文化自信：内涵、逻辑及规范	2016
林存华	江西科技师范大学学报	论地方高校与沂蒙红色资源的有机契合	2016

续 表

作者	刊物名称	论文题目	时间
苑朋欣	古今农业	山东抗日根据地的农业贷款	2016
苑朋欣	山东农业工程学院学报	鲁南抗日根据地的减租减息运动	2016
苑朋欣	红色文化资源研究	沂蒙精神在大学生思想政治教育中的运用	2016
孙海英	红色文化资源研究	创新创业教育视域下沂蒙红色文化资源的开发	2016
陈永莲	临沂大学学报	中国共产党的剿匪工作与沂蒙精神的形成	2016
李学生	山东社科论坛“脱贫攻坚与革命老区创新发展研讨会”论文集	谈谈沂蒙老区精准扶贫工作中存在的问题及对策	2016
潘可礼	纪念长征胜利80周年学术会议论文	长征精神的灵魂：跟党走	2016
孙海英	江西科技师范大学学报	论红色文化的育人功能与机制构建	2016
刘　涛	大众日报	弘扬沂蒙精神　凝聚筑梦力量	2016
赵长芬	大众日报	弘扬沂蒙精神　进一步凝聚党心民心	2016
陈永莲	临沂大学学报	中国共产党的剿匪工作与沂蒙精神的形成	2017
王春梅	临沂大学学报	沂蒙精神与党员干部理想信念教育	2017
张红云	中共党史研究	解放战争时期山东解放区的士兵归队运动	2017
孙海英	学海	沂蒙早期党组织对实践马克思主义群众观的探索及启示	2017
徐东升	人民日报	沂蒙精神闪耀时代光芒	2017
徐东升	大众日报	临沂大学：依托沂蒙红色文化和沂蒙精神提升高校思政课吸引力说服力感染力	2017
徐东升	大众日报	沂蒙精神：涵养中国精神的重要话语资源	2017
孙海英	大众日报	初心和使命：新时代沂蒙精神的传承和弘扬	2017

续 表

作者	刊物名称	论文题目	时间
刘　涛	大众日报	沂蒙精神：中国共产党人精神家园的时代丰碑	2017
赵长芬	大众日报	弘扬沂蒙精神　加强党内政治文化建设	2017
孙海英	临沂大学学报	从心态到行为：心存敬畏，行有担当——论沂蒙精神育人中教师的心态调适与角色重构	2017
孙海英	江西科技师范大学学报	论践行沂蒙精神与提高政治规矩自觉的互动生成关系	2018
陈永莲	红色文化资源研究	“三山一坡”精神融入高校育人工作的价值与路径研究	2018
董爱玲	江西科技师范大学	“受众理论”视阈下沂蒙精神传播研究	2018
林存华	潍坊工程职业学院学报	论沂蒙精神与当代大学生的人格塑造	2018
林存华	承德石油高等专科学校学报	试论沂蒙精神对大学生创业的影响——以临沂大学为例	2018
王春梅	世纪桥	构建沂蒙精神融入社会主义核心价值观培育的领导体制	2018
徐东升	大众日报	新时代沂蒙精神的话语价值	2018
孙海英	大众日报	从四个角度解读“水乳交融、生死与共”的沂蒙精神	2018
刘　涛	大众日报	沂蒙精神：新时代革命者的精神坐标	2018
赵长芬	大众日报	弘扬沂蒙精神　进一步激活共产党人的红色基因	2018
刘　慧	大众日报	沂蒙精神的双重逻辑及其时代价值	2018
汲广运	临沂大学学报	习近平总书记解读沂蒙精神的角度及重要意义	2018
吴永生	临沂大学学报	权力功能视角下的沂蒙精神分析	2018
苑朋欣	临沂大学学报	沂蒙人民的文化风格：沂蒙精神形成的历史文化渊源	2018

续　表

作者	刊物名称	论文题目	时间
孙海英	临沂大学学报	沂蒙精神融入大学生文化自信教育的路径选择	2018
赵长芬	临沂大学学报	沂蒙精神的政治文化价值	2018
刘涛	临沂大学学报	政党与群众：沂蒙精神话语语义的双重逻辑	2018
张爱辉	临沂大学学报	传承创新沂蒙红色文化　助力临沂文化的繁荣兴盛	2018
张红云	临沂大学学报	沂蒙精神与支前运动的内在关联性研究	2018
蔡玉卿	临沂大学学报	廉洁政治视域下山东抗日根据地基层党纪建设的路径与经验	2018
刘　慧	临沂大学学报	全媒体视域下沂蒙精神的传播路径研究	2018
陈永连	临沂大学学报	沂蒙精神与红船精神比较研究	2018
杜纪伟	临沂大学学报	权力良知视域下沂蒙精神的形成逻辑	2018
谢　俊	临沂大学学报	马克思主义人学视域下沂蒙精神研究	2018
张红云	党史研究与教学	“后方的后方”：淮海战役期间山东解放区的民站	2018
李艳斌	运动	沂蒙精神融入体育专业大学生思想政治教育研究	2018
李　喆	临沂大学学报	赓续与新拓：抗大一分校沂蒙办学与抗大基因的沂蒙传承	2018
吴付法	智库时代	基于沂蒙精神育人模式的“无手机课堂”研究	2018
潘旭阳	世纪桥	临沂革命老区生态文明建设的实践与启示	2019
吴付法	山西青年	基于沂蒙精神融入新时代大学生就业教育模式研究	2019
岳　峰 徐东升	江西科技师范大学学报	沂蒙精神融入高校思想政治理论课路径研究	2019
苑朋欣	红色文化资源研究	党把人民利益放在第一位：沂蒙抗日根据地的群众工作	2019

续 表

作者	刊物名称	论文题目	时间
孙海英	大众日报	沂蒙精神与中国共产党的初心和使命	2019
刘　涛	大众日报	新时代弘扬沂蒙精神的文旅之路	2019
赵长芬	大众日报	从沂蒙精神中汲取为人民服务的强大力量	2019
陈三营	大众日报	沂蒙精神融入新时代思想政治教育工作的三维进路	2019
刘　慧	大众日报	沂蒙精神在高校思政课中的精神密码	2019
林存华 孙海英	承德石油高等专科学校学报	红色文化融入当代大学生人格培育的实现路径探析	2019
李高东	临沂大学学报	沂蒙精神内涵新解读	2019
王世谊 李　岚	理论学刊	沂蒙精神与“不忘初心，牢记使命”主题教育研究	2019
苑朋欣	党的文献	沂蒙抗日根据地的村政改造	2019
李叶萌	新西部	整合高校优势资源 助力沂蒙扶贫攻坚——以临沂大学为例	2019
王德聪	中国文艺家	沂蒙题材音乐作品创作的几点思考	2019
孙海英	济南日报	沂蒙精神的温度	2019
陈永莲 孙海英	红色文化资源研究	红色文化融入大学生理想信念教育研究—以沂蒙精神为例	2019
赵　岩	党政论坛	传承红色基因 践行初心使命	2019
苑朋欣	临沂大学学报	山东抗日根据地廉政建设的思路与实践	2020
王春梅 方　艳	临沂大学学报	沂蒙精神对当代大学生理想信念教育的引领与塑造	2020
杨晋娟 杨　超	临沂大学学报	建国70年来沂蒙地区文化扶贫的历程与启示	2020

续 表

作者	刊物名称	论文题目	时间
刘　慧	临沂大学学报	运用红色文化资源提升高校思政课教学效果的路径	2020
刘　涛	临沂大学学报	沂蒙红色文化和沂蒙精神融入概论课实践探索	2020
张红云	临沂大学学报	全面组织起来：山东解放区的全村支前大变工	2020
陈三营 邢　璐	临沂大学学报	在讲好故事中传承沂蒙精神	2020
孙海英 王淑彩	临沂大学学报	试论沂蒙精神党性与人民性统一	2020
张学强	聊城大学学报	庄户学与山东根据地教育改革中的小学教育	2020
王　津 徐东升	菏泽学院学报	高中沂蒙精神活动型课程实施建议	2020
宋桂花	山东女子学院学报	从劳动解放到妇女解放：新文化史视角下红嫂劳动叙述研究	2020
周德堂	大众文艺	“非遗”视域下的沂蒙老区曲艺研究	2020
徐东升	大众日报	从原生态到新生态：新时代弘扬沂蒙精神的思考	2020
刘　慧	大众日报	弘扬沂蒙精神　密切党群关系	2020
孙海英	大众日报	历史、现实和未来的契合：从沂蒙精神看中国共产党的初心和使命	2020
陈三营	大众日报	构建三全育人体系　助推沂蒙精神传承	2020
贾　梦 邢　璐	大众日报	沂蒙精神是党践行群众路线的实践结晶	2020
苑朋欣	山东农业工程学院学报	1946 年下半年沂蒙解放区的土地改革	2021
苑朋欣	聊城大学学报(社科版)	山东抗日根据地的精兵简政	2021
杨志刚 徐东升	地方文化研究	克绍箕裘：沂蒙精神形成的孝文化渊源	2021

续　表

作者	刊物名称	论文题目	时间
李高东	临沂大学学报	试论沂蒙精神与新时代政治建设	2021
张红云	临沂大学学报	“情感—认知—行动”：山东解放区的支前民工整训工作	2021
黄富峰	临沂大学学报	伟大建党精神构建沂蒙精神路径探析	2021
苑朋欣	沂蒙干部学院学报	沂蒙精神的党性内涵及其党性教育价值	2021
赵长芬	山东教育	从沂蒙精神中汲取政治智慧和精神力量	2021
李高东	红色文化资源研究	试论沂蒙精神对新时代党的政治建设的推动作用	2021
张俊龙 汲广运	山东社会科学	文化展馆在弘扬沂蒙精神中作用探析	2021
刘　涛 张光远	大众日报	沂蒙精神与伟大建党精神的内在契合性	2021
孙海英 凌海丽	大众日报	沂蒙精神“以人民为中心”的理论逻辑起点	2021
李彦龙 牛静静	大众日报	在新的“赶考之路”上大力弘扬沂蒙精神	2021
刘　慧 王淑彩	大众日报	从“翻身”到“翻心”：沂蒙精神形成的女性力量	2021
陈三营	大众日报	弘扬沂蒙精神　加强党的建设	2021
孙海英	中国教育报	沂蒙精神：党群同心水乳交融	2021
刘　慧	中国教育报	沂蒙精神中教育的力量	2021
汲梦喆 李厚燃	中国社会科学报	构建弘扬伟大建党精神的科学体系	2021
汲梦喆 王春梅	中国社会科学报	组织纪律建设的山东根据地实践	2021
刘　慧 孙海英	新时代马克思主义论丛	海德门关于社会主义实现方式的思考	2021

续 表

作者	刊物名称	论文题目	时间
徐东升	中国社会科学报	党史教育视野中沂蒙精神	2022
刘　慧 汲广运	中国社会科学报	从沂蒙精神看党百年思想建设的成功经验	2022
汲梦喆 陈三营	中国社会科学报	从沂蒙精神看百年大党的人民情怀	2022
汲广运	沂蒙干部学院学报	山东抗日根据地党的廉洁纪律建设经验与启示	2022
孙海英	沂蒙干部学院学报	沂蒙精神融入大学生道德建设研究	2022
李高东	红色文化学刊	苏区精神推动新时代党的工作作风建设效用探析	2022
陈三营 刘津江	山东干部函授大学（理论学习）	坚持守正创新　传承沂蒙精神	2022
孙海英 陈三营	贵州师范大学学报（社会科学）	线上线下混合式教学在高校思政课教学中的运用探析	2022
刘　涛 孙香玉	临沂大学学报	培根·铸魂·启智·滋心：百年党史融入新时代思想政治理论教育的价值遵循	2022
薛舒文 刘　慧	临沂大学学报	沂蒙抗日根据地统一战线工作的特点、成就与经验	2022

三、省级以上社科基金、规划项目

项目类别	课题名称	主持人	课题编号	批准经费（万元）	立项时间
国家社会科学基金项目	马克思主义群众观视域中的沂蒙精神研究	徐东升	14BDJ064	20	2014
国家社会科学基金项目	华东解放区支前民工的组织动员研究	张红云	18BDJ057	20	2018

续 表

项目类别	课题名称	主持人	课题编号	批准经费（万元）	立项时间
国家社会科学基金项目	华北根据地的乡村劳动与社会重构研究（1937—1949）	魏本权	18BZS105	20	2018
国家社会科学基金项目	沂蒙精神研究	徐东升	19VPX008	15	2019
国家社科思政专项	革命文化资源提升高校思政课教学效果研究	刘 慧	20VSZ057	20	2020
教育部人文社科项目	依托沂蒙精神探索大学生社会主义核心价值观认同教育长效机制	张光远	15JDSZ2014	2	2015
教育部人文社科项目	沂蒙精神研究	费聿辉	16JD710090	6	2016
教育部人文社科项目	沂蒙精神融入高校思想政治理论课三维教学的探索与实践	孙海英	18JDSZK101	5	2018
教育部人文社科项目	华北抗日根据地乡村政权建设研究	苑朋欣	18YJA770023	10	2018
山东省社科规划项目	党在沂蒙革命根据地的群众工作研究	汲广运	13CDSJ02	2	2013
山东省社科规划重大项目	沂蒙精神重大理论与实践问题研究	徐东升	16ALJJ15	50	2016
山东省社科规划项目	抗战时期中共山东党组织解决“三农”问题的路径研究	苑朋欣	16CDSJ09	2	2016
山东省社科规划项目	山东抗日根据地党群关系建设研究	李高东	16CDSJ10	2	2016
山东省社科规划项目	山东解放区革命动员与农民理性互动研究（1946—1949）	张红云	16CDSJ12	2	2016

续 表

项目类别	课题名称	主持人	课题编号	批准经费（万元）	立项时间
山东省社科规划项目	基于受众理论的沂蒙精神传播机制研究	董爱玲	17CYMJ03	1	2017
山东省社科规划项目	沂蒙精神的时代性阐发及其弘扬路径研究	王春梅	17CYMJ05	1	2017
山东省社科规划项目	沂蒙精神的政治文化价值研究	赵长芬	17CYMJ06	3	2017
山东省社科规划项目	沂蒙精神融入高校思想政治理论课教学研究	孙海英	17CYMJ07	3	2017
山东省社科规划项目	沂蒙精神与新时期党员干部党性教育研究	苑朋欣	17CYMJ08	1	2017
山东省社科规划项目	以人民为中心视角下的沂蒙精神研究	汲广运	17CYMJ09	3	2017
山东省社科规划重大项目	沂蒙精神的内涵及时代价值研究	徐东升	17ALJJ13	50	2017
山东省社科规划项目	沂蒙抗日根据地基层党组织建设及历史经验研究	张立梅	17CDSJ22	2	2017
山东省委宣传部资助课题	弘扬沂蒙精神研究	徐东升		18	2017
山东省社科规划项目	新时代语境下沂蒙精神与山东精神耦合性研究	刘　涛	18CYMJ13	2	2018
山东省社科规划项目	公民道德建设视域下的沂蒙精神价值研究	费聿辉	18CYMJ17	2	2018
山东省社科规划项目	山东解放区的民站建设及实际运行研究	张红云	18CDSJ22	2	2018
山东省社科规划项目	红色基因传承视域下山东红色影视的艺术建构	张　磊	18CCYJ35	1	2018

续 表

项目类别	课题名称	主持人	课题编号	批准经费（万元）	立项时间
山东省社科规划重点项目	沂蒙精神与中国共产党的精神谱系研究	徐东升	19BWTJ13	4	2019
山东省社科规划项目	新时代中华孝道文化的三个维度研究	杨志刚	19BWTJ32	1	2019
山东省社科规划项目	沂蒙精神融入新时代党群关系构建研究	刘 慧	19CDSJ09	2	2019
山东省社科规划项目	沂蒙红色文化融入地方高校意识形态风险防控研究	王守颂	20CYMJ03	3	2020
山东省社科规划项目	党史视域下沂蒙精神的形成升华和发展研究	赵佃强	20CDSJ09	2	2020
山东省社科规划项目	新时代沂蒙精神传承与弘扬的文化生态研究	刘艳琴	20CYMJ04	2	2020
山东省社科规划项目	沂蒙精神的多维传播路径研究	李洪彩	20CYMJ11	2	2020
山东省社科规划项目	山东革命题材电影与红色基因传承研究	婧 静	20CDSJ08	2	2020
山东省社科规划项目	沂蒙红色文化研学旅行课程研究	李学芝	21CJYJ06	3	2021

四、学术获奖

主持人	获奖类别	等次	成果名称	获奖时间
苑朋欣	山东省34次社会科学优秀成果奖	三等奖	沂蒙精神溯源研究	2020

续 表

主持人	获奖类别	等次	成果名称	获奖时间
孙海英	山东省35次社会科学优秀成果奖	三等奖	沂蒙地区早期党组织对实践马克思主义群众观的探索与启示	2021
徐东升	2011年度山东省高校思想政治教育优秀成果	二等奖	沂蒙精神与社会主义核心价值体系研究	2012
徐东升	2012年度山东省高校思想政治教育优秀成果	二等奖	沂蒙精神与社会主义核心价值体系研究	2013
徐东升 孙海英	2015年度山东省高校思想政治教育优秀成果	二等奖	高校思想政治理论课教学案例集——沂蒙精神代代传	2016
王春梅	2015年度山东省高校思想政治教育优秀成果	二等奖	构建沂蒙精神融入社会主义核心价值观教育的长效机制	2016
陈永莲 孙海英	2015年度山东省高校思想政治教育优秀成果	三等奖	沂蒙精神进课堂对大学生理想信念教育的影响——〈红色文化与沂蒙精神〉课程研究	2016
徐东升	2016年度山东省高校思想政治教育优秀成果	一等奖	沂蒙精神大学生读本	2017
孙海英	2016年度山东省高校思想政治教育优秀成果	一等奖	论沂蒙精神的价值取向与当代大学生的价值选择	2017
岳　峰	2016年度山东省高校思想政治教育优秀成果	二等奖	论沂蒙精神融入大学生思想政治教育的路径	2017
徐东升	2019年度山东省高校思想政治教育优秀成果	一等奖	沂蒙精神研究	2019
王春梅	临沂市第17次社会科学优秀成果奖	三等奖	社会主义核心价值体系在临沂革命老区实践问题研究	2011
徐东升	临沂市第18次社会科学优秀成果奖	二等奖	中华民族精神简明读本	2012
徐东升	临沂市第19次社会科学优秀成果奖	一等奖	沂蒙精神与社会主义核心价值体系研究	2013

续 表

主持人	获奖类别	等次	成果名称	获奖时间
白海若	临沂市第19次社会科学优秀成果奖	三等奖	沂蒙精神与社会主义核心价值体系大众化研究	2013
徐东升	临沂市第20次社会科学优秀成果奖	二等奖	沂蒙精神研究	2014
陈永莲	临沂市第20次社会科学优秀成果奖	三等奖	沂蒙精神对于当代党建工作的价值和意义	2014
王春梅	临沂市第20次社会科学优秀成果奖	三等奖	1942年刘少奇在山东践行群众路线及其当代启示	2014
徐东升	临沂市第22次社会科学优秀成果奖	二等奖	基于沂蒙精神育人的社会主义核心价值观教育研究	2016
孙海英	临沂市第23次社会科学优秀成果奖	一等奖	论沂蒙精神的价值取向与当代大学生的价值选择	2017
张红云	临沂市第23次社会科学优秀成果奖	二等奖	沂蒙解放区的支前人力工作——基于乡村动员中矛盾冲突与利益调适的策略分析	2017
蔡玉卿	临沂市第23次社会科学优秀成果奖	三等奖	沂蒙精神的文化自信：内涵、逻辑及规范	2017
徐东升 汲广运 孙海英 苑朋欣等	临沂市第24次社会科学优秀成果奖	特等奖	沂蒙精神研究系列丛书	2018
张红云	临沂市第24次社会科学优秀成果奖	三等奖	解放战争时期山东解放区的士兵归队运动	2018
费聿辉 徐东升	临沂市第25次社会科学优秀成果奖	一等奖	沂蒙精神	2019
汲广运	临沂市第25次社会科学优秀成果奖	一等奖	弘扬沂蒙精神 助推消防临沂模式	2019

续 表

主持人	获奖类别	等次	成果名称	获奖时间
杜纪伟	临沂市第25次社会科学优秀成果奖	三等奖	权力良知视阈下沂蒙精神的形成逻辑	2019
董爱玲	临沂市第25次社会科学优秀成果奖	三等奖	“受众理论”视阈下沂蒙精神传播研究	2019
苑朋欣	临沂市第26次社会科学优秀成果奖	三等奖	沂蒙抗日根据地的村政改造	2020
刘　慧	临沂市第26次社会科学优秀成果奖	三等奖	激活红色突出特色讲出成色——沂蒙精神在思政课中的精神密码	2020
刘　涛	临沂市第26次社会科学优秀成果奖	三等奖	新时代弘扬沂蒙精神的文旅之路	2020
陈三营	临沂市第26次社会科学优秀成果奖	三等奖	沂蒙精神融入新时代思想政治教育工作的三维进路	2020
赵长芬	临沂市第26次社会科学优秀成果奖	三等奖	沂蒙精神的政治文化价值	2020
徐东升	临沂市第27次社会科学优秀成果奖	一等奖	马克思主义群众观视域下的沂蒙精神研究	2021
孙海英	临沂市第27次社会科学优秀成果奖	一等奖	沂蒙地区早期党组织对实践马克思主义群众观的探索与启示	2021
刘　慧	临沂市第27次社会科学优秀成果奖	三等奖	弘扬沂蒙精神　密切党群关系	2021
陈三营	临沂市第27次社会科学优秀成果奖	三等奖	建构三全育人体系　助推沂蒙精神传承	2021
苑朋欣	临沂市第27次社会科学优秀成果奖	三等奖	抗战前共产党在沂蒙山区的革命活动	2021
徐东升	临沂市第28次社会科学优秀成果奖	二等奖	总体国家安全观视域下的沂蒙精神研究	2022

续 表

主持人	获奖类别	等次	成果名称	获奖时间
苑朋欣	临沂市第28次社会科学优秀成果奖	三等奖	沂蒙精神的党性内涵及其党性教育价值	2022
陈三营	临沂市第28次社会科学优秀成果奖	三等奖	弘扬沂蒙精神　加强党的建设	2022
王春梅	临沂市第28次社会科学优秀成果奖	三等奖	沂蒙精神与党员干部理想信念教育	2022

参考文献

一、专　著

[1] 刘英华，赵丹峰，于联凯，郑钦禹．沂蒙文化发展研究 [M]．济南：山东人民出版社，1994．

[2] 何九盈，胡双宝，张猛．中国汉字文化大观 [M]．北京：北京大学出版社，1995．

[3] 杨金萍，卢星．东夷巫医文化对针砭术的发源及早期医学的影响 [Z] // 中华医学会医史学分会第十四届一次学术年会论文集．太原：2014．

[4] 佟伟华．胶东半岛与辽东半岛原始文化的交流 [M] // 考古学文化论集．北京：文物出版社，1989．

[5] 王厚香，汲广运．沂蒙文化若干问题研究 [M]．济南：山东人民出版社，2016．

[6] 唐士文，姜开民，何玮，王玉林．沂蒙历史名人通鉴 [M]．澳门：澳门人文出版社，1993．

[7] 范奇龙．审势、攻心——泛论诸葛亮的治国艺术 [M] // 成都市诸葛亮研究会．诸葛亮研究．成都：巴蜀书社，1985．

[8] 冯一下．诸葛亮与科技 [M] // 成都市诸葛亮研究会．诸葛亮研究．成都：巴蜀书社，1985．

[9] 临沂地区教育委员会．山东省临沂地区初级中学乡土历史课本（试用）•沂蒙历史（全一册）[M]．北京：教育科学出版社，1994．

[10] 汲广运，王厚香．沂蒙精神的地域文化渊源研究 [M]．济南：山东人民出版社，2017．

[11] 山东省出版总社临沂办事处．临沂风物志 [M]．济南：山东人民出版社，1985．

[12] 中共临沂市委党史资料征集研究委员会．临沂革命斗争史稿 [M]．济南：山东人民出版社，1991．

[13] 中共山东省委党史资料研究委员会．中共山东党史大事记 1921—1949[M]．济南：山东人民出版社，1986．

[14] 崔维志，唐秀娥．沂蒙抗日战争史 [M]．北京：中国文史出版社，1991．

[15] 宋玉良．沂蒙文化 [M]．济南：山东教育出版社，2014．

[16] 秋雨．孔子义利观 [M] // 宋衍申，肖国良．孔子与儒学研究．长春：吉林教育出版社，1993．

[17] 廖盖隆．中国人民解放战争简史 [M]．北京：人民教育出版社，1953．

[18] 临沂地区人事局．临沂地区人物志 [M]．北京：中国广播电视出版社，1992．

[19] 梁启雄．新编诸子集成续编 • 荀子简释 [M]．北京：中华书局，1983．

[20] 习近平．紧紧围绕坚持和发展中国特色社会主义学习宣传贯彻党的十八大精神（2012 年 11 月 17 日），《十八大以来重要文献选编》（上）[M] // 北京：中央文献出版社，2014．

[21] 石世奇．论荀子的经济思想 / 集雨窖文丛——中国经济思想史学会成立 20 周年纪念文集 (2000 年)[C]．北京：北京大学出版社，2000．

二、论　文

[1] 严文明．东夷文化的探索 [J]．文物 1989(9)．

[2] 逄振镐．略论东夷文化的基本特点 [J]．管子学刊，1996(3)．

[3] 李仰松．我国谷物酿酒起源新论 [J]．考古，1993(6)．

[4] 逄振镐．东夷史前原始农业的发展 [J]．中国农史，1991(4)．

[5] 辽宁省博物馆，旅顺博物馆，长海县文化馆．长海县广鹿岛大长山岛贝丘遗址 [J]．考古学报，1981(1)．

[6] 裴文中．从古文化和古生物上看中日古交通 [J]．科学通报，1978(12)．

[7] 叶祥奎．中国首次发现的地平龟甲壳 [J]．古脊椎动物与古人类，1961(1)．

[8] 付希亮，姜若鸣，张祖安．论沭阳桑墟是少昊的诞生地及少昊氏在五帝文明缔造中的贡献 [J]．南京工程学院学报（社会科学版），2019(1)．

[9] 唐兰．论大汶口文化中的陶温器——写在《从陶鬶谈起》一文后 [J]．故宫博物院刊，1979(2)．

[10] 栾丰实．太昊和少昊传说的考古学研究 [J]．中国史研究，2000(2)．

[11] 王恩田，田昌五，刘敦愿，严文明，李学勤，张学海，张忠培，陈公柔，邵望平，郑笑梅，俞伟超，高明，栾丰实，黄景略，裘锡圭，蔡凤书．专家笔谈丁公遗址出土陶文 [J]．考古，1993(4)．

[12] 徐龙国．中国古代城市与文明起源 [J]．管子学刊，2003(2)．

[13] 李禹阶．秦始皇“焚书坑儒”新论——论秦王朝文化政策的矛盾冲突与演变 [J]．重庆师范大学学报（哲学社会科学版），2004(6)．

[14] 黄前程．汉魏之际名法思想及其形成 [J]．贵州社会科学，2010(5)．

[15] 周升华．试论九品中正制创立之由及其蜕变 [J]．开封教育学院学报，2018．

[16] 于联凯，于溟．颜氏家族文化述论 [J]．济南教育学院学报，2000(5)．

[17] 甄建立．张雄飞凛然惩奸 [J]．中国监察，2002(5)．

[18] 杜平．东南沿海抗倭战争 [J]．军事历史，1984(1)．

[19] 孙芹丽．沂蒙地区中共早期党组织发动的几次农民暴动述评 [J]．临沂师专学报，1994(3)．

[20] 张秀起．伟哉，孟良崮 [J]．山东档案，1992(1)．

[21] 杨扬，方堃．论忠义观下良性政治生态的构建与治理 [J]．科技创业，2015(12)．

[22] 张宇．论马克思主义经济学的本质与理论框架 [J]．学习与探索，2012(3)．

[23] 黄泰岩，刘宇楷，王言文．2020 年马克思主义经济学及其中国化研究新进展及未来研究方向 [J]．经济研究参考，2021(13)．

[24] 李薇辉．创新我国的物流文化 [J]．上海师范大学学报（哲学社会科学版），2006(6)．

[25] 夏玉宏．临沂物流业发展的成功经验及启示 [J]．中国商贸，2012(14)．

[26] 冼秀丽，汤菲，王琳．发展现代农业 建设美丽乡村——山东省兰陵县代村发展纪实（上）[J]．农业知识，2018(29)．

[27] 邱进．大学校长要有强烈的传统文化意识 [J]．教育与职业，2014(22)．

三、网络及其他

[1] 莒县陵阳河遗址，[EB/OL] 莒县故事网，2015-09-19．

[2] 李金豹．戚继光行草，送李小山归蓬莱诗轴 [N]．中国书法报，2017-08-01．

[3] 刘同华，李金强．一大代表王尽美 [N]．中国纪检监察报，2018-06-29．

[4] 赵昭．银雀山下的火炬 [EB/OL]．沂蒙干部培训中心网，2019-02-14．

[5] 沂蒙人民全力支援孟良崮战役 [EB/OL]．蒙阴县人民政府网，2018-02-12．

[6] 从赣榆走出的全国劳动模范董力生 [EB/OL]．江苏档案网，2020-04-27．

[7] 习近平．在纪念孔子诞辰 2565 周年国际学术研讨会上的讲话 [EB/OL]．共产党员网，2014-09-24．

[8] 习近平在中央党校建校 80 周年庆祝大会暨 2013 年春季学期开学典礼

上的讲话（2013 年 3 月 1 日）[EB/OL]．中国共产党新闻网，2013-03-04．

[9] 王维新．让奉献担当成为习惯 [EB/OL]．人民网，2017-06-06．

[10] 临沂改革开放 40 年 40 人 40 事评选揭晓（附名单）[EB/OL]．齐鲁网，2018-12-28．

[11] 崔妍．中国经济发展的文化动力探源（博士论文）[D]．长春：吉林大学，2013．

[12] 傅华．认真理解习近平经济思想的五大鲜明特征——“美、实、效、协、共”[N]．经济日报，2021-12-26(1)．

[13] 2021 年临沂市经济社会发展统计公报 [EB/OL]．临沂市统计局网，2022-1-29．

[14]“弘扬沂蒙精神与践行群众路线”理论研讨会在山东临沂召开 [EB/OL]．共产党员网，2014-04-27．

[15] 临沂海关监管放行出口“齐鲁号”欧亚班列 137 列 [EB/OL]．齐鲁网，2022-01-27．

[16] 徐炜．临沂创新园区经济　发展县域经济 [EB/OL]．琅琊新闻网，2014-11-19．

[17] 兰陵代村．用沂蒙精神铸牢村庄发展之魂 [EB/OL]．临沂文明网，2022-02-10．

[18] 刘雁．临沂以创新驱动打造经济升级版 [EB/OL]．大众网，2015-10-16．

[19] 习近平谈中华民族传统文化 [BE/OL]．中国共产党新闻网，2021-06-13．

后　记

党的十八大以来，以习近平同志为核心的党中央高度重视红色基因和红色文化的传承与弘扬。习近平总书记强调指出，“要把红色资源利用好、把红色传统发扬好、把红色基因传承好”，“红色基因就是要传承。中华民族从站起来、富起来到强起来，经历了多少坎坷，创造了多少奇迹，要让后代牢记，我们要不忘初心，永远不可迷失了方向和道路”。在这些重要论述指导下开展中国共产党革命精神和红色文化的学习、宣传、弘扬，才能不断加深对习近平新时代中国特色社会主义思想的认识和理解，才能增强“四个意识”，坚定“四个自信”，做到“两个维护”，把广大青年学生培养成听党话、跟党走、爱祖国、爱人民、有追求、有本领、德智体美劳全面发展的社会主义建设者和接班人，真正把为党育人、为国育才、立德树人的神圣使命落实好、完成好。

沂蒙精神是山东党政军民在长期的革命实践过程中共同铸就的崇高革命精神，是中国共产党革命精神的重要组成部分，是我们党和国家的宝贵精神财富，是对广大青年学生进行思想政治教育和革命传统教育的重要内容和生动载体。2013 年 11 月 25 日，习近平总书记在临沂考察时指出：“沂蒙精神与延安精神、井冈山精神、西柏坡精神一样，是党和国家的宝贵精神财富，要不断结合新的时代条件发扬光大”，“山东是革命老区，有着光荣传统，军民水乳交融、生死与共铸就的沂蒙精神，对我们今天抓党的建设仍然具有十分重要的启示作用。”2021 年 9 月，党中央批准了中宣部梳理的第一批纳入中国共产党人精神谱系的伟大精神。2022 年 5 月，中共中央又批准将沂蒙精神的科学内涵确定为“党群同心、军民情深、水乳交融、生死与共”。在全党和全国人民非常重视中国共产党人精神谱系和红色文化传承弘扬的历史背景下，我们撰写《新时代沂蒙红色文化传承与弘扬研究》一书，有非常重要的历史意义和现实意义。

《新时代沂蒙红色文化传承与弘扬研究》一书是山东省委宣传部2017年度重大理论与实践问题研究《弘扬沂蒙精神研究》和2019年度山东省社科规划重点委托项目《沂蒙精神与中国共产党的精神谱系研究》(项目编号：19BWTJ13)的阶段性成果，也是山东省社科理论重点研究基地——红色文化与沂蒙精神研究基地、“十三五”山东省高等学校人文社会科学研究基地——沂蒙文化研究基地、山东省大中小红色文化传承研究指导中心和临沂大学优势特色学科研究团队——沂蒙精神研究团队的重要研究成果之一。

本书在撰写过程中，吸收借鉴了有关著作和各方面的研究成果，在此一并表示衷心的感谢。

由于水平和条件限制，不妥之处在所难免，欢迎有关专家和广大读者批评指正。

作者

2022年8月18日